2017 年度湖北省社会科学基金一般项目，项目编号 2017156

湖北城镇多元化养老模式研究

杨喜梅 **编著**

天津大学出版社
TIANJIN UNIVERSITY PRESS

图书在版编目（CIP）数据

湖北城镇多元化养老模式研究／杨喜梅
编著. --天津：天津大学出版社，2018. 7
2017年度湖北省社会科学基金一般项目：项目编号 2017156
ISBN 978-7-5618-6137-0

Ⅰ. ①湖…　Ⅱ. ①杨…　Ⅲ. ①城镇—养老—社会
服务—研究—湖北　Ⅳ. ①D669. 6

中国版本图书馆 CIP 数据核字（2018）第164088号

出版发行　天津大学出版社
地　　址　天津市卫津路92号天津大学内（邮编：300072）
电　　话　发行部：022-27403647
网　　址　publish. tju. edu. cn
印　　刷　廊坊市海涛印刷有限公司
经　　销　全国各地新华书店
开　　本　184mm×260mm
印　　张　11. 25
字　　数　280千
版　　次　2018年7月第1版
印　　次　2018年7月第1次
定　　价　26元

目录

一、绪论

（一）研究意义

自古以来，老年人就是一个特殊的群体，任何时代都会涉及老年人的生存问题和养老问题，不同的是，在不同的社会形态和发展水平下，老年问题的性质和特点不同。在人口老龄化、城市化、少子化的背景下，老年问题已经不再是家庭问题，而是变成了社会问题。因此，人口老龄化问题是一个世界难题，大多数国家都不同程度地受到养老问题的困扰，并结合自己国家的情况选择了不同的应对模式。

近年来，政府为了解决我国城镇的养老需求，制定了相关的政策，投入了大量的人力、物力，但是成效不明显，一些地区依然存在“碎片化”的供给现象，缺乏一套完整的保障供给机制。公共服务的市场化是人们在政府失灵的状况下探索出的公共服务的有效供给之道，制度分析学派倡导实现公共服务的多中心供给模式，其理论核心是通过将公共物品的政府供给、市场供给和志愿供给相结合，实现对民众需求的有效回应。养老服务作为一个体系，是由服务提供主体、服务对象、服务内容、服务规范、运作机制等构成的，在养老服务多元化的提供主体中，任何一个单一的主体都不可能独立地解决养老问题，它需要这个系统内每个主体从自身的性质出发承担职责、发挥作用，实现养老责任的共担、角色的互补以及职能的协调。

公私合作伙伴关系作为当前世界范围内风行的一种用于公共服务供给市场化改革的重要工具，已在实践中被证明是一种行之有效的制度安排形式。公私合作单从字面上理解，首先强调的是政府不可推卸的职责，公在前私在后意味着政府的主导作用应放在首位。同时，“合作”强调发挥公私双方的主观能动性，从而发挥公私双方的禀赋优势。从已有的实践经验来看，首先公私合作对于改善传统公共服务供给模式的效率，吸纳民间资本和技术，增进公共服务供给的数量和质量确实起到了积极的作用。其次，由于公私合作的成功经验被推广，其实践领域已经从基础设施等“硬件”的建设拓展到职业培训、社会保障、社区服务等“软件”的服务供给，并在这一过程中实现了多种不同模式的创新。因此，公私合作对于促进我国公共服务创新，提升公众对公共服务的满意度具有应用意义，是当前我国政府向服务型政府转变所需要的。再次，从公私合作本身的工作机理来讲，公私双方代表着公平与效率两个价值目标，公私合作则力求在两者之间找到一个平衡点。尽管公私合作以效率为导向，着眼于利用私人部门管理、技术、筹措资金、应对市场等方面的优势，但是公私合作不同于完全私有化，它并不排除公共部门的作用。例如私营部门可能因具有某种形式的自然垄断而使市场对资源的配置作用不能完全发挥，这时就需要公共部门对私营部门实施某种形式的监管制度。此外，公私合作的过程也是公私双方博弈的过程。因此，公私合作作为一种均衡公共部门和私人部门、平等和效率、国家和市场的机制，是研究如何优化我国当前养老服务体系，解决我国养老服务供给效率不高的重要探索途径之一。

1. 理论意义

(1) 促进理论在跨学科间的交流与扩充

养老问题涉及人口学、社会学、医学、病理学、家庭学等多个学科，有较强的学科交叉性，包含了物质、健康、精神、家庭、环境等社会支持系统，这对研究者来说增加了一定的研究难度，但同时也为研究提供了广阔的探索空间。因此，养老问题也成了很多不同学科学者研究的焦点与热点，这在一定程度上增加了不同学科间的理论交流，促进了理论的发展。

(2) 探索理论与本土化养老需求的结合与印证

在充分了解养老需求的基础上，健全一些真正满足老年人养老需求的养老服务才是长久之计。从世界范围看，人口老龄化问题是一个世界难题，大多数国家都不同程度地受养老问题的困扰。各国都结合自己国家的情况选择了不同的应对模式，但都应立足于本国国情，以最大限度满足养老需求为目标，以养老需求为核心构建养老保障制度，才能不断填补社会保障体系的不足。因此，加强养老需求内部差异性及其影响因素的分析研究，探索适合我国国情的养老服务，能建立健全养老保障制度，在一定程度上为应对人口老龄化问题提供理论支撑。本研究可以拓展城镇养老服务问题的研究深度。城镇养老服务随着社会的发展、城市的变迁而不断深化，但在实践过程中缺乏理论上的指导和提炼。本研究将理论与实证结合起来解释城镇养老服务在实践过程中出现的问题，以达到理论和实践相互印证的研究目的。

(3) 明确养老主体间的权、利、责，补充养老服务理论

在推进社会化养老的进程中，城镇养老作为一种新的养老方式不断发展起来。一方面，城镇养老作为一个整体系统，由政府、市场、社会、家庭和个人等共同参与，任何一方主体都不能独立地解决城镇社区内的养老问题，因此就需要对不同的主体进行权利、利益和责任的明确划分，对他们之间的关系进行定位，从而达到主体间的责任共担、职能互补的目的。另一方面，养老服务作为一种公共服务，对服务主体权利、利益和责任等关系的明晰，可在一定程度上对公共服务的多中心供给模式、福利多元主义理论进行修改和补充，进一步完善我国的养老服务保障政策与理论，为解决我国城镇养老问题提供战略上的支持。

2. 现实意义

(1) 整合资源，优化养老服务配置

对城镇养老服务进行探索，倡导多元化养老服务的供给，并对服务提供主体间权利、利益和责任等关系进行明确的划分，不仅能够整合社会资源达到最优化的配置，还能够提高老年人享受养老服务的质量和水平，实现我国“老有所终”的传统理想。并且对养老服务供给主体的职责进行明确定位与划分，可使政府、市场、社会、家庭和个人等在一定程度上有所为、有所不为，有效发挥合力，增强社会发展动力，起到模范带头作用。

(2) 实证调研，满足当前多样化养老需求

目前，养老服务体系依然处于探索阶段，社会组织如雨后春笋般萌发，在数量及发展速度上进入快车道，但同时也存在类型杂乱、管理模式混乱、评估标准不规范等问题。学术界认为养老服务模式的定义较为杂乱等问题，造成了如今养老服务方向研究的无序状态。多元主体供给服务有利于满足不同群体的多样化养老需求，在此基础上，本书对湖北省的养老服务供给主体进行实地调研，提出湖北省应依据地区特色整合社会资源，形成政府社区、非营利组织、志愿者及社会企业等多元主体参与的老年人服务供给网络建设。这种服务网络的建设有利于拓宽资金的供给渠道，提高养老服务的水平和质量，更能持续满足日益增长的老年人需求。

(3) 探究多中心供给，优化合作关系，提升政府效能

探索实现城镇养老服务的多中心供给模式，有利于满足老年人多样化的需求，改善目前养老服务供给不足的现状。通过形成政府、社区、非营利组织和志愿者及社会企业等多元参与供给的模式，有效地融合多方资源，拓宽资金的供给渠道，提高养老服务的水平和质量。对政府而言，其作用主要体现在以下两个方面。第一，有利于促进政府职能的转变，积极倡导社区养老的多元化供给，不仅可以有效地减轻政府的财政负担，而且通过社会力量的参与可以将政府从直接提供社区服务的琐碎任务中解脱出来。明确各自的职能，如政府主要制定政策法规，进行市场监管，扮演“领航者”的角色，社区养老的供给主要由社会负责。此外，社区养老服务领域中，社会积极参与治理社区事务也有效减少了政府的政治干预。第二，从政府管理理念来看，目前我国的社区养老服务的多中心供给还处在探索发展的初级阶段，目前社区养老服务的供给还远远落后于老年人市场的潜在需求。因此，在发展社区养老服务中，坚持以市场为导向，引入非营利组织和社会资本等，将原本属于社会的职能归还于社会，可以充分发挥民间组织和第三方部门的作用，树立它们的责任意识和参与意识，增强社会发展的动力和活力，提高政府效能。

总体来说，本书希望通过深入研究城市养老服务中政府与公益性社会组织的合作关系，在城市养老服务合作供给协同增效的过程中，不断优化政府与公益性社会组织的合作

关系，为中国城镇养老服务社会化提供探索方向，为培育和扶持公益性社会组织寻找动力。所以，本书选题是践行科学发展观在城镇养老服务领域的具体表现，具有补充和丰富中国养老服务社会化供给的理论和现实意义。

（二）文献回顾与述评

1. 关于老龄化的研究

人们对老年人的研究始于自然科学领域，那时的主要目的是战胜衰老，通过各种方式寻求延年益寿、长生不老之法。从中国的“长寿星”故事到西方的“炼金术”，从希腊传说到秦始皇派人入海求仙，无不说明那时的人类虽然不懂得现代遗传学和生物工程，但却从研究抗衰老中开始了对老年人的研究。不管是自然科学领域的如何长寿问题，还是社会规范上如何对待老年人的问题，都没有将老年人作为一个群体来研究，老年问题也没有发展成为整个社会的问题。随着工业社会的发展，劳动生产率提高，人类进入了“低生育率—高劳动生产率—低生育率”循环模式，人口年龄结构逐渐从成年型向老年型转变，人口老龄化问题越来越严峻，甚至关系到国家长远的发展和社会稳定。在这个时候，科学研究终于将老龄问题当作一个必须要解决的社会问题和时代问题，从老年人口总体而不是从个人的角度来研究老年人问题，老年学研究因此真正跨入了社会科学领域。

随着老龄化的加速，许多学者聚焦于人口老龄化对经济社会的影响研究。如法国学者索维认为人口老龄化将制约劳动生产率的提高；美国伯特·L. 克拉克等在《个人与人口老龄化经济学》中指出劳动年龄人口高龄化会影响劳动生产率的提高；E. L. 桑代克也认为国家劳动年龄人口的高龄化会抑制总体生产率的提高与经济增长；日本广雄川在《日本人口老龄化的经济影响》中指出人口老龄化对经济的不利作用，预测日本的经济增长将因人口的老龄化、劳动人口的高龄化而下降。

而在我国社会进入快速老龄化阶段后，关于老年人的研究也慢慢增多，主要包括老年人口规模和分布，老年人的身体素质和文化素质，老年人的迁移和流动等。其中，有关老年人的生活状况的研究是最多的。刘渝琳专门研究了中国老年人生活质量的评价问题，他学习和借鉴了国内外学者对于老年人生活质量在理论和经验上的研究成果，提出了“四个相结合”：共性与特性相结合、主观与客观相结合、宏观与微观相结合及供给与需求相结合。老年人生活质量的高低取决于生活条件的好坏和个人对自己生活状态的满足程度，但是老年人又是一个特殊的群体，身体健康对其来说是一个非常关键的指标。美国等西方发达国家的学者对生活质量的理解，一直以来都以主观方面的感受为主，例如人们的生活态度和满意度等；而发展中国家则侧重客观方面的评价，例如人们的衣食住行等外在生活条件。刘渝琳认为，老年人生活质量是老年人基本生存和养老需求等各方面情况的综合反映，是建立在一定的物质经济条件基础上的，老年人对个体自身及生活于其中的社会环境的认同感，是老年人物质生活和精神生活的统一，所以它是一个综合了主观指标和客观指标的评价。

在经验研究上，我国学者从城乡比较、老年人自理能力、影响因素等角度研究了老年人的生活状况。叶文振等认为城乡之间在“老有所养、老有所医、老有所为和老有所乐”上存在很大的差别，城市老年人的经济、医疗、养老、娱乐等条件均远好于农村老年人，并且城区老年人对日常生活的满意度、子女孝敬程度的评价及自我的幸福感都要明显高于农村老年人。杜鹏等通过对全国人口变动抽样调查数据的分析，研究了中国老年人的生活自理能力，结果显示不能自理的老年人中女性的比例高于男性，城市老年人能够自理的比例高于农村老年人，东部地区比中西部地区老年人的自理比例要高些。对于影响老年人生活状况的因素，学者的焦点大多集中于家庭和社区照料、社会支持网络、社会经济地位、社会参与或互动，等等。

2. 关于养老服务需求及其影响因素的研究

(1) 关于养老服务需求的研究

学者对于老年人需求的研究主要集中于老年人需求范围的划分、养老需求的某个方面以及特定老年群体的需求研究，比如农村留守老年人、城市空巢老年人、失能老年人以及独生子女老年人，对普遍的老年人需求研究得比较少。学界对养老需求的含义没有一致的观点，相关研究文献中也很少有对养老需求概念进行直接界定的。Doyal 和 Gough 提出“人类需求理论”，他们在理论和实践层面对需求进行了划分，包括四个层面：一是从身体健康和自主性的角度来考察人的基本需要；二是用于满足上一需求的社会条件，包括生产、再生产、文化传输和政治权威；三是从个人的自由和权利角度来分析需求；四是将以上这些基本需求满足最大化的理论。Clayton 区分了“需求”和“福利需求”，其区别在于，前者通过家庭和市场两条途径来满足个体需要；后者则通过社会福利机构用政治力量的介入，为有需要的个人和家庭提供各种福利资源，这是一种在家庭和市场都无法满足其需求的情况下向福利机构提出的需求。

老年人的服务需求和其他年龄段的人群相比具有特质性，主要表现在：①老年人服务需求的内容丰富，工具性需求全方位渗透；②老年人服务需求的层次多重，缺乏型需求更为突出；③老年人服务需求存在线性变化，专业化方面具有递进性；④老年人服务需求的方式多样，选择上偏重社区人文性。

对养老服务需求的研究一般基于调查的形式。田北海、王彩云对湖北地区老年人进行调查，结果表明：老年人社会养老服务需求的总体水平较低，医疗护理和精神慰藉服务需求水平相对较高；身体机能是社会养老服务需求的硬约束条件，身体机能越差，老年人社会养老服务需求水平越高；社会养老服务需求嵌入家庭结构情境之中，家庭人口或上过大学的家庭成员越多、代际数或儿子数越少，老年人社会养老服务需求水平越高，配偶健在的老年人社会养老服务需求水平相对较低；对于身体机能较差的高龄老年人而言，其社会养老服务需求是一种刚性的现实性需求。蔡中华等面向吉林市离退休职工，就生活照料、医疗护理、安全保障、精神慰藉以及社会参与等五个方面的养老需求进行调查，发现城市老年人对专业化程度高、有专门管理机构、有持续资金投入的社区养老服务有较高需求，对社区医疗护理服务和精神文化生活服务关注强烈。张祖平、田军对上海漕河泾街道老人的养老服务需求进行调查，从生活服务需求、人际交往需求、情感需求、文体娱乐需求、安全需求、医疗需求等方面进行分析，并建议当前社区养老服务工作的开展应适应老人需求的多样性，扩展老年服务领域；采用政府购买社会服务模式，为老人分类提供服务；或者和高校合作，如利用高校的图书馆、大学生志愿者等资源，探索社区养老服务新模式。席恒基于养老需求差异的现实存在，提出了满足不同人群养老需求的养老服务方式——分层养老，以提高养老服务的目标瞄准率。

国外有学者将养老需求总结为“3M”；一是 Money，即经济保障；二是 Medical，即医疗保障；三是 Mental，即精神需要。英国经济学家威廉·贝弗里奇指出，老年人（即退休人员）的保障需求有三种：医疗、丧葬补助金、退休养老金或工伤养老金。福德教授认为，老年人需求主要包括四个方面：经济需求、健康需求、居住需求、心理和社会需求。格拉斯曼等认为：老年人的年龄、性别、收入、居住情况、身体健康状况和家庭成员支持情况对老年人的需求都有影响。此外，查理斯关注的则是社会隔离和寂寞感对老年人需求的影响。

国内陈立行教授认为老年人需求应该包括物质生活、精神生活、自身素质、生活环境、生命质量、享有的权益与权利六个方面。姜向群等研究城市老年人的养老需求时，依据老年人需要照顾的类别，从其日常生活照料状况、经济状况、精神支持状况和医疗保健状况四个方面展开分析。我国提出了“老有所养、老有所医、老有所教、老有所学、老有所为、老有所乐”的六个“老有”，其中老有所养是其他五个“老有”的前提和基础，通俗来说就是满足老年人衣食住行方面的基本需要、生活照料以及精神慰藉的需要。但是从广义上来看，更全面的养老包括其他五个“老有”的内容。在具体的某项养老需求研究方面，宋健运用系统论研究了农村人口在收入保障方面的养老支持，他认为农村老年人由于没有退休金，劳动能力弱，因此子女支持是养老支持的主要来源。陈彩霞从经济交换的角度分析养老问题，她认为老年人要拥有一些基础的生产和生活资料，并以此为手段来换取子女的生活照料和经济物质支持，也就是提倡人们自主养老。周绍斌从风险的角度研究了农村老年人的养老需求，认为疾病会给本来就没有多少经济收入的农村老年人带来极大的困难，因此疾病是其最大的生活风险，应该首先从健康方面对其进行保障。但是由于制度、资源配置以及观念等方面的原因，农村老年人的健康服务需求很难得到满足。黄佳豪对城市空巢老年人的养老需求进行了调查，认为城市空巢老年人的养老需求主要包括五个方面的内容：经济保障、生活照料、医疗服务、精神文化以及养老方式。穆光宗认为老人有生存、感情、发展、价值和归属五类需求，越来越不满足于吃饱和穿暖，而是积极参与到社会活动——经济或文化的活动中，来满足自己某些特定的精神需求，主要包括五个层面：第一层面，就是要满足老年人在衣、食、住、行以及健康、卫生和安全等方面最基本的生存需求；第二层面，就是要满足老年人在亲情伦理和情感生活方面的感情需求；第三层面，就是要满足老年人在娱乐、交友、求知等方面充实自我、张扬自我和肯定自我的发展需求；第四层面，就是要满足老年人在自我实现方面的价值需求；第五层面：就是要满足老年人在人生最后时刻的归宿需求，如正确面对死亡的到来、选择告别人世的方式等。

（2）关于养老服务需求影响因素的研究

发达国家学者们对老年人选择养老服务影响因素的研究表明，健康状况是影响养老服务需求的重要因素。Ikuko Gomi 指出，通常情况下高龄老年人因健康状况较差、生活自理能力弱于低龄老年人，故对专业养老服务的需求也更强。Bettina Meinow 提出收入是养老服务需求的重要影响因素。李若建认为不同职业的老年人对家庭养老服务方式的选择存在显著差异，国内学者纷纷开始进行实证研究，如丁煜、叶文振抽样调查了厦门市城区老年人生活及供养状况，提出文化程度、经济状况、存活子女数、婚姻状况是主要影响因素；肖洁实地调查了武汉市民，从行为倾向、认知、情感三方面对影响养老方式选择的因素作代际研究并探讨存在差异的原因。陈建兰对苏州空巢老人养老需求进行分析发现，文化程度高、子女数量少的空巢老人更倾向于选择机构养老方式。

3. 社会养老保障基本理论的综述

国外社会养老保障制度起步较早，养老保障理论较为丰富。不同国家的学者对养老保障的关注点不同，因研究的国别不同、视角不同大致形成以下几种理论。

（1）新公共管理理论与新公共服务理论

作为一种社会服务，养老服务的价值研究多是在新公共管理（New Public Management）和新公共服务（New Public Service）的框架下展开的。戴维·奥斯本与特德·盖布勒于 1992 年合作出版了《改革政府——企业精神如何改革着公营部门》一书，书中以经济学的委托代理理论与交易成本理论为视角，吸收了私人部门的绩效管理方法，从而提出了改革政府的方案——新公共管理理论，为公共管理提供了新的管理理念与范式。克里斯托弗·胡德在《一种普遍性的适用》一文中认为新公共管理的七个要素包括：实施专业化管理，明确的行为标准和绩效方法，强调产出控制，打破本位主义，引入竞争、降低管理成本、提高服务质量，吸收和运用私营部门管理方法，强调对资源的有效开发和利用。

新公共管理以效率为价值取向，希望克服传统官僚制的弊端，提高公共管理与服务的效率，从三个方面重塑政府：一是由于竞争是促进革新的永恒动力，因而有必要将市场竞争机制引入公共服务组织的运作中，即实现公共服务的市场化；二是用企业家在经营中所追求的讲效率、重质量、顾客导向的服务精神以及企业中广泛运用的科学管理方法，重塑政府的理念与运作模式；三是转换政府职能，政府的责任是“掌舵”，即公共服务决策、资金筹集、服务监管，而非“划桨”，即公共服务的具体生产。珍妮特·V. 登哈特和罗伯特·B. 登哈特在《新公共服务：服务而不是掌舵》一书中通过对顾客导向的企业式政府进行反思，以公民权为目标导向，建构了新公共服务理论。所谓新公共服务，是指关于治理体系中公共行政官员角色的一系列思想，而且这种治理体系将公民置于服务中心。首先，新公共服务理论的价值取向是公共利益，公共利益是社会的共同价值和共同目标而非副产品；其次，新公共服务理论对公民权和公民身份加倍重视，认为顾客身份的前提是公民，因此不仅要关注顾客的需求，更要通过协商民主的沟通对话机制实现政府与社会之间的信任与合作；最后，“服务而非掌舵”的原则是直接针对新公共服务的“掌舵而非划桨”原则提出的，强调政府的公共服务职能和责任，同时提出在政府与社会合作供给服务时，社会不仅是公共服务的执行者，同时还具有一定的决策参与权，通过政府与社会的合作更好地实现公共利益。

（2）需要理论

养老服务供给的现实目标是满足老年人群体的养老需求，以需要理论为视角研究养老服务有利于实现养老服务的公共利益目标。

① 对需要的理论研究可以追溯到马克思的需要观。马克思关于人的需要的论述主要集中于《1844 年经济学哲学手稿》《政治经济学批判大纲》和《德意志意识形态》三部著作以及《资本论》中。马克思认为，需要是人的本质属性，包括生存需要、享受需要和发展需要，具有层次性、发展性和全面性。马克思的需要观从人性的视角出发，将人性、人的需要、生产和社会发展联系起来，认为需要是人的本性决定的，需要是人自身实践活动的内驱力，是社会发展的动力源泉。正如马克思所说，人们为了能够创造历史，必须能够生活。但是为了生活，首先就需要衣、食、住以及其他东西。因此，第一个历史活动就是生产满足这些需要的资料，即生产物质生活本身。

② 美国行为科学家亚伯拉罕·马斯洛在其 1943 年出版的《人类动机理论》一书中，提出了需要层次理论。马斯洛从心理行为变化的视角将人的需要从低到高依次分为生理需要、安全需要、情感和归属需要、地位或受人尊重的需要、自我实现的需要。人们往往认为高级需要的满足能产生令人满意的幸福感和充实感，因此人们愿为满足高级需要而忍受低级需要的匮乏。此外，马斯洛从心理学角度关注人的精神世界，强调人性潜能发展的自我实现需要是现实存在的，是人类目标的达成及内心的巅峰体验状态，因此“需要理论”导出的是对人类未来的乐观态度。

③ 布拉德肖从需要测量的角度将社会需求分为规范性需求（Normative Need）、感受

性需求（Felt Need）、表达性需求（Expressed Need）和比较性需求（Comparative Need）等四种不同形式。规范性需求是在特定的规则环境下，专家根据专业知识提出的需求内容标准，规范性需求适用于明确共同的最低标准；感受性需求与表达性需求则关注个体差异，其中感受性需求是个人主观的感受，相当于“希望”，是基于个体内在感觉的需求判断，但容易受到社会个体不同的经历、体验和环境背景的影响；表达性需求是感受性需求转化为外在行动时的体现，类似于经济原理中的“要求”（Demand），多适用于对有限资源存量的配置和调整；比较性需求依赖比较的基础与价值认定的相对性，是经由比较后出现的社会需求。

（3）公共服务多中心理论

“多中心”指公共服务主体多元，相比政府的单中心供给，多中心公共服务供给可以提供更多种选择，从而以更有效率的方式实现公共利益。因此，20 世纪 70 年代以来，学者们从不同的视角阐述了公共服务多中心的思想。

① 福利多元主义理论（Welfare Pluralism）。20 世纪 80 年代，在对福利国家进行反思和批评的背景下，福利多元主义兴起，并成为继古典自由主义、凯恩斯主义后关于社会福利服务供给的新型理论范式。蒂特姆斯在《福利的社会分工》一文中最早提出福利提供者多元化的观点。1978 年英国的《志愿组织的未来：沃尔芬登委员会的报告》首次提出并使用了福利多元的概念。美国社会学家罗斯提出了福利三角理论，德国经济学家伊瓦斯提出了福利四分模式。此外，约翰逊、欧尔森、吉尔伯特均对福利多元进行了系统性探讨，倡导政府、企业、志愿组织、家庭等多元主体共同承担福利责任，强调在国家与市场外社会在福利供给中的作用。

② 市场失灵/政府失灵理论（Market Failure /Government Failure Theory）。由美国经济学家伯顿·韦斯布罗德提出的市场失灵/政府失灵理论表明，尽管市场是资源配置的基础性手段，但在公共服务的供给方面，由于公共物品的非排他性和非竞争性，导致公共物品产权不明晰，市场不愿或不能提供公共物品。即使在某些准公共物品的供给中，也会由于信息不对称出现市场失灵现象。市场失灵为政府的介入提供了理由。诚然，政府干预在一定程度上能够弥补市场缺陷，但政府也不是万能的，政府也会失灵。在公共物品供给方面，由于缺乏竞争，政府公共物品供给效率低下，并且政府只生产同质性的公共物品，而对于那些异质性的公共物品则无法提供。在传统经济学“供给—需求”范式下，韦斯布罗德认为政府、市场和非营利部门都是满足个人需求的手段，这三者在满足个人的需求方面存在相互替代性，该理论采用剩余分析的策略，通过论证市场和政府在公共物品供给方面的局限性，从功能上证明“第三部门”存在的必要性。

③ 合约失灵理论（Contract Failure Theory）。该理论是美国法律经济学家亨利·汉斯曼在《耶鲁法学评论》上发表的《非营利企业的作用》一文中提出来的。合约失灵是市

场失灵的一种形式。相比生产者，消费者占有服务信息不全面以及服务信息不对称现象客观存在，合约失灵仅仅依靠市场的契约机制难以得到有效解决，有必要寻找一种新的服务供给机制。汉斯曼认为非营利组织的非营利性是其区别于营利组织的最重要特性，在市场上可能出现“合约失灵”情况时，非营利组织不能把获得的利润分配给该组织成员的“非分配约束”（Non-Distribution Constraint），成为克服生产者机会主义行为的有力制度保障。市场失灵/政府失灵理论指出了非营利组织存在的必要性，汉斯曼在此基础上，揭示了非营利组织的“非分配约束”的特征及基于此特征的组织的优势，进一步认可了在市场机制与政府机制之外志愿性公共服务供给机制的功能。

（4）公共服务合作供给理论

公共服务的跨部门合作供给成为 20 世纪 80 年代以来西方国家公共服务提供模式创新的基本内容。公共服务合作供给的相关理论不断涌现，从不同视角阐释了多主体合作提供公共服务的原因及运作机制。

① 第三方管理理论（the Third-Party Management Theory）。由美国公共政策学者、非营利组织研究专家莱斯特·萨拉蒙提出的第三方管理理论是对政府作为“资金和指导的提供者”和非营利组织作为“服务递送者”合作实践的一般性理论概况和阐释。志愿部门往往被视为在政府和市场失灵之后的辅助性衍生物，是由于政府的局限产生的公共物品供给的替代性制度。因而，政府失灵理论和合约失灵理论，从市场与政府功能的有限性方面证明了非营利组织存在的必要性及功能优势。萨拉蒙认为这些观点忽略了非营利部门本身的不足。尽管非营利组织凭借其自身的优势，能够在公共物品的供给中弥补市场与政府的缺陷，但是非营利组织也有其内在的局限性。这种局限被萨拉蒙称作“志愿失灵”。志愿失灵表现为四个方面：第一是慈善不足；第二是慈善活动的狭隘性；第三是慈善组织的家长作风；第四是慈善组织的业余性。于是，萨拉蒙认为政府作为资金提供者和监管者，非营利组织承担公共服务的生产和递送，政府与第三方执行者在很大程度上共享对公共资金支出和公共权威运用方面的裁量权。此种合作关系成为克服合约失灵、政府失灵、志愿失灵的创新机制。第三方管理理论通过分析非营利组织的不足，提出建立政府与非营利组织合作关系的必要性及意义。

② 治理理论。世界银行首次提出“治理危机”（Crisis in Governance）之后，“治理”的概念在学术界广泛流行，全球治理委员会认为治理是各种公共或私人机构和个人管理其共同事务的诸多方式的总和；治理是使相互冲突的或不同的利益得以调和并且采取联合行动的持续的过程。詹姆斯·N. 罗西瑙、格里·斯托克、罗伯特·罗茨、库伊曼和范·弗利埃特从不同视角与层面分析了治理的内涵与特征。治理理论打破了长期在社会科学中占主导地位的二元范式，将政府部门、私营部门和非营利部门的合作过程看作实现公共利益的保障。因此，治理理论是政治发展进程中用于解释现代社会国家与社会结构变化特征的

规范性理论分析框架，关注国家与社会的合作关系和公共利益，为修正公共行政中的管理主义弊端提供了理论资源和实践途径。它既不强调公私之间的商业伙伴关系，也没有强化纵向层级之间的分野，而是寻求一种全新的非营利组织、公民等广泛参与公共服务供给的合作治理模式。

③ 委托—代理理论。委托—代理理论的内涵是在所有权与经营权分离的前提下，基于委托人和代理人的利益冲突与信息不对称的现实存在，委托人能否设计最优契约激励代理人，代理人能否按照契约规定的权限，代替委托人采取行动。20 世纪 70 年代以来，新制度经济学快速发展，罗斯系统地提出了委托—代理理论。随后，经济学家米尔利斯和斯蒂格里茨等进一步发展了这一理论，并逐步将其模型化。按照麦克林的定义，委托代理关系是指一种契约，根据这个契约，一个或多个行为主体指定雇用另一些行为主体为其提供服务，并根据其提供的数量和质量支付相应的报酬。委托—代理理论作为一种成熟的分析范式，近年来在政治学、社会学、管理学领域得到广泛应用，这种假设和分析框架普遍用于描述在利益分割和非对称信息的环境下，委托人和代理人之间的关系模式以及行为动机与规则等问题。

④ 政府、市场、志愿部门相互依赖理论。美国学者罗伯特·伍思努提出了政府、市场和志愿部门的三部门模式。伍思努区分了三大部门的组织特性与运行机制，并从组织特性角度对政府、市场和志愿部门进行了概念界定。他将政府定义为“由形式化的、强制性的权力组织起来并合法化的活动范围”，政府的主要特点是以强制性权力为依托；市场被定义为“涉及营利性的商品和服务的交换关系的活动范围”，市场主要以与供给和需求水平相关的价格机制为基础，以非强制的原则来运作；志愿部门被定义为“既不是正式的强制，也不是利润取向的商品和服务交换的剩余活动范围”，主要以志愿主义的原则来运作。伍思努认为，从概念上看，这三个部门之间界限分明，但在实践中，三个部门之间存在频繁互动，使组织和管理人员、技术、法律保护、公共关系、资金等资源在组织的合作中交换和流动，政府、市场和志愿部门的组织边界日益模糊。组织间的联合行动使政府、市场与志愿部门获得了外部环境的资源支持，既有利于组织的可持续发展，又有利于整合各种资源，共同解决社会问题。

4. 关于养老服务模式的研究

(1) 国外养老模式的研究

英国在 20 世纪 50 年代就开始实行社会保障制度，其作为西方典型的福利国家，构建了一套“从摇篮到坟墓”的社会福利制度，在养老保障的诸多方面也值得世界各国进行效仿，尤其是社区照顾模式受到国际社会的追捧和赞赏。英国的社区照顾提供服务的主要内容包括：①生活照顾，包括上门做饭、洗浴、理发、清洁卫生、陪同购物等；②物质支援，包括提供衣物、休闲场所、娱乐设施、减免税收等；③养护支持，包括护理、医疗援助、传授养生之道等；④整体关怀，包括改善生活环境、调动社区资源等。

美国退休社区模式以提供休闲生活为目的的退休新镇、退休村以及退休营地为主，主要由私营开发商营建；还有以提供医疗照顾、医疗服务为目的的主要包括集合式老年住房公寓、继续照顾退休社区等方式。美国的退休社区除了为老年人提供全面的生活照顾服务外，还会为他们提供一系列的养老措施，诸如营造老年活动中心，满足老年人参与文化体育活动的需求；开设老年大学，满足老年人对文化知识的渴求，义务满足老龄人口继续学习的需要等。美国有健全的养老服务政策法规，完善的老龄工作机构，庞大的志愿者队伍。

日本因为人口老龄化不断加剧和家庭少子化问题的凸显，其家庭养老的功能逐渐退化，同时政府每年在社会保障方面的支出又不断增加，尤其是医疗费用每年以9%的速度增长，使得财政负担加重，因此提出了依托社区进行养老，建立多种服务设施，完善社区照顾体系，使老人可以借助社区的力量进行养老。社区老年服务的主要内容有打扫卫生与整理家务，陪同老人外出购物，了解老人的生理和心理健康状况，举办各种娱乐活动等。社区为老人提供多方位的救助与关怀，满足老人以下需求：经济保障需求、健康和照料需求（包括医疗护理、居室清洁、饮食服务、安全服务及一些代办服务）、精神慰藉需求、社会交往需求、获得尊重的需求以及自我实现的需求等。

（2）国内养老模式的研究

我国在借鉴西方国家经验的基础上，不断地扩大为老年人提供服务的范围，逐步探索出一套适合中国国情与特色的社区养老服务体系。基于我国的养老服务体系建设，养老方式一般被分为传统养老、居家养老（社区养老）和机构养老。传统的家庭养老，由子女提供养老服务与照料，在我国占据很重要的基础地位。然而，由于人口老龄化态势的加重，我国也开始运用社会各方面的力量，以社区为载体来实施养老，补充家庭养老的不足。我国社区养老的概念相对模糊，其源于西方国家“社区照料”（Community Care）的提法，具有“在社区内的照顾”“由社区照顾”等多层含义，本身就包含不同养老方式的选择。对于“居家养老”的表述，目前学术界存在不统一的情况，也有学者将其称为“社区居家养老”，目的在于对居家养老中“家庭照顾”和“社区支持”两者的强调，在我国居家养老和社区居家养老是同一个概念，指的是以家庭为核心、社区为依托，依靠专业化的服务，通过上门或口托的方式为生活自理困难的居家老年人提供以生活照料等为主要内容的社会化服务的养老方式。居家养老是一种社会化的养老，随着我国社会养老服务体系的不断完善，传统的家庭养老不可避免地向着居家养老转化。而机构养老的定义比较简单，指的是老年人居住在养老机构里养老的方式，养老机构包括福利院、养老院、托老所、老年公寓等。居家养老和机构养老各有优劣，适合不同情况的老年人。机构养老的优势在于能够集中为不同类型的老年人提供服务，且服务专业，老年人能得到生活照料和医疗护理，居住环境有无障碍设计，集体生活能排解孤独，减轻子女负担，符合老人独立生活的尊严感；劣势在于需要重新适应环境、重建人际关系，容易与同住老人发生冲突，需要额外支付基本生活设施租赁费用以及缺少精神慰藉等。居家养老的优势在于有熟悉的家庭环境和人际关系，养老成本低，可充分利用原有的家庭资源和社区资源，能得到家庭成员的照顾，满足精神赡养需求，符合传统的养老心理和习俗；劣势在于子女必须有照顾时间，容易引起代际冲突，健康状况要求高等。居家养老由于居住在家，符合传统养老观念，老年人的心理认同度高，又可以充分利用家庭资源和社区资源，成为当下养老的主流选择。随着我国养老服务实践的发展，一些养老机构将居家养老和机构养老结合起来。如在社区里的“微型养老院”既可克服机构养老脱离社会的劣势，又可发挥机构养老整合资源的优势，为居家养老提供专业化的支持，是社区居家养老服务融合发展模式的核心，也是对传统机构养老的有益补充。

后期养老模式逐渐演变为多元主体共同供给，单一的养老模式已经远远不能应对“银发时代”的到来和挑战，只有不同养老模式的有机组合才是应对挑战的最佳模式，学者们针对这个问题展开了丰富而有益的研究。张俊良等以市场人口学为分析视角，探讨了养老市场的细分与前景，并在此基础上构建了“社区+机构+家庭”的养老新模式，其中机构主要是指企业在社区设立养老机构，这样就可以替代居委会的养老职能。刘养究等从家庭、社会养老保险和自我养老三个角度完善了农村养老模式。王胜今等分析了一些发达国家比较典型的养老保险模式改革经验，得出我国也应该建立多层次的养老保险制度。阮荣平等从风险化解、个体和社会福利等多个角度分别评价了个体、家庭和社区平衡时间的养老模式的效果，得出构建多元养老模式的必要性。蒋天文等提出以“老年社区”和“老年城”为基础的离散集中方案，其是开启养老模式转型的重点。吴国卿认为，政府应当成为社区养老服务的主要供给者，积极兴办和发展老年福利事业，拓展社会保险基金的筹资渠道，同时鼓励个人和单位进行募捐和赞助等，发扬邻里间互助的精神，召集志愿者对老人进行照料，吸引社会企业投入到养老服务体系中来。项丽萍认为以社区为依托，围绕生活护理、家政服务和精神慰藉三大方面，更应该根据实际情况开展医疗保健、精神文化等方面的服务，保障老人可以就近、便捷地获取优质的医疗保健服务，不同年龄、收入、文化程度、身体状况等的老人可接受多元化、多层次的养老服务。张奇林、赵青认为在社区养老服务模式中应当基于政府、家庭（个人）、社区、各种专业组织的功能特点进行责任划分，实现老年人照顾体系的均衡与稳定：政府制定和完善社区居家养老相关法律法规，落实有关优惠政策，实施有效监管；家庭和邻里要充分发挥其在老年人的情感交流、精神慰藉以及处理突发事件等方面的优势和功能；社区应在社区养老模式中发挥关键性作用，一方面支持家庭对老人的照料，另一方面提升社区养老综合服务能力；各种专业组织（如医院、护理机构和专业服务机构）应致力于为老年人提供高水平的专业护理和医疗保健。

5. 研究不足与趋势述评

在对已有的研究文献进行回顾之后，本书研究主要从两个方面来总结已有研究的一些特点。一是在研究内容上已经比较丰富，集中在老龄化、养老需求及其影响因素和养老模式等方面，并且大多研究的对象比较具体，涉及的内容比较窄，并且将养老需求和养老模式综合起来研究的较少。二是在研究对象上多是针对某一特殊群体，涉及面窄，缺乏一定的可推广性和借鉴性。具体分析如下。

关于老龄化的研究，既有宏观上对于人口老龄化对经济社会的影响研究，也有聚焦于微观上老年人具体养老需求的细小研究。其中，有关老年人口的生活状况的研究是最多的，但国内外存在部分差异，如美国等西方发达国家的学者对生活质量的理解，一直以来都以主观方面的感受为主，例如人们的生活态度和满意度等；而发展中国家则侧重于客观方面的评价，例如人们的衣食住行等外在生活条件。在后期的经验研究上，学者逐渐开始进行差异性的老龄化研究，如从城乡比较、老年人自理能力、影响因素等角度进行研究。目前对于城镇老年人的老龄化研究的重要性愈发凸显，如何因地制宜地依据当地城镇老龄化的现状与老年人的养老需求提供对应的养老服务，有待进一步研究。

对于养老需求及其影响因素的研究多是基于特定老年群体的需求研究的细分而被关注。无论国内还是国外，多将其分为物质、精神、心理三大块。具体而言，物质层面可包括生活照料、经济支持；精神层面可包括医疗护理、家庭成员支持；心理层面可包括心理健康、文化活动等。但对于影响因素多是基于养老服务方式和养老服务主体的角度进行分类剖析，对于具体城镇老年人的养老需求的时代因素和环境因素还缺少深入分析。

在养老模式上，西方发达国家对社区养老以及其他社会化养老模式的研究要比中国早很多，并且相对成熟，分析国外的养老模式对我国的相关研究和养老模式的构建具有一定的借鉴意义。这些经验对我国的启示包括：要健全法律法规体系、坚持政府主导地位、坚持养老服务多元化、注重培养专业的养老服务人才。我国的养老模式是依据不同时期的政治、经济、文化、社会环境而不断调整和进步的，我国养老模式的研究与我国养老问题的变化发展是紧密联系的。如在20世纪80年代的时候，随着我国家庭规模的缩小和人口迁移流动速度和规模的加大，一些学者发现我国的家庭养老功能在逐渐弱化，于是主张大力发展社会化养老模式，建立不同层次的福利院、敬老院、老年公寓等养老机构以满足不断增长的养老需求；而在20世纪90年代以后，学者们鼓励发展将社会养老和家庭养老相结合的社区养老；目前学者们又鼓励发展多元养老模式来更好地利用、整合资源，以提供更优质的养老服务。

（三）研究方法

本书在前期大量文献研究对比分析的基础上，以湖北省239个60岁以上的城镇老年人为研究对象，设计调研问卷，其中涉及老年人的基本情况及老年人对经济保障、医疗保健、生活照料、精神慰藉等养老方面的需求，并运用相关分析工具，对城镇养老需求和服务供给的影响因素进行探究。

1. 文献分析法

进行检索与分析是科学研究的基础。因此，本书通过对文献材料的梳理，厘清中国城镇养老模式发展的脉络，尝试总结符合中国国情的养老保障经验；通过深入挖掘文献资料中有价值的素材为本书的研究提供论据；同时，通过发现现有文献的研究不足，吸取教训，为城镇养老保障模式提供新的视角。

2. 比较分析法

现代意义上的养老保障制度产生于西方，至今西方国家已经形成比较完善、发达的养老制度。虽然我国的生产力发展水平、社会结构、文化背景、历史传统与西方国家不同，但他们发展社会养老保障的经验与教训仍值得我们吸取，运用比较分析法对不同国家和地区的不同养老保障制度及模式、理论等进行分析，从中找到我国可以借鉴的经验。同时，运用纵向比较的方法，对中国不同历史阶段的社会保障制度进行比较研究，从而确定养老保障制度发展的方式和途径，更好地推动和促进我国养老保障制度的改革和发展。

3. 调查研究法

调查研究法主要是通过问卷调查和结构访谈的方式，直接从取自某个总体的样本里系统地收集资料。主要采用的研究技术有抽样调查法、结构式访问法、SPSS 统计分析法等。本书对老年人的调查采用入户调查的方法，结合了问卷和访谈两种资料获取方式。

本书的调查对象为居住在湖北省城镇且年龄在 60 岁以上的老年人，包括入住和没入住养老机构的老年人。样本的选取按照样本总量、老年人年龄分布和是否入住养老机构进行了合理分配，接受问卷调查的有 300 多人，回收有效问卷 239 份，并通过不带任何假设地深入到研究对象的生活环境当中，参与式地观察和访问，去体验、感悟研究对象的言语和行为，并挖掘出这些言语和行为模式背后蕴含的文化含义，逐步理解研究对象及其社会生活。

二、理论依据

（一）福利多元主义的逻辑演进

福利状态是指个人因自我需要得到适当满足，而感觉快乐、幸福的良好状态。个人的福利状态是指个人有适当的机会实现和发展自己的能力，包括有机会参与社会经济活动，至少获得满足自身基本需要的消费资料；有机会参与政治、文化及其他活动，以满足自己的精神需要。社会福利制度是指为达到社会福利状态而做出的集体努力。作为制度的社会福利包括两个主要方面：一是社会福利服务；二是社会责任。概括地说，社会福利就是社会对于全体公民政治、经济、文化等一切福利权利与福利保障的制度设置和措施供给。其主要内容包括帮助有困难的社会成员维持基本的物质和精神文化生活，提高全体社会成员的生活水平和生活质量，增进全民的社会福利。

1. 福利多元主义理论的源起与逻辑演进

（1）福利多元主义的源起

在古典自由主义思潮下，工业革命时期的社会保障模式属于剩余福利模式，强调个人与市场是福利的主要来源，民间慈善团体作为补充来源，政府低度介入社会福利。随着西方国家发展进入后工业化时代，英国、澳大利亚、瑞典等社会物质生活水平较高的经济发达国家纷纷实行福利国家模式，即以“普遍性”原则为基础的社会保障模式，又称贝弗里奇型社会保障模式。在此种社会保障模式中，政府是社会福利的主要来源，把大量公共资源用于提供国民需要的基本生活资料和生存风险保障，以行政干预抗衡市场运作失调及分配不公，实现公平优先和人人受惠的福利目标。第二次世界大战期间，贝弗里奇针对英国当时的“财政匮乏”“疾病”“贫困”“无知”和“怠惰”，主张建立社会性国民保险制度，为全体国民提供包括养老、残疾、失业、死亡、丧葬、生育、丧失生活来源、孤寡救济等在内的普遍社会保障制度。在贝弗里奇的社会政策模式下，国家在社会福利提供方面逐步占据支配性地位，形成了涉及范围广、水平相对高的救助和保险体系，以主动预防可能出现的社会问题，提高全民生活福利水平。然而，以巨额公共开支为基础的政府垄断社会福利供给，转变成为沉重的税收负担，导致“负荷”（Overload），使政府介入经济和提供服务时出现无效率和无效能的“失灵”现象。20 世纪 70 年代，世界范围内的经济衰退引发了福利国家的整体危机。1981 年，经济合作与发展组织（OECD）举办了名为“80

年代的社会政策”的研讨会，正式开启了对福利国家的声讨。

多数学者对福利国家的批判集中于两方面：一是批判国家福利模式下个人福利依赖的道德问题；二是批评因社会政策领域扩展而不断膨胀的政府扩张问题。同时，面对福利国家的弊端，人们开始反思政府在社会福利供给中扮演的角色，究竟应该由谁来提供社会福利？什么类型的社会福利制度能够更好地满足社会的福利需要？比较一致的看法是由于国家承担了过多的福利责任，使家庭、社区以及其他社会组织在福利提供方面被边缘化。20世纪80年代，在对福利国家进行批评和反思的背景下，福利多元主义兴起并成为继古典自由主义、凯恩斯主义后关于社会福利供给的新型理论范式。

（2）福利多元主义的逻辑演进

蒂特姆斯在《福利的社会分工》一文中认为社会福利、财税福利和职业福利是三种相互配合运作的福利体系，最早提出了福利提供者多元化的观点。1978年英国的《志愿组织的未来：沃尔芬登委员会的报告》首次提出并使用了福利多元的概念。1984年，欧洲中心举办了题为“社会工作培训与研究”的会议，会议提出社区中有社会工作者介入的助人组织、自愿组织、自助组织和互助组织等新生社会力量应进行大范围的社会参与，反映出理论界与决策层对混合福利体系的共识与展望。罗斯认为福利是各种社会制度综合的产物，社会福利来源于家庭、市场和国家三个部分，三者所提供的福利形成一个社会的福利整体。罗斯主张打破国家垄断福利提供的原则，强调其他社会部门在社会福利提供方面起到的作用。欧尔森以国家、市场与民间社会的三分框架来探讨福利国家的福利分散化与私有化，将民间社会划分为家庭、邻里、志愿组织等，认为福利提供组织向民间社会发展是可以预见的。德国经济学家伊瓦斯继承并发展了罗斯的福利三分方法，将国家、市场与家庭的共同组合所构成的福利整体称为“福利三角”，明确提出了福利三角研究范式。

随着全球结社革命的兴起，民间社会组织的影响力逐渐扩大，特别是在保护弱势群体、保障人权、促进社会公正等方面，发挥着巨大作用。伊瓦斯重视民间社会组织在社会福利提供中的重要作用，将社会福利来源细化为国家、市场、社区与民间社会，在福利三角模式基础上提出了福利四分模式。伊瓦斯认为民间社会的非营利部门与中介机构是福利生产部门的来源之一，民间社会组织以志愿性为行动协调原则，通过说理、交流等方式，满足市民及协会成员的各种福利需求，并成为国家、市场与社区之间沟通与联系的纽带，使局部利益与整体利益相一致，有利于实现社会团结。约翰逊采用了伊瓦斯福利四分的分析方法，率先在其代表作《转变中的社会福利：福利多元主义的理论与实践》一书中系统性地探讨了福利多元主义，约翰逊认为社会福利来源于公共部门（Public Sector）、商业部门（Commercial Sector）、非正式部门（Informal Sector）和志愿部门（Voluntary Sector）的直接或者间接供给。其中，公共部门指各级政府；商业部门以市场为载体；非正式部门包括家庭、亲属、邻里、朋友等非正式关系网络；志愿部门主要包括邻里组织、自助或互助团体、提供服务的非营利机构及压力集团、医疗或社会研究团体、协调资源的中介组织等。由于福利项目特性的差异，福利来源的主体也会有所区别。吉尔伯特认同约翰逊关于社会福利源于政府、志愿组织、非正式组织和商业组织四个部门的观点，并且区分出经济市场与社会市场。他认为经济市场以生产率、支付能力、利润等为基础，通过市场来分配商品和服务；社会市场则根据福利权利、慈善动机、公共保障责任等要素来分配商品与服务。社会福利由经济市场与社会市场的共同提供表明社会福利供给与资本主义经济政策的兼容与补充。克雷斯·德·纽伯格提出的福利五边形表达了个人福利来源的多样性，认为现代社会有五个构成要素被用于满足人的需要和控制风险，它们分别是市场、家庭、社会网络、会员组织和政府。虽然每一个机构都有不同的发展历程和地域特征，但大致来说，在不同的时代、不同的区域，每个社会都存在上述机构。这些机构共同构成了一个福利的五边形。

2. 福利多元主义与城镇养老服务多元供给

（1）福利多元主义的核心要义：福利分散化

尽管学者们根据各自的研究重点和偏好，以不同的方式划分社会福利的来源，但福利多元主义逻辑演进的共同之处在于力图超越传统国家与社会的二分法，强调社区、社会组织等其他社会部门在社会福利供给方面的作用。此种强调多元部门提供社会福利，倡导社会共同责任本位的理论，被称为福利多元主义或混合福利经济。从福利责任分担的视角可将福利多元主义界定为，在福利供给方面，志愿部门、商业部门扮演更多的角色，且要能借由竞争与监督机制，增进资源的使用效率，回应民众的需求，并加重志愿部门的责任。也就是说，它并非意味着政府角色的完全撤退，而是强调政府宜由直接供给服务转向着重于扮演财务、规制及监督评估的角色。福利多元主义的核心内涵是福利分散化，意指福利多中心供给。多中心（Polycentric）一词是由英国自由主义思想家迈克尔·博兰尼在《自由的逻辑》一书中首次使用的。他主要在经济管理领域强调一种相互移动状态中生产、市场、消费等多中心形成的自发秩序。多中心性从经济领域进入公共服务领域，主要体现在奥斯特罗姆夫妇的研究之中。文森特·奥斯特罗姆的“多中心”理论继承了迈克尔·博兰尼审视政治、经济以及社会秩序的独特方法，将公共服务领域的“多中心”理解为政治体制内存在许多形式上相互独立的决策中心，这种制度安排“打破了单一中心供给制中最高权威只有一个的权力格局，形成了一个由多个权力中心组成治理网络，共同承担一定范围内公共服务供给的职责。”

以“多中心”为特征的福利分散化理论认为社会福利不单纯是政府的责任，政府不再是福利服务集体供给的垄断性媒介，政府的支配作用降低，且社会福利和服务将由多个部门承担，福利服务的供给将由中央或地方政府独占的统一组织逐渐趋于多样化，并且导入竞争因子，且在某些方案决定时，能更接近最终使用者和消费者。而且，福利分散化要求重视一个社会的全部福利的各种来源，并且转变政府角色和功能，积极致力于规划和界定服务供给规则，创造和维系服务供给条件，筹集服务购买资金，监督和评估服务提供效能。分权（Decentralization）和参与（Participation）是实现福利分散化的途径。分权即政府权力的分散化，意指政府福利服务的行政权由中央政府向地方政府及社区转移，由公共部门向第三部门分散，实质是强调社会福利的地方化、社区化及民营化，政府权力分散化为多元化主体参与提供了正当性权利和活动空间。参与指福利安排者和福利生产者共同介入福利服务的供给过程，共负责任，发挥正式与非正式力量的组合式整体效能，形成相互指导与补充的多元福利供给体系。一方面，福利分散化有利于提升福利的总体水平。正如罗斯所说："如果有多种来源而不只是单个垄断的供应者，社会的总福利可能会更多。"另一方面，福利分散化能够充分利用闲置的社会资源，继而增加福利资源的投资来源，以缓解经济和财政危机。经历了自由放任资本主义和国家干预主义影响下的政府管理模式，发达国家普遍认为实现公共行政创新目标的关键在于政府、社会组织和公民之间的协调发展。福利多元主义主张个人、集体和国家共同建设社会投资型国家，为福利国家转型指明了方向和发展路径，因此，以福利分散化为内涵的福利多元主义得到了世界范围内的广泛认同，并成为西方福利思想的主流以及各国社会福利制度变革实践的指导理念。

（2）养老服务社会化：城镇养老服务主体多元

养老服务社会化中多元主体基于各自的组织优势，承担了不同的角色与功能，为城市养老服务提供了组织保证。城市养老服务的多元主体包括政府、市场、社会组织、社区和家庭。

政府是城市养老服务的主要责任主体，发挥着积极的主导性功能。作为公共利益的代表，政府应义不容辞地通过公共服务供给和适当的政策倾斜发挥补偿和恢复功能，从而改善老龄群体的生活状态；更为重要的是政府依托其完善的公共税收体系与举债机制，具有汲取社会资源的组织优势，能够积累其他社会组织和个人无法比拟的公共资源，从而为养老服务提供强大的资金支持。萨拉蒙认为福利多元主义的贡献之一是在坚持政府福利责任的前提下，强调政府应该区分福利的责任与福利的生产方式。市场由生产者（个体或公司）和消费者（家庭或个人）组成，应遵循程序正义和效率原则，用商品和服务等价交换资金。市场肯定了理性人自利的合理性并激发了人的创造性潜能，同时通过价格和竞争机制在社会资源配置的过程中发挥着基础性功能。市场在社会福利方面的功能主要是生产和购买商业性福利产品和服务，包括各种营利性社会服务、商业保险和社会工作等。以追求利润最大化为目标的企业是市场的主要经济载体。

在养老服务中，遵循市场丛林法则的营利性企业以顾客为导向供给服务，对老年人的社会需求有更快的反应，并根据老年人需求的变化不断调整服务类别。随着企业介入养老服务领域的规模不断扩大以及方式的多样化，现阶段学界关注的焦点集中于如何将市场视作一种资源配置手段以实现公益目标。社会企业就是其中借助企业化运作解决社会问题的组织创新。在提供养老服务时，社会企业会充分考虑供给对象的支付能力，以生产成本为基础制定相应的价格，从而提高了养老服务的供给效益。此外，由于来自大型企业的广泛投资，社会企业易于获得充足的资金资源，从而在养老服务供给方面具有可持续性。社会组织是城市养老服务的主要生产主体。

（二）多元共治理论

所谓“多元共治”，实际上是多元主体共同治理的简称，它是一种新型的管理模式。多元主体共同参与治理并不是对西方治理模式的照搬照抄，而是在治理理论与多中心治理理论的基础之上创立的符合当前我国社会治理模式变迁的客观规律的有效的治理方式。多元共治是“小政府、强政府、大社会”的共同治理模式。多元共治主要包含以下三方面的内容。一是治理主体多元化，政府、市场、公民与社会组织都是多元治理主体，在治理公共事务中，政府为公共政策的制定者，社会组织、市场以及公民等多元治理主体共同参与社会治理活动。二是治理机制多样化，在多元主体共同治理过程中，多元主体之间相互独立，但它们可以用对话、竞争、妥协、合作和集体行动的形式开展治理工作。它们通过持续互动达到治理行动的优化，如留守老人养老公共服务供给要达到“老有所养、老有所医、老有所乐、老有所为”的目标，需要各主体的共同参与，在以政府为核心保障老年人经济供养来源的前提下，社区和家庭满足老年人生活照料和精神慰藉的需要。三是治理目的的公共性，政府、社会组织和公民通过有效发挥各自的职能参与公共事务的治理，目的是为了实现公共利益。（见图 2－1）

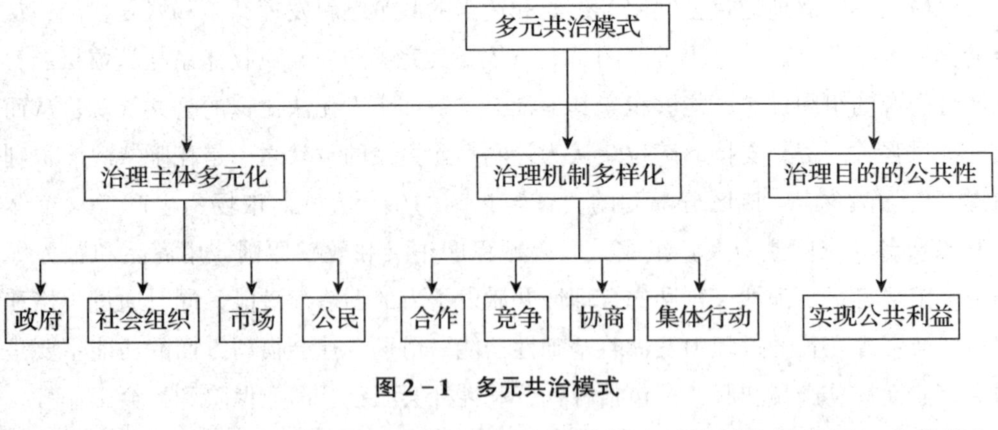

图 2－1　多元共治模式

多元共治模式在公共服务供给中具有较大的应用价值。随着社会的发展，公共服务的需求日益多样化，政府作为公共服务供给的主体很难单独履行公共服务供给的全部。李克强总理在《2014 年国务院政府工作报告》中也首次提出“多元主体共同治理”。多元主体共同治理的模式是公共服务供给发展的必然选择，同时也是完善公共服务供给的必然选择。

第一，公共需求的多元化要求公共服务供给主体的多元化。伴随着我国经济的发展，人民生活水平的提高，公众对公共服务的需求也更加多样化。公共服务的公共性决定了政府理应是公共服务的供给主体。但是，政府能力有限，不可能完全掌握公众多样化的需求，供需双方信息不对称的情况时常出现。萨缪尔森曾说过："一种公共产品并不一定要由公共部门来提供，也可由私人部门来提供。"供给主体的多元化不仅能够全面了解公共服务的供需信息，优势互补，最大限度地满足社会成员的偏好，做到供需平衡；还能打破政府的垄断，使消费者有更多的选择。

第二，多元共治模式在公共服务供给中能实现有效的相互监督。公共服务供给是否到位，很重要的一环就是监督。公共服务的供给不仅需要法律监督、制度监督，更需要社会大众的监督，政府单一主体的公共服务供给在很大程度上会出现"政府失灵"、公共服务缺位和错位等问题。多元共治模式中，政府、市场、社会组织、公民都是公共服务的供给主体。在共同的规则下，各主体权利平等，能够相互监督和限制，防止公共服务供给出现漏洞。

第三，多元共治模式对公共服务的对象同样适用。布坎南将公共产品分为三类：一是有非竞争性与非排他性的纯公共产品；二是消费上具有非竞争性，但是可以做到排他的俱乐部产品；三是消费上具有竞争性，但却不具有排他性的公共资源，后两类都被称为"准公共产品"。在现实世界中，大量存在的都是介于公共产品和私人产品之间的"准公共产品"。进一步说，涉及广大社会成员生活的公共物品都属于准公共产品，有一定的排他性和竞争性，农村养老公共服务也不例外，这为市场和其他组织提供了参与的可能与动力。多元主体共同参与公共服务供给是公平合理地为社会提供公共物品和服务的最佳选择。

（三）善治理论

所谓善治（Good Governance），是指使公共利益最大化的社会管理过程。善治指有效治理，通过对治理的治理，达到治理的最高境界和理想状态。善治的本质特征在于它是政府与公民共同处理社会事务的协调、互动过程的最佳状态，善治的过程重视良性互动和有效合作，结果强调多元社会机制的协同整合功能，体现了以人为本的目标和对社会发展的重视。治理的善治目标用以表达人类对依靠自身的创造能力，运用有效的管理途径，驾驭瞬息万变的环境的信心以及实现人类可持续发展和提高公民普遍福祉的期盼。

1. 治理的概念厘定

汉语中的"治理"一词与英语中的"Governance"相对应。根据词源学考察，"Governance"一词的词根"govern"释义为引导、操纵和控制。"govern"相当于法语的"gouverne"，可以追溯到11世纪末出现的古法语"Gouverner"，古拉丁语"Gubernare"是古希腊文的航船掌舵之意的发展和衍化。"Governing"（引导、指引）、"Government"（政府、统治）和“Governance”（治理）是同源（gover-）词汇，操舵是其最原始的意思，在中世纪末期这三个词汇不加区分、交互使用，早在 14 世纪末，英格兰国王亨利四世就用过 Governance 一词，用以表明上帝之法授予国王对国家的统治之权。因此，传统意义上，治理（Governance）曾经意指君主获得统治与管辖国家的至上权力。18 世纪，法国启蒙哲学创造了法语词汇“Gouvernance”，用以表达开明政府对市民社会的尊敬并与其结合起来的向往，“Gouvernance”为“Governance”增添了新的理解元素，从而与“Government”区分并渐行渐远。

20 世纪 80 年代，经济全球化浪潮和现代社会发展中出现的各种矛盾和问题，迫使人们寻找区别于凯恩斯主义和新保守主义的“第三条道路”，于是治理被赋予了新的时代内涵。治理并非新的事物，不是对公共行动的设计和管理的新方式，而只是对一个早已存在现实的新认识。1989 年，世界银行发表了关于非洲发展的报告《南撒哈拉非洲：从危机走向可持续增长》，首次提出“治理危机”（Crisis in Governance）其后，“治理”的概念在学术界广泛流行。时至今日，作为处理公共事务的过程与方式的新认识，治理成为一个比政府更宽泛且富有弹性的概念，研究者从不同的视角和层面阐述其内涵。世界银行对治理概念的表述方式相对简单，即“治理涉及运用政治权力来管理国家的事务”。世界银行把治理与健全管理规则联系在一起，认为掌权者有必要建立标准和规章制度，以便为公共事务的处理提供一个可靠而透明的框架。此外，良好的治理应该引导非政府机构，尤其是私营企业的参与。因此，世界银行强调治理的两方面内容：一是在技术领域，治理意指有必要建立发展的法律框架并提升政府管理能力；二是政府有责任支持和培育各种非营利性社会组织，并引导私营企业参与社会管理，以提高政府的社会管理绩效，促进经济的可持续发展。由此可见，根据世界银行的界定，治理涉及国家与社会的关系问题。

全球治理委员会于 1995 年在《我们的全球伙伴关系》报告中对治理的界定最具权威和代表性。全球治理委员会认为治理是各种公共或私人机构和个人管理其共同事务的诸多方式的总和；治理是使相互冲突的或不同的利益得以调和并且采取联合行动的持续过程。它既包括有权迫使人们服从的正式制度和规则，也包括人民和机构同意的或为符合其利益的各种非正式的制度安排。根据全球治理委员会的定义，治理是一种处理公共事务的方式和过程，该过程涉及公共部门与私人部门，以协调为基础，强调治理主体间持续的互动。詹姆斯·N.罗西瑙在其代表作《没有政府的治理》中，将治理定义为一系列活动领域里由共同的目标所支持的规则体系，尽管未被赋予正式的权力，但在其活动领域内也能够有效地发挥功能。罗西瑙指出治理是由共同目标支持的和由规则体系保证的集体行动。相对于统治，治理是一种内涵更丰富的现象，它既包括政府机制，同时也包含非正式、非政府的机制。治理的现实效应体现在保持社会安全、繁荣、一致、稳定和连续。格里·斯托克认为治理意味着一系列来自于政府又不限于政府的社会公共机构和行为者；治理意味着在为社会和经济问题寻求解决方案的过程中存在界限和责任方面的重新分配；治理明确肯定了在涉及集体行为的各个社会公共机构之间存在权利的相互依赖关系；治理意味着参与者最终将形成一个自主的网络；治理意味着优化公共服务的能力并不仅限于政府发号施令或运用权威，而在于政府与公民，社会之间广泛的公共关系。格里·斯托克认为治理有多种用法也有不同意思，相同之处在于，治理是统治的一种新发展，其中的公私部门之间以及公私部门各自的内部界限趋于模糊。治理的本质在于，它所偏重的统治机制并不依靠政府的权威，而是行为者之间的互动。

因此，治理的目的在于如何构建一个多中心互动与合作的政策框架。詹·库伊曼和皮埃尔从环境变化与治理发展的角度论证了治理的意义。库伊曼从社会环境变化角度探讨了治理的概念及效应。库伊曼和范·弗利埃特指出，治理是一个比政府管理外延更广泛的现象。治理所要创造的结构和秩序不能由外部强加，要依靠相互发生影响的行为者间的互动发生作用，这种互动是由参与者共同的目标支撑的。库伊曼主张在正规化的制度背景下，通过国家、社会和市场三方互动，开创社会自主管理对国家社会管理的补充形式，以应对复杂性、多样性和动态性的社会难题。皮埃尔从国际环境变化视角将治理视作一个理论性的框架，用以说明当今协调、合作的社会体系以及在治理过程中国家权力的作用和秩序发生的变化。美国著名公共政策专家莱斯特·萨拉蒙认为，治理是与传统政府统治相异的新型范式，并称为“新治理”。新治理被认为是实现公共服务效益、效率、公平的基本工具，是超越“公”与“私”二元结构的、实现社会网络体系化的策略创新。盖伊·彼得斯，戴维·奥斯本和特勒·盖布勒倡导治理中政府社会管理职能和方式的转变，注重政府掌舵、协调的角色和功能。

中国学者俞可平在《治理与善治》一书中，将西方的治理理念引入国内，并从政治学的视角将治理理解为政治管理的过程，它包括政治权威的规范基础、处理政治事务的方式和对公共资源的管理。它特别关注在一个限定的领域内维持社会秩序所需要的政治权威的作用和对行政权力的运用。无论哪种界定和阐述，尽管治理可以被看作联合行动的持续过程，一种互动机制、自组织网络，一系列正式和非正式的规则等，可以肯定的是治理往往被视为一个与“统治”相对的概念加以理解，“治理从头起须区别于传统的政府统治概念”。治理与统治的区别表现在以下五方面：第一，权威不同，统治的权威一定是政府，而治理的权威则并非一定是政府公共部门，治理主体扩展到了政府以外的营利组织及非营利组织；第二，权威的来源不同，统治的权威来源于以强制为基础的政府的法规命令，而治理的权威则来源于公民的自愿性认同和共识；第三，权力运行向度不同，政府统治表现为权力单向度自上而下的流动，而治理是权力上下互动的运行过程，通过主体间联合行动，共同对公共事务实施管理；第四，管理方式不同，统治以控制性的行政、法律手段为主，是反应式、消极性的问题解决型管理方式，而治理的手段则更多地强调各主体间的信任、互惠、说服与沟通的交往逻辑，体现为预防式、主动性的前瞻型管理方式；第五，作用范围不同，统治的作用范围是以领土为界的民族国家，而治理的作用范围比统治更宽泛，超越国家领土界线，包括跨国性国际组织间的网络互动及管理。由此，治理的特征可以概括为主体多元化、关系伙伴化、权责模糊化、结构网络化、管理系统化。治理主张有多个中心，关注组织间及行为主体间的复杂关系，表达了人们通过集体广泛协作，实现共同利益目标的美好愿望。

2. 善治的属性分析

善治，可直译为“良好的治理”，是西方学界针对政府“治理失效”而提出的一个标志治理状态的概念。世界银行认为善治在具体的公共实践中涉及“一种有效率的公共服务，一种独立的司法体制以及履行合同的法律框架；对公共资金进行负责的管理；一个独立的、代议制的立法机构负责公共审计；所有层次的政府都要遵守法律、尊重人权；多元化的制度结构及出版自由。”善治的属性可概括为合法性、法治性（Nomocracy）、责任性、透明性、回应性、参与性、有效性、公正性、稳定性和廉洁性。

第一，合法性（Legitimacy），即政治合法性，指的是社会秩序和公共权威被自觉认可和服从的性质和状态，合法性以民众对秩序、规则的内心体认为基础。民众对政治权威越支持，公共部门存续的合法性越高，善治程度便越高。第二，法治性（Nomocracy），法治的基本原则是法律面前人人平等。法治的目标，一是要规范公民行为，维持正常的社会秩序，保障公民的公共安全；二是要规约政府行为，保护公民的基本政治权利，尊重法律，增强公共管理过程的法治化。第三，责任性（Accountability），基于政府与公民之间公共权力的委托—代理关系，责任性强调公共管理主体在行使公共权力时，必须负起相应的责任。一方面通过制度设计能够追究政治责任，使公共行为主体对其行为负责；另一方面也要求公共行为主体能够主动创造性地履行其责任。第四，透明性（Transparency），指政治信息的公开性。充分知情是民主的重要标志之一，信息透明公开是良好治理的必备条件，因此现代政府有必要根据公众的需要提供政务信息，落实公民的政治知情权，使公众清楚地知道政府在做什么、怎样做及效果如何。政治信息越透明，善治程度越高。第五，回应性（Responsiveness），是责任性的延伸。回应性要求公共管理主体“能够积极快速地对社会民众的要求作出回应，并采取有效的措施，公正、高效地满足公共需求，以实现和增进公共利益。”第六，参与性（Participation），政治参与是政治行为主体通过一定方式影响政治过程的政治行为。政治参与的广泛性和参与程度是政治民主的重要体现。参与性要求政府创造条件扩大公民参与公共事务的范围，并提高政治生活的参与程度。公民积极和广泛的政治参与是善治的重要指标。第七，有效性（Effectiveness），是指效益，效益要求公共部门既要合理设置管理结构，提升管理活动的科学性和灵活性，以降低管理成本，提高公共部门的绩效和效率，又着眼于产出所带来的社会效果，包括服务质量及社会公众的满意程度。少投入、高效率、高效益是判断一个公共管理体制是否优良的基本标准，同时也是判断善治的主要标准。第八，公正性（Impartiality），社会公平就是社会的利益和负担在全体社会成员之间合理的分配状态。它意味着权利的平等、分配的合理、机会的均等和司法的公正。社会公正性要求公共部门无特权、无偏私地提供公共服务，以实现社会发展指标公平、公共服务可及性公平、服务实际利用水平公平和筹资公平。第九，稳定性（Stability），体现为公共政策连贯性的政治稳定、经济可持续发展的经济稳定和社会安全、生活有序、公民团结的社会稳定。第十，廉洁性（Incorruption），廉洁性与政治透明度相关，要求公职人员奉公守法，清正廉洁，不利用公共权利谋取私利。以上十个要素为衡量善治程度高低的重要指标。

3. 善治理论的本质

善治的本质是国家与社会合作共治。相对于统治，治理是不确定的主体共同面对公共问题，处理公共事务的一系列行为方式和过程的总和。作为后工业社会中一种全新的社会控制方式，治理的实质是以分散化为原则对公共权利的重新配置，具体指政治权力集中下社会管理权由体制内向体制外分化。行为者之间不再是等级的隶属关系，而是结成平等的合作伙伴关系，治理过程的基础不是控制，而是协调。治理意味着主体间利益关系由竞争排他走向合作共生，是社会发展的客观性和人类追求理想生存状态的主观能动性共同作用的结果。作为治理的最佳状态，善治指国家与社会之间更充分的良好合作。善治实际上是国家的权力向社会的回归，善治的过程就是一个还政于民的过程。善治的本质特征就在于它是政府与公民对公共生活的合作管理，是国家与社会的一种新颖关系。国家和社会的关系，既是学者高度关注的政治学基本问题，又是一个存在普遍争议的问题。

中外学者试图从不同的视角厘清国家与社会的边界，并根据不同的标准划分国家与社会的关系模式。根据力量对比关系，国家与社会关系模式基本上可以分为四种：强社会—弱国家、弱社会—强国家、弱社会—弱国家和强社会—强国家。强社会—弱国家模式体现了传统自由主义理念。以洛克为代表的传统自由主义主张社会至上，国家被视作工具而非目的，自主而有活力的社会是民主必不可少的条件，因此社会对国家的制衡或对抗能够限制国家权力的扩张。社会与国家是一种此消彼长的冲突关系。福山指出："一个社会只有在脱离了大型组织的中央威权之后，才可能产生自发性社团，而非混乱失序的状态。"弱社会—强国家模式反映了现代权威主义的主张。黑格尔的普遍国家形态与洛克的宪政国家相对立，黑格尔对社会充满了不信任，认为国家高于一切，国家的权力可以无所不及，将国家视作救济社会的道义力量。从而将社会置于国家的全面控制中。弱社会—弱国家模式见诸中世纪西欧封建制国家和现代不发达政体。在强社会—强国家模式下，国家与社会之间不是对立和冲突的，而是一种相互制约又相互合作，相互独立又彼此依赖的有机统一关系。社会具有相对较强的自主性和活动空间，国家有原则地适度介入社会生活，积极发展与社会组织的良性互动关系。治理理念下的国家与社会关系，不同于传统自由主义和国家主义理念下国家与社会的冲突控制关系，而属于强社会—强国家模式下的合作共治关系。强国家—弱社会、弱国家—强社会的关系可以归纳为零和博弈关系。

社会单方面型塑国家或国家单方面型塑社会，强调国家与社会非此即彼的单一性权威，尽管政治哲学层面国家与社会价值的第一性不同，但落实到实际层面均表现为政府的单一权威统治，形成统治理念下国家与社会、政府与社会组织的冲突与竞争关系，由于相互之间缺乏信任，社会对抗、制衡国家或者国家全面控制社会均是零和博弈的表现。正如库伊曼所述：不论是公共部门还是私人部门，没有一个个体行动者能够拥有解决综合、动态、多样性问题所需要的全部知识与信息，也没有一个个体行动者有足够的知识和能力去应用所有有效的工具，它们之间不存在简单的相互替代关系。诚然，历史上福利国家危机、东欧剧变后俄罗斯的发展经验表明，干预过度的国家与失去控制的社会均易陷入零和博弈的困境最后导致失败。

因此，只有国家和社会充分保持自主性，且“社会型塑国家”和“国家型塑社会”两者相结合，形成一种正和博弈的国家与社会关系才是可欲的。国家与社会合作共治，破除了冲突假设，强调多中心主体合作的治理网络。跨越作为独立单元的界限，国家与社会协同整合成利益相关的集聚系统，以实现系统整体性共赢，并共同推动社会可持续发展。传统社会管理的目标是实现一种“统治的社会秩序”，其实质是借由国家的政治权力协调人与人之间的利益关系，以化解社会矛盾，实现社会整合。国家与社会合作治理社会时，社会可通过组织化的方式参与社会管理，与政府在目标一致、相互信任、资源与功能匹配的基础上，发挥多元治理主体的协调作用，在推动社会有序和谐的过程中提供、调整并增进社会福利。因此，治理理念下的国家与社会的自觉认同与相互支持体现了对社会权力的尊重，有利于保持公共权力和公民权力的协调发展，实现更充分的治理，即善治。总之，善治理论强调国家与社会结成网状管理系统过程中面对面的合作互动方式，社会由传统公共管理的客体转变为现代公共管理的主体。面对社会的积极参与，政府首先要转变观念和职能，突破传统“一元”观念的束缚，视社会的参与为实现公共利益和完善政府职能的有益的必要的补充，强调国家认同社会对实现善治的重要意义。国家与社会的相互协调、相互监督、相互支持能够克服资源配置中国家干预的失败和市场失灵，利益相关者的积极参与和共管共治是从善政走向善治的现实基础，是实现公共博弈正和效应的策略选择，凸显了国家与社会的正和博弈关系。

（四）城镇养老服务研究路向的变迁

养老体系是“在一个特定的社会中老龄人口生活的支持系统”，其原则是“保护老龄人口的权益，满足他们的基本需求”。当养老体系被国家所认可，并强制所有成员共同遵守时，就形成了养老制度。健全的老年供养体系包括资源系统、供养系统和提供模式，这三者之间是一个相互依存的有机整体。本书将从养老资源、养老模式与养老提供系统三方面梳理中国城市养老服务的研究路向。

1．从物质资源支持到综合资源支持：城市养老资源升级

改革开放40多年以来，中国由经济政策时代进入社会政策时代，由选择性福利时代进入全民性福利时代，由消极补救的控制型福利时代进入积极预防的发展型福利时代。建立适度普惠型社会福利，成为学者们的共识。从补缺型向适度普惠型转变，是社会福利发展的理念创新，意味着社会服务的保障对象和服务范围的变革。20世纪80年代，学者们普遍将养老服务体系的研究重点放在物质资源供给上，有关养老物质资源的研究成果在养老供养体系中已占80%之多。随着家庭养老功能的弱化，学者们开始注意养老照顾服务和精神支持的重要意义。目前，国内养老服务供养体系的研究呈现出服务范围扩大的趋势，学者们普遍认为养老服务体系的支持内容应从以物质支持为主升级至物质支持、照顾支持与精神支持并重。

邬沧萍认为资源系统是老年供养体系的基础要素，它决定了资源提供的性质（家庭还是社会）和配置方式（社会为主还是家庭为主）。穆光宗认为现代的养老资源就是养老的"财富"及"财富流"，包括情感资源、经济资源、时间资源和服务资源等几大类。柴效武认为物质资源也称经济资源，是指政府、社会、家庭、个人等养老主体，为养老事业的开展提供各类资源的经济价值或资源运用需要承担的代价。经济资源又可分为住宅资源、实物资源和金融资源（现金、存款、养老保险）。服务资源体现为活劳动的时间和能力及物化劳动的条件等。"在我国，由于对人口老龄化的社会经济负担的担忧，人们将更多的注意力放在了物质赡养上，老年人的物质供养方面有了很大的改善。而在老年人的精神需求方面，问题则显得越来越突出。"现有关于养老资源的研究多数以老年群体需求为分析视角，从老年人需求的变化探讨养老资源升级问题。陈友华认为根据需求层级理论，同时也有大量的社会调查数据显示，以健康护理和衣食住行为代表的基本生存需求是老年人最根本、最强烈的需要；王宁将老年人的需求概括为养老的物质生活需求、日常生活照料的需求、健康护理的医疗需求和精神文化生活需求四个方面，并通过实证调查分析得出，日常生活照料是最基本的需求，健康护理服务是最迫切的需求，精神文化生活是最向往的需求；班晓娜、李东阳指出老年人的需求是多样的，人到老年，除了经济上的养老、居住上的养老、护理上的养老，更多的需要精神上的养老，丰富多彩的老年生活是完整人生的一部分。研究表明，城市养老需求研究从侧重经济需求到关注老年人的生活照顾需求和精神需求，体现了养老服务内容的多样性及层次性，从老年人需求的变化探讨养老资源升级问题，能够根据养老需求的变化提供有针对性的和综合性的养老资源，全面满足老年人需求，有助于提升养老服务的供给效能。

2．从家庭养老到社区居家养老：研究深化与养老模式创新

模式（Pattern）指的是"事物的标准样式"，由众多规律构成，从古至今沿用、流传

并通过种种途径相对固定下来的系统的表现形式。城镇养老模式，即在社会城镇养老实践中探索、总结出来的，为解决城镇老年人养老问题，缓解人口老龄化趋势带来的社会问题而形成的系统的、典型的方式方法。刘长茂和叶明德、熊巍俊、徐勤和原野、杨宗传、吕红平、黄永正和王先益、穆光宗等学者根据不同的标准划分养老模式，尽管划分方式各异，但基本共识是根据养老资源来源的不同，中国城市养老可以分为家庭养老和社会养老两大基本类型。

新中国成立后，全国实行的是以家庭养老为主，并与国家、社会和集体养老相结合的方式。家庭养老又称为家庭照顾，是指家庭成员在经济、精神或生活等方面提供的帮助老年人安度晚年的支持服务行为。传统的家庭养老以血缘道义下代际的责任认同为核心，稳定性强。中国的家庭养老方式之所以延续千载，一个重要原因是形成了能够规范其行为的文化模式。研究表明，中国90%的老人希望在家养老。改革开放以来，社会体制的各个层面都在发生巨大的变革，20世纪80年代中期一些学者在研究家庭规模和人口迁移流动时，发现中国家庭养老的功能逐渐弱化，于是主张发展机构养老。机构养老是社会养老的重要方式，主要指在社会专业养老机构比如养老院、敬老院和老年公寓中，提供包括日常生活照料服务、特别照顾服务、康复护理及医疗服务在内的各种服务，以维持老年人生活的养老模式。社会养老产生于工业社会，随着现代经济发展，社会财富增长为社会养老提供了坚实的经济基础，而且社会分工的发展促使社会信任结构超越家庭，转换为现代法律制度下的契约性信任，为养老关系在社会展开提供了规范保障。家庭规模的缩小和结构变化使其养老功能不断弱化，要求社会承担更多的养老责任。

20世纪90年代后，学者们又开始把目光转向居家养老、社区养老等新兴养老模式，养老问题的研究热潮可谓方兴未艾。尽管学界对于家庭养老与社会养老在城市养老中的主次角色问题存在争议，但是对于未来中国城市养老的研究方向学者们基本能够达成共识，“居家养老是建立在个人、家庭、社区和国家基础之上的，它是以居家养老为形式，以社区养老网络为基础，以国家制度政策法律管理为保证，家庭养老和社会养老相结合的养老体系。”目前，学者们普遍认为社区居家养老是中国城市养老服务的模式创新和演进方向。姚远指出居家养老是在我国社会经济发展的大背景下的必然选择而非权宜之策。李晨漪认为应通过整合多方服务主体的资源，使其各自承担不同的职责与任务，根据老年群体的不同需要提供全方位的居家养老服务。胡宏伟、时媛媛、张薇娜认为居家养老是将医疗、心理辅导等专业活动从机构转移到老年人家庭的一种服务方式，能满足老年人的各种需求，同时十分便捷，是应对老龄化危机的新的养老方式。俞贺楠、王敏、李振指出为老年人提供社会化的服务以弥补家庭养老的不足正在成为现实，中国的养老模式正朝着社区居家养老迈进。

3. 从政府供给到社会化供给：城市养老服务的发展理路

社会福利社会化是21世纪中国社会福利事业改革的战略选择和发展任务。杨团指出社会福利社会化不能仅仅靠政府和计划体制来实施。周沛认为要充分调动国家、市场、社区和家庭的力量，多层次、多形式、多渠道兴办社会福利事业，改善民众生活状况，及时满足人民群众不断增长的物质文化需要，提高福利水平。自从2000年民政部等11个部委在《关于加快实现社会福利社会化的意见》中明确提出社会福利社会化的总体要求以来，中国的社会福利事业正逐步由国家包办向由国家、社会、个人共同兴办的社会化福利模式转变。在社会福利事业社会化发展的政策倡导下，学界普遍认为养老服务社会化是中国养老事业的发展方向，并从不同的研究视角和层次分析养老服务社会化的相关问题，为进一步研究提供了丰富的素材。刘同昌认为社会化是养老事业发展的必然趋势。当前推进社会福利社会化具有特殊的社会意义和现实意义。政府应大力提倡和鼓励地方社区、企业、宗教团体、慈善机构、个人等积极创办各类福利机构，并在税收、基建、公用设置等方面提供优惠，尽快制定出相应的政策法规，促进这一事业走上正规化轨道，形成政府部门、社会和个人共同参与、共同存在、互相补充、共同发展的多支柱体制，推动社会福利事业社会化进程。王辅贤和台恩普指出社区养老服务必须走社会化道路。王辅贤认为社区社会化养老服务包括服务主体社会化、服务客体社会化、资金筹措社会化、服务队伍社会化、服务管理社会化等五个方面。台恩普认为推行社区社会化养老服务的主要内容包括投资渠道多样化、管理方式社会化、服务对象社会化、服务人员社会化。陈培顺、余可根、施惠宇指出南京市社会养老服务事业实现了四个转变：一是政府由包揽转变为规划、指导、扶持、监管；二是社会由一般参与转变为投资的重要主体；三是社区服务民间组织从无到有，并逐步转变为运营管理的主力军；四是行业向自我管理、自我服务转变。孙燕指出南京市鼓楼区的养老服务社会化模式是政府、社区、社会组织三方合作形式的重要展现，充分体现了政府主导、社会参与的原则。杨晓楠通过分析中国养老服务社会化改革中老年人合法权益难以保障的问题，指出社会化养老服务机制中各责任主体的职能，建立健全社会组织参与的法律机制，逐渐实现养老服务社会化、专业化是我国养老服务改革的关键。

综上所述，有关城镇养老服务的研究，国外的研究较早而且较为深入，已积累了丰富的理论成果并形成较为成熟的发展模式；国内关于城镇养老服务的研究起步相对较晚。目前国内关于城市养老服务的研究主要集中于四个方面：关于养老服务体系的宏观构建研究；关于养老服务模式的演进研究；关于养老服务供给与需求研究；关于养老服务社会化研究。城镇养老服务社会化供给中政府与公益性社会组织的互动合作问题，目前学术界相关成果不多，并且缺乏系统的深入研究。

三、城镇养老服务主体多元化格局的形成

（一）背景分析

1. 人口老龄化的特征及发展趋势

在很长的一段时间内，我国人口结构呈现年轻化特征，对养老服务的需求并不迫切；但是随着社会的发展，生活质量的提高，医疗条件的改善，我国居民的预期寿命不断提高。在多种因素的综合下，我国人口呈现出老龄化的发展趋势。

中国在2000年左右进入老龄化社会。据《中国统计年鉴》数据显示，截至2000年末，中国65岁以上老年人口数为8 821万，占总人口数的7%，老年抚养比（65岁及以上人口与15～64岁人口比率）为9.9%；截至2014年末，中国65岁及以上老年人口数为1.38亿，占总人口数的10.1%，老年抚养比为13.7%。而联合国2015年发布的世界人口展望报告预测，中国2025年65岁及以上老年人口将达2亿，占总人口数的14.2%，老年抚养比为20.4%，80岁及以上老年人口将达3 152万；到2035年中国65岁及以上老年人口将达2.99亿，占总人口数的21.3%，老年抚养比为32.7%，80岁及以上老年人口将达5 997万。

以上数据说明了我国人口老龄化的三个特征：一是老年人口基数大，2000年我国每10名劳动人口负担1名老年人，到2025年我国每5名劳动人口需要负担1名老年人，2035年则是每3名劳动人口需要负担1名老年人；二是高龄化发展趋势，2010年我国80岁以上高龄老人为1 221万，2025年将上升到3 152万，2035年上升到5 997万；三是老龄化速度快，我国65岁及以上老年人口占总人口的比例从7%到14%仅需约25年的时间，几乎与日本持平，而这一时间法国用了115年，挪威用了92年，瑞典用了85年。

人口老龄化对我国养老服务体系的建设提出了要求。老年人口基数大和高龄化发展的特点客观上决定了我国日益增长的养老服务需求。高龄老人由于身体健康状况的衰退，在生活中的风险比低龄老人高很多，需要陪伴和照护的需求大大增加。应对老龄化，特别是我国在过于短暂的时间里快速老龄化，需要尽快完善我国的养老服务体系，给我国老年人提供一个可行的社会支持体系。

2. 人口流动带来的影响

在计划经济时期，由于我国严格的户籍管理制度及其他政策上的限制，我国人口流动

数量相对较少。改革开放以来社会经济的快速发展大大推动了我国人口的流动和迁移。为了获取更高的经济收入，得到更好的就业机会，追求更好的生活质量，人们不断从农村涌入城市，从小城市进入大城市，从欠发达地区流向经济发达地区。根据国家统计局发布的《2014 年国民经济和社会发展统计公报》数据显示，2014 年我国流动人口为 2.53 亿人，占我国总人口数的 18.5%。由于流动人口一般为年轻的劳动人口，其带来的直接影响就是对人口流入地和流出地人口结构和老龄化程度的影响。我国第六次人口普查的数据显示，2010 年我国城市地区 65 岁及以上老年人口的比例为 7.68%，老年抚养比为 9.59%；乡村地区 65 岁及以上老年人口的比例为 10.06%，老年抚养比为 14.21%。从全国来看，老龄化程度最严重的几个省份是重庆、四川、江苏。与 2000 年第五次人口普查的数据相比，十年间老龄化速度最快的几个地区是重庆、四川、甘肃，老龄化速度最慢的是上海、天津和北京。其中，上海的人口老龄化程度不升反降，显然与其大量流入年轻劳动力有关。

区域间经济发展的不平衡推动了人口的流动和迁移，而人口的流动进一步促进了区域间经济发展的不平衡。人口流出地由于劳动力短缺，经济发展往往受负面影响，人口流入地由于劳动力富余，经济发展则往往受积极影响。经济条件和劳动人口的差异导致我国养老服务的发展存在城乡和区域的不平衡，这对我国进一步优化社会养老服务体系提出了现实需求。

3. 家庭结构日趋核心化

对比第五次和第六次人口普查的数据，2000 年我国家庭总数为 34 049 万户，一个家庭的平均人数是 3.65 人，2010 年的家庭总数为 40 193 万户，一个家庭的平均人数是 3.32 人。伴随着家庭平均人数减少的同时，独身家庭、两人家庭的数量却在急速增加。2010 年我国的一人户数是 2000 年的 2.07 倍，两人户数是 2000 年的 1.69 倍，三人户家庭数略有增长，四人及四人以上户家庭数则有所减少。2010 年我国三人户及以下的家庭数占全国家庭总数的 65.76%，比 2000 年增长了 10.47 个百分点。

在这种情况下，我国独居老人和老年夫妇单独居住家庭的数量也在增加。2000 年全国 65 岁及以上的单身老人户为 7 835 140 户，占有 65 岁及以上老年人口家庭总户数的 11.46%，65 岁及以上的老年夫妇单独居住的为 7 781 231 户，占 11.38%；2010 年，全国 65 岁及以上的单身老人户为 14 439 685 户，占 16.4%，65 岁及以上的老年夫妇单独居住的为 13 530 510 户，占 15.37%。

以上数据说明我国家庭规模日趋小型化，家庭结构日趋核心化，使家庭养老功能日益衰退。在此背景下，我国对专业化养老机构和社区养老服务的需求将会与日俱增。那些独居老人和单独居住的老年夫妇成为所谓的空巢老人，他们除了有普通老年人的养老服务需求之外，由于不与子女一同居住，平时子女关怀不够，参加社会活动减少，易引发精神疾病，亟须精神慰藉和心理疏导。

4. 社会经济转型与养老服务

不断增长的流动人口和家庭结构的变化是表面现象，家庭养老功能的日渐衰退从本质上看是我国经济转型带来的社会转型，是我国由计划经济体制向社会主义市场经济体制转变而引发的社会结构的巨大变化。关于我国“社会转型”的界定，一般认为狭义的社会转型主要指改革开放以来中国社会结构的变化，从计划经济体制向社会主义市场经济体制转变，从封闭型社会转变为开放型社会；广义的社会转型指社会形态的转变或社会类型的转变。社会转型时期，人们的价值观念、生活方式、行为方式都会发生改变。

伴随着社会经济转型的人口老龄化使人们在年老之后面临的养老风险大大增加。在我国社会转型过程中，老年群体日益成为弱势群体，养老问题成为我国社会发展中不容忽视的社会问题。2015 年国家修正并颁布了新的《中华人民共和国老年人权益保障法》以保障我国老年人的权益。新法除了强调家庭责任，更强调社会保障、社会服务、社会优待等，为我国各项养老管理服务工作的开展奠定了法律基础，也为我国养老服务业的发展提出了要求。为了推动老年人权益保障法律法规进一步系统化、具体化，2013 年国务院下发了《关于加快发展养老服务业的若干意见》，提出“加快发展养老服务业，不断满足老年人持续增长的养老服务需求，是全面建成小康社会的一项紧迫任务，有利于保障老年人权益，共享改革发展成果，有利于拉动消费、扩大就业，有利于保障和改善民生，促进社会和谐，推进经济社会持续健康发展。”

（二）多元合作供给养老服务的环境条件

1. 社会环境条件

随着人口结构老龄化，城市养老服务需求呈现多元化和扩大化的趋势，然而由于家庭结构核心化、家庭人口规模小型化以及家庭代际人口的空间分离，导致家庭养老功能逐渐弱化，从而使政府与公益性社会组织合作供给养老服务成为中国城市老年事业积极应对人口老龄化和实现“老有所养”目标的重要战略选择。

（1）人口结构老龄化：多元养老需求扩大化

人口老龄化是一个地区（国家）某段时间，总人口中年轻人口数量相对甚至绝对减少、年长人口数量相对甚至绝对增加、人口群体年龄结构变化的过程。人口老龄化的实质是总人口年龄结构向高龄化发展的动态过程，反映了老年人口占总人口比例不断增长的趋势。根据国际上通行的界定标准，当一个城市或国家 65 岁及其以上人口所占比重达到或超过总人口的 7%，或 60 岁及其以上老年人口达到或超过总人口的 10% 时，此城市或国家就进入了“老龄社会”。中国已于 1999 年迈入老龄社会，开始了老年人口持续增长的历史新阶段。2010 年第六次全国人口普查数据显示，我国 60 岁及以上老年人口为 17 765 万，占总人口的 13.26%，其中 65 岁及以上老年人口为 11 883 万，占总人口的 8.9%，人口老龄化程度不断加剧。据预测，2026 年全国 60 岁及以上老年人口将达到 3 亿，2037 将年超过 4 亿，2051 年达到峰值 4.47 亿。

影响人口老龄化的因素包括人类寿命延长和生育率下降。首先，中华人民共和国成立后，随着中国社会经济的发展，人民生活水平的提高，医疗卫生条件的改善，保健意识的增强，人口的死亡率大大降低，人口寿命普遍延长。1949 年新中国成立时中国人口的预期寿命还不足 40 岁，而 2009 年这一数字已跃升至 73 岁，并预计在 2045—2050 年达到 80 岁。其次，为了抑制人口膨胀性增长对经济发展造成的压力，20 世纪 70 年代中国开始推行计划生育这项基本国策，人口的快速增长得到了有效控制，全国的生育率总和从 1970 年的 5.8 下降到目前的 1.6～1.7，人口自然增长率目前远低于世界平均水平，2008 年仅为 0.5%。1964 年我国 0～14 岁青少年人口的比重为 40.7%，1982 年下降到 33.59%，1990 年进一步下降到 27.69%。与此同时，60 岁及以上老年人口的比重则由 1964 年的 6.1% 上升到 1982 年的 7.6%，并进一步上升到 1990 年的 8.59%，人口老龄化趋势十分明显。由此可见，中国的人口老龄化是人口寿命延长和生育率下降共同作用的结果，两个因素深刻地影响了人口年龄结构并加速了人口老龄化进程。

与其他国家相比，中国的人口老龄化具有老龄化规模大、发展速度快、老龄化超前于现代化以及地区发展不平衡的特征。第一，老年人口绝对数量大。作为世界上人口最多的国家，中国老年人口占全球老年人口总量的五分之一，是亚洲老年人口的二分之一。中国人口老龄化的冲击强度比世界上任何一个国家都剧烈。第二，人口老龄化发展速度快。中国 65 岁及以上老年人口的比重由 7% 上升到 14% 只用了约 25 年，而发达国家经历这一过程的时间，澳大利亚和美国用了 79 年，瑞典用了 85 年。第三，人口老龄化超前于社会经济发展水平。在国外，通常是社会发展到一定程度，国家具备雄厚的经济实力后才逐渐进入老龄化，发达国家如欧美国家进入人口老龄化时，人均 GDP 在 5 000～10 000 美元，具备一定的经济实力以维持老年社会保障和服务体系，属于“先富后老”。而中国在尚未实现经济现代化时就要应对人口老龄化问题。中国进入老龄社会时人均 GDP 尚不足 1 000 美元，是典型的“未富先老”。“先富后老”使得欧美等国家有较深厚的经济基础，能够从容地应付人口老龄化带来的社会问题，而“未富先老”则增加了中国解决养老问题的难度。第四，区际老龄化相差悬殊。由于地区间、城乡间经济发展水平的差异，人口老龄化具有明显的由东到西的区域梯次特征，东部沿海经济发达地区明显快于西部经济欠发达地区，比如 1979 年上海最早进入人口老龄化行列，而宁夏于 2012 年最迟进入。

2006 年 2 月 23 日，全国老龄工作委员会办公室在京发布《中国人口老龄化发展趋势预测研究报告》，这一报告将 2001—2100 年的中国人口老龄化过程分为快速老龄化阶段、加速老龄化阶段和重度老龄化阶段。第一阶段，2001—2020 年是快速老龄化阶段。中国将平均每年增加 596 万老年人口，年均增长速度达到 3.28%，大大超过总人口年均 0.66% 的增长速度，人口老龄化进程明显加快；到 2020 年，老年人口将达到 2.48 亿，老龄化程度将达到 17.17%，其中 80 岁及以上老年人口将达到 3 067 万，占老年人口的 12.37%。第二阶段，2021—2050 年是加速老龄化阶段。中国的老年人口数量开始迅速增长，到 2023 年老年人口数量将增加到 2.7 亿，与 0～14 岁青少年人口数量相等；到 2050 年老年人口总量将超过 4 亿，人口老龄化水平推进到 30% 以上，其中 80 岁及以上老年人口将达到 9 448 万，占老年人口的 21.78%。第三阶段，2051—2100 年达到稳定的重度老龄化阶段。2051 年，中国老年人口规模将达到峰值 4.37 亿，约为青少年人口数量的 2 倍。这一阶段老年人口规模将稳定在 3 亿～4 亿，人口老龄化水平基本稳定在 31% 左右，80 岁及以上高龄老年人占老年总人口的比重将保持在 25%～30%，进入一个高度老龄化的平台期。

随着社会经济的发展，老年人口的服务需求从物质支持逐渐拓展为生活照顾、医疗保健、生活用品配送、文体娱乐、精神慰藉、教育培训和再就业、信息咨询与法律援助等类别。每一类别的具体服务项目增多，服务内容细化，比如生活照顾服务，从打扫卫生到做饭、洗衣、电话接访、综合维修、陪老人聊天读报等。此外，文化娱乐、继续教育和再就业等精神层面的服务成为养老服务需求中的重要内容。而且，受到健康状况、经济承受能力、文化水平等因素的影响，养老服务需求的侧重点有所差异，会产生不同的养老意愿，选择不同的养老方式。比如，健康状况良好，且有再教育或工作意愿的老年人，希望能有培训或继续工作的机会；经济条件较好的老年人，关注生活品质，对医疗保健、娱乐休闲等服务的需求旺盛；受教育程度较高的老年人，对精神文化活动的需求程度较高。由此可见，随着人口老龄化程度加深，养老服务需求不仅规模日益扩大而且种类繁多，需求内容从生理需要扩展升级为生理需要与心理需要并重，养老服务需求已经呈现出多元化、复杂化、多层次、差异化的特点。

(2) 家庭核心化、小型化、空巢化：家庭照顾功能弱化

家庭（Families）是被血缘和婚姻关系联系起来的人类群体。家庭承载着抚育晚辈和赡养长辈的基本功能。家庭成员（子女、配偶、亲属）对长辈提供的有助于满足老年人需求，提升老年人生活质量和生命状态的支持性服务行为可称为家庭照顾。家庭照顾主要体现在经济供养、生活照顾和精神慰藉三个方面。首先，在经济供养方面，包括对老年人的资金和物质支持，其目的是为了保证老年人基本的生活质量。按照国家规定符合条件的老年人在离休或退休后，可以享受由国家或集体发给的养老金，而且随着城市养老保险社会化程度的提高，城市老年人经济方面相对独立，自养比例较高。其次，在生活照顾方面，随着年龄增长或者患病、伤残等情况的发生，老年人的生理机能减弱，自理能力下降，需要家庭成员的生活照顾，大多数有配偶的老年人认为配偶为其提供最直接的照顾并且成为

患病、残障老人最直接的依赖者。最后，在精神慰藉方面，老年人更渴望被关爱，来自家庭成员的情感支持能够使老年人心灵上更加充实，缺少家人的照看或陪伴则易造成精神空虚，稳定的感情支持能够显著改善老年人的健康及生活状况。经济支持、生活照顾及精神慰藉共同成为实现“老有所养”不可或缺的要素。家庭照顾的优势体现了老人在家中接受照顾的生活护理和医疗费用，要比在养老机构的护理费用低得多。因而，与机构养老相比，家庭养老能够降低社会成本；此外，老年人可以经常看到子女和家人，有利于促进代际交流，在家庭中享受天伦之乐。而且父母还可为子女提供必要的生活支持，有利于老年人的自我认可和树立家庭中的长辈权威，使老年人的生活更加充实，增强老年人的身心健康。

强调血缘亲情的家庭照顾形成于中国的农业经济时代。在自给自足的农业社会中，人口流动率低，生产方式以家庭为单位，家庭成员共同劳动，共同享受全家人创造的劳动价值，除少数官吏能够获得来自政府的退休养老金外，其余大多数普通老年人依靠几代同堂的传统大家庭实现赡养，这种制度化的传统养老方式延续千年，代际相传，其中比较普遍和典型的是“三代同堂”家庭照顾模式。个人对家庭的依恋和家庭对成员的包容及照顾是人类社会最美好的支持。然而，随着社会经济现代化的发展，家庭从传统向现代变迁过程中，家庭照顾功能日渐削弱。

首先，家庭结构核心化。人类社会家庭结构类型的发展变化与发展进程之间的规律表现在：狩猎社会时期，扩展家庭占据很大比重；农业社会时期，直系家庭所占比重增加；工业社会时期，核心家庭比重迅速上升。随着中国工业化与城市化程度的加深，传统的扩展家庭正日益减少，而由两代人组成的核心家庭正成为中国现代家庭结构的主体模式。其次，家庭人口规模小型化。将总和生育率作为控制变量来分析人口规模时发现，总和生育率与家庭人口规模成正向关系。即育龄期已婚女性平均生育的孩子数较多，则家庭人口规模会较大；反之，则总和生育率趋于下降。从表 3 - 1 中可看出中国的家庭户平均人口数值从 1953 年的 4.33 下降到 2010 年的 3.09，说明中国的家庭呈现出人口规模小型化趋势。计划生育政策的实施是中国家庭平均人口数持续减少的主要原因。计划生育的独生子女政策主要作用于城市。城市家庭中，对老年人的经济支持可能不成为负担，但是，对老年人的日常照顾就成为一个亟待解决的现实问题。2013 年新进入老年阶段的人口中 80% 以上为独生子女父母；在 2018 年以后，上海每年 24 万 ~ 34 万的独生子女父母进入老年阶段。多子女家庭中，子女将相互配合、相互监督，为老人提供各自的优势资源，比如工作事业型子女多为老人提供经济支持，而时间相对自由的子女则更多承担照顾老人的责任；此外，多子女家庭中子女间轮换提供照顾有利于照顾者的健康。然而，对于独生子女家庭来说，在现代社会激烈的竞争压力下，子女在繁忙的工作之余无暇照顾年老的父母，亲自为生活不便的老人提供照顾更是力不从心，许多独生子女陷入事业人士的社会角色与“孝顺子女”的家庭角色的冲突。最后，现代社会流动性增强，子女因各种原因从家庭中分离出去时，只剩下老年一代独居的家庭称为空巢家庭。独生子女家庭更容易出现空巢家庭，代际的空间分离使配偶成为失能老人的第一依靠或者在经济条件允许的情况下请保姆来照顾，进一步弱化了子女对老人的日常照顾。

表3-1 历年人口普查家庭户平均人口数与总和生育率

普查时间	1953 年	1964 年	1982 年	1990 年	2000 年	2010 年
家庭户平均人口数（个）	4.33	4.43	4.41	3.93	3.46	3.09
总和生育率	6.05	6.18	2.86	2.31	1.23	1.18

2. 政治环境条件

建设服务型政府赋予了公益性社会组织民主参与公共服务的正当性权利，有利于拓展公益性社会组织的活动空间；社会养老体系的建设为公益性社会组织发挥其功能优势提供了适当的域界，因而服务型政府与社会养老服务体系的建设，为城市养老领域政府与公益性社会组织合作关系的形成，提供了有力的政治支持。

（1）服务型政府建设：拓展公益性社会组织的发展空间

2004 年 2 月 21 日，温家宝同志在中央党校省部级主要领导干部“树立和落实科学发展观”专题研究班结业式上，首次明确提出要“努力建设服务型政府”。2007 年 10 月，胡锦涛同志在十七大报告中指出“行政管理体制改革是深化改革的重要环节”，首次以执政党文件的形式明确提出要加快行政管理体制改革，建设服务型政府。服务型政府是新时期中国行政改革的目标，反映了科学发展观在中国行政管理体制改革方面的实践应用，建设服务型政府有利于完善社会市场经济体制、发展中国特色的社会主义民主，实现为人民服务的宗旨目标。究竟何为服务型政府，较有代表性的观点是“管理就是服务，我们要把政府办成一个服务型的政府，为市场服务，为社会服务，最终是为人民服务。”服务型政府是“在公民本位、社会本位理念指导下，在整个社会民主秩序的框架下，通过法定程序，按照公民意志组建起来的以为公民服务为宗旨并承担着服务责任的政府”。从以上对服务型政府的界定可以看出，服务型政府是公民本位、社会本位的政府，是以“为人民服务”为宗旨并强调政府公共服务职能的政府，是以人民的满意度来衡量公共服务供给绩效的政府。

1）服务型政府是公民本位、社会本位的政府

公民本位就是服务型政府要以公民的意志为中心，公共管理中首先考虑公民的共同利益，反映了新公共服务的理念。新公共服务理论更加关注民主价值和公共利益，对公民权和公民身份倍加重视，强调要回应公民的需求并关注公共利益，将公共利益视作一个社会存在的共同价值和共同目标而非副产品。是否以公民为本位是区别服务型政府与其他类型

的政府形式（统治型政府和管理型政府）的根本标准。判断一个政府是否是服务型政府的最可行依据，就是在公共管理中如何展现政府与公民之间的关系，即在这种关系中是公民本位还是政府本位，是公民意志还是政府意志居于决定性地位。服务型政府所体现的公民意志至上性，就是“人民当家做主”，公共权利逐渐从国家返还社会，公民要求更多地参与公共事务的治理，通过协商民主的沟通对话机制，实现政府与社会之间的信任与合作，满足公共需要的政策和项目可以通过集体合作的努力得到有效并且负责的实施。

政府从控制者转变为辅助者和服务者，使双方坐到一起，为促进公共问题的协商解决提供便利，包括议程安排、规制服务等。这样一个公民积极参与的社会，强调政府的公共服务职能和责任的转变，公共官员扮演的角色不再是服务的直接供给者，而是调停者、中介人甚至裁判员。这些新角色所需要的不是管理控制而是中介、协商以及解决冲突的新技巧。公民能够参与到政策议程和政策执行、评估的过程中，并拥有更多的发言权。正如托马斯所言：“社会的变迁，治理模式的变革及其带来的其他规范性价值的转变，意味着公共管理者以及政府组织内外的领导者都必须面对一个不断强化的、必须履行的责任，那就是在所有类型的公共决策中，必须让公民参与进来。在这种参与中，公民不再仅仅是政策的被动接受者，也不再是传统的参与者，而是新参与者。”

2）服务型政府以“为人民服务”为宗旨，是强调公共服务职能的政府

2002 年，中共十六大将政府职能界定为“经济调节、市场监管、社会管理和公共服务”。努力建设服务型政府是实现党的根本宗旨，即“全心全意为人民服务”的现实选择，虽然“经济调节、市场监管、社会管理和公共服务”均属于为人民服务的范畴，但在建设服务型政府中主要强调政府的公共服务职能。公共服务就是政府提供公共产品的行为和过程，它要解决的是政府如何提供制度供给，如何采取和制定公共政策以及如何提供公共物品的问题。公共服务职能旨在为社会公众生活和社会经济、政治、文化活动提供保障、创造条件，主要包括加强城市公共设施建设，社会保障服务和教育发展，社会就业，科技、体育、文化、卫生等公共事业以及发布公共信息等。加强公共服务职能意指将公共财政支出的重点转向社会保障、公共卫生、公共教育、公共安全和公共基础设施等公共服务领域，稳步增加政府公共服务支出，切实解决公共服务投入不足、公共服务覆盖率低的问题，重点解决就业压力突出、公共服务城乡失衡、公共卫生体制薄弱等关乎国计民生的问题。

3）服务型政府是以人民的满意度来衡量公共服务供给绩效的政府

公民是自己利益最终最佳的裁判者，因此服务的评估应以社会和公民的满意度为标准。即邓小平同志指出的“要以人民是否高兴、人民是否拥护、人民是否满意”为衡量政府服务供给绩效的标准。公民满意度标准是公民意志在公共管理中居于决定性地位，和以人民的希望和要求为中心的最直接体现。

相对于公民的个体参与，社会组织具有社会利益的会集、整合能力和较强的议题输入

能力。在政策决策过程中，组织的观点表达往往更加明晰、准确；在政策执行过程中，组织的制度规制使其政策执行力相对提高。因此，社会的组织化参与具有较强的政策影响力。改革开放30多年来，全球化、城市化、市场化、工业化、信息化的过程推动着中国发生深刻的社会变革和社会组织兴起。市场经济体制改革结束了中国高度集中的计划经济体制，打破了单一的所有制结构和同质化的整体性利益结构。所有制结构和收入分配制度的变革，使利益主体和利益来源渠道多元化，社会利益结构开始分化。在更广阔的经济领域内，利益主体能够自由地支配更多的流动资源，自主选择、自我管理的主体意识逐渐增强。随着利益的觉醒，利益主体间竞争与冲突加剧，具有共同利益基础的分散的个人和群体就需要组织起来。现代社会开放、平等的社会联系和交往以及科学技术的发展进步，拓展了人们的活动范围，加强了人们在不同范围、层次和领域的相互联系，这使得具有共同兴趣和利益的人们，结成各种形式和性质的社会组织成为可能。其中，有相当一部分人活跃于社会保障、社会福利、教育、医疗卫生、环境保护等领域，立足于社会公平正义与发展，面向社会公众、特别是社会弱势群体的公共服务需求而产生的公益性社会组织，在社会管理和服务领域中发挥着越来越重要的作用。

目前，中国的公共服务供给还不能有效满足人民群众日益增长的需求，为了应对公共服务供给与需求的失衡问题，政府不仅要提高公共服务支出占财政支出的比重，同时需要构建新型的公共服务体系，发挥公益性社会组织在公共服务供给中的重要作用。公益性社会组织的组织功能与党的宗旨相一致，与政府在公共服务领域的职能目标相契合，而且服务型政府“公民本位”的价值目标被赋予了公益性社会组织民主参与的正当性权利。近年来，在上海、深圳、北京、宁波、成都等地，公益性社会组织广泛活动于养老、社区、社工、就业、扶贫、残障、医疗卫生等领域，实践表明公益性社会组织能够获得参与养老等公共服务供给的政治合法性和行政合法性，继而服务型政府建设过程有利于拓展公益性社会组织的活动范围和发展空间。

（2）城市社会养老服务体系建设：依托社区发展社会养老服务

2011年12月16日，国务院办公厅向各省、自治区、直辖市人民政府和国务院各部委、各直属机构印发了《社会养老服务体系建设规划（2011—2015）》，规划中指出为了积极应对人口老龄化，实现“老有所养”战略目标和优先发展社会养老服务的要求，有必要加强社会养老服务体系建设。社会养老服务体系是与经济社会发展水平相适应，以满足老年人养老服务需求、提升老年人生活质量为目标，面向所有老年人，提供生活照料、康复护理、精神慰藉、紧急救援和社会参与等设施、组织、人才和技术要素形成的网络以及配套的服务标准、运行机制和监管制度。社会养老服务体系建设应以居家为基础、社区为依托、机构为支撑。

所谓社区，就是一种由同质人口组成的具有趋同的价值观念且富有归属感的生活场所，强调一定地域空间内共同性的群体和亲密伙伴关系。社区养老服务又称为社区照顾服务，是在 20 世纪 50 年代早期英国的“反院社化”“去机构化”潮流中，针对“住院式照顾”提出的。社区照顾是指为那些年长的、有精神疾病的、智力残障的人提供服务与支持，使他们尽可能独立地生活在他们的家庭或家庭所在的社区。社区照顾包括“社区内照顾”（Care in the Community）和“由社区照顾”（Care by the Community）两种形式。“社区内照顾”是指社区在其提供的小型院舍（小型服务机构）或老年人住所内提供的照顾服务，而这些服务通常是由受薪的专业人士提供，强调服务地点的社区化与服务内容的专业化，属于正规照顾范畴，旨在改善需要照顾老年人的生活环境。“由社区照顾”则是指由家人、朋友、邻居及社区内志愿者所提供的非隔离式照顾和综合性支援，属于非正式照顾范畴。

社区养老服务是居家养老服务的重要支撑。所谓“居家养老”，就是以家庭养老为主、社会养老为辅的养老模式的总称，最终形成一个以家庭为核心、社区养老服务网络为外围、养老制度为保障的居家养老体系。相对于传统家庭养老，社区居家养老的优势体现在居家养老将老年人视作社会成员，因此家庭成员所承担的养老责任延伸到社会，可由专业或非专业的养老组织来承担，强调家庭与社会力量（公益性社会组织）的补充、协调与沟通。一方面，满足老年人在熟悉的家庭和社区环境中接受服务的愿望；另一方面，弥补家庭支持力的不足，有利于家庭照顾人员的健康，体现代际公平，有利于实现健康老龄化，提高社会的整体生产能力。此外，传统家庭养老以“孝”文化为基础，而社区居家养老依靠养老社会保障制度，通过发展社会化养老服务照顾，不但能够降低家庭保障安全网的风险，还可以形成团结互助、尊老爱老的良好社区风尚，推动和谐社区建设。尽管家庭的养老功能弱化，然而任何一种养老模式的选择都必须充分尊重老年人的意愿，2012 年一项针对中国某市 60 岁及以上常住老年人的调查显示，在关于养老方式的调查中，高达 96.98% 的调查对象选择在家养老。1997 年 8 月 23 日澳大利亚的《阿德莱德宣言》也指出，“在许多情况下，家庭起着重要的、不可替代的作用，在美国有 95% 的老人选择居家养老。”中国城市居家养老服务以保障三无、高龄、独居、空巢、失能和低收入老人为重点，面向居家的老年人，可借助政府、公益性社会组织、其他机构及社区内的非正式资源形成的社区居家养老服务网络，采取公益性社会组织运作，组织专业人士、非专业人士入室提供服务的方式，为需要照顾的老年人提供综合性的支持。针对生活基本能自理的老年人，提供家庭服务、老年食堂、法律援助等服务；针对高龄、失能等生活不能自理的老年人，提供家庭保健、家务劳动、送饭上门、辅具配置、紧急呼叫和安全援助等服务。

将机构养老整合进社区养老服务中，有利于发展含社区日间照料功能在内的综合性社区服务。机构养老是老人到养老机构生活，由养老机构为其提供生活照料、康复护理、紧急救援等服务的养老模式。机构养老以设施建设为重点，为失能、半失能老人提供专业化的养老服务。中国的机构养老兴起于 20 世纪 50 年代后期，城市的社会福利院主要收养城市中的无劳动能力、无生活来源和无赡养人的“三无”老人。按照机构的性质，目前中国的养老机构划分为由国家兴办的福利性养老机构、社会力量兴办的非营利性养老机构和营利性养老机构。可通过公建民营或民办公助等方式将已有的养老机构整合进社区养老服务中，以发挥社区的日间照料功能。在社区内发展机构养老的优势在于：第一，养老机构可以为社区照顾提供专业与经验支持，能够提升社区照顾的服务水平；第二，能够提高现有设施的利用率，并增加社区设施网点，有利于节约养老服务的投资成本；第三，通过养老服务吸纳就业，有利于缓解当前严峻的就业形势；第四，对于非营利性民营养老机构来说，同政府合作提供养老服务意味着能够获得更加充裕的资金和资源。

社会的有效整合对新生的国家来说至关重要，新中国成立后，为了防止政治解体与社会解组，国家实行总体性社会制度，对各种社会资源包括物质性资源、文化性资源及关系性资源，实行全面占有并统一分配。在城市，人们被组织进入各种各样的企事业单位组织中，通过单位对单位成员的各种必需社会生活资源进行分配，并且控制单位成员的发展机会。国家以优势性地位控制单位，单位又与其成员形成了支配关系，从此城市居民开始了以单位为主要社会空间的生活。在社会单位体制下，城镇退休人员的退休金发放、医疗、精神文化生活等养老需求均由所在单位满足，被单位包揽了生产与生活的城镇职工成为“单位人”。单位功能多元化的一个直接和突出的社会后果，体现在极大程度上强化了单位成员对其所在单位的全面依赖。改革开放以来，伴随着国有企业以及社会保障制度的改革，单位养老逐渐被社区养老所替代，1999 年党的十五届四中全会通过的《中共中央关于国有企业改革和发展若干重大问题的决定》指出，“逐步推进社会保障的社会化管理，实行退休人员与原企业相分离，养老金由社会服务机构发放，人员由社区管理”；2003 年 6 月 19 日，中共中央办公厅、国务院办公厅发布的《关于转发劳动和社会保障部等部门〈关于积极推进企业退休人员社会化管理服务工作的意见〉的通知》，明确了企业退休人员社会化管理工作的原则、任务和方向，要求全国企业退休人员的档案转入社区，实现了养老金的社会化发放，体现了社会保障单位化向社会化的转变。尽管各单位也通过向退休职工发放各种慰问金、提供医疗保健（门诊、体检）、组织老同志进行政治学习、参加重要会议、组织各种兴趣小组等满足退休职工各层面的需求，然而在人口老龄化、高龄化的形势下，却无力应对基本的生活照顾问题，更缺乏提供专业性养护的人力及技术资源，并且单位制养老的服务对象将城市的“三无”人员等无正式单位联系的居民排除在外，其覆盖范围有限。在社区内依托公益性社会组织等社会力量的正式照顾，与亲人、朋友、邻居、志愿者等非正式照顾的结合，使传统的家庭养老与机构养老相衔接，既能够满足老年人在家养老的需求，又能得到专业化的服务。此外，可以在社区设立托老所，根据老年人的不同需求，提供老年人健康医疗保健服务、老年文化娱乐服务、老年人权益保障、老年人婚姻介绍服务等，从而满足老年人的多元化需求。因此，依托社区建设社会养老体系，能够实现在家养老与社会化服务双向结合，物质需求与精神需求双重满足，是对单位养老模式的超越和替代，有利于创新养老服务模式，满足日益增长的养老服务需求，提升老年人的生活质量，体现了应对人口老龄化的积极探索。

3. 经济环境条件

人口红利是由人口转变过程中人口年龄结构优势带来的超出稳态经济增长之外的额外经济成果。中国宏观经济的持续发展得益于人口红利，有利于税收的稳定。此外，发行福利公益彩票有助于筹集城市养老服务资金，税收与福利彩票公益金成为城市养老服务供给的主要经济来源，为政府与公益性社会组织合作供给城市养老服务提供了重要的经济支持。

（1）人口红利：促进宏观经济持续发展

人口红利（Demographic Dividend）是20世纪90年代经济学家在研究东亚经济奇迹时提出的经济学概念。1998年，戴维·布鲁姆和杰里·威廉姆森指出日本及中国香港、中国台湾、新加坡、韩国等国家和地区的人口转变对经济高速增长起到了重要的推动作用，并将此种人口转变对经济增长的影响称为“人口机会窗口”。2002年，戴维·布鲁姆、戴维·坎宁和捷彼·赛维亚在报告《人口红利：新视角下人口转变对经济影响》中明确提出，人口结构转变有利于产生促进经济增长的人口红利。所谓人口红利，是指低出生率、低死亡率所造成的社会劳动年龄人口比重上升，此种人口年龄结构的变化将为绝大多数发展中国家提供一个经济快速发展和生活水平迅速提高的机会。人口红利并非自发的，而是受到青少年所占比重、劳动年龄人口组成及合理的政策环境等因素的影响。安卓·马森认为由于生育率降低，相较于少年儿童，劳动年龄人口的增长速度会更为迅速，从而导致具有较高生产能力的劳动年龄人口比重增大；生育率降低，育龄妇女能够将更多的时间致力于经济生产，将更多的资金用于人力资本投资，从而增加资本积累并获取经济红利，此种基于人口结构转变而带来的人口红利具有阶段性，并不会一直持续下去。因此，人口红利把人口年龄结构作为变量来发现人口抚养比对经济增长做出的贡献。人口年龄结构变化所带来的人口抚养比成为促进经济增长的一个重要因素，“劳动年龄人口比重大”“少年儿童和老年人比重小”的类菱形人口年龄结构，有助于减轻社会抚养负担，并扩大社会劳动力规模。经济学家将拥有“人口红利”的时期称为“黄金时期”，并将人口红利期分为“第一人口红利”和“第二人口红利”。第一人口红利是指由于人口出生率下降，劳动年龄人口比重提高，人口抚养比降低，劳动力资源供给增加而使人口总体负担相对较轻的局面；在人口转变的特定阶段，理性的经济主体将根据人口年龄结构变化的预期，在生命的不同时期对消费和储蓄做出合理的选择，在生产率较高的壮年阶段，人们收入中用于储蓄的比例明显高于其他阶段。由此，由高比例的劳动年龄人口带来的国民储蓄率升高和资本供给增加对经济增长所产生的推动作用，称为第二人口红利。

中国改革开放40年的历程，正是中国人口转变加速的过程，也是中国开始收获人口红利的过程。这一点学界已基本达成共识。人口年龄结构生产性提高，劳动力资源渐趋丰富，劳动力负担比降低，体现了第一人口红利。随着家庭人口规模的小型化，家庭内部抚养负担减轻，从而有相对充裕的资金和时间进行人力资本的自我投资，并积极为下一代的教育、老年人的赡养等问题进行专项储蓄。随着中国劳动力供给规模的扩大，资本积累增加以及人力资本的开发与充分利用，现阶段的人口红利机会窗口已经出现。（见图3-1）

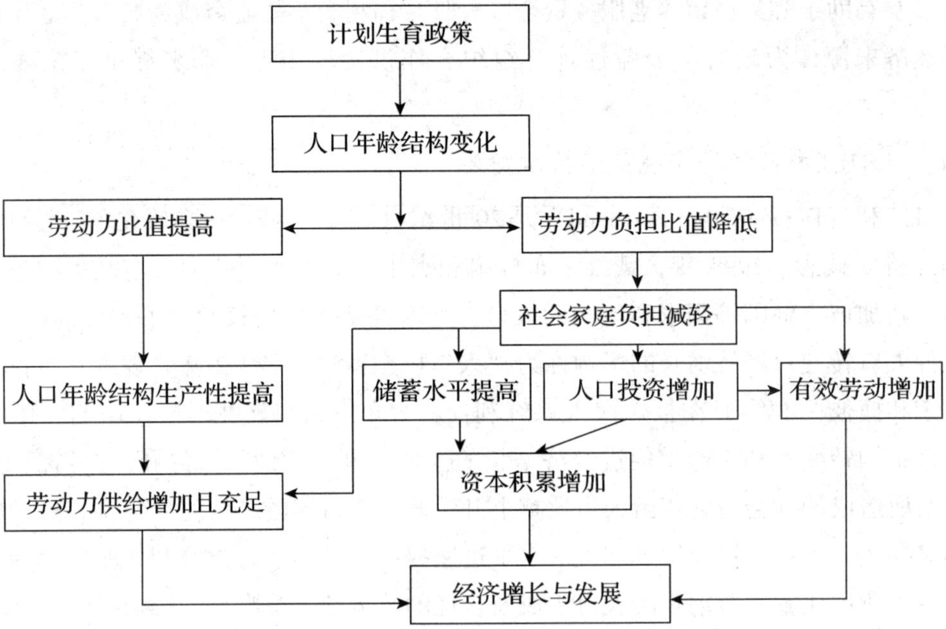

图3-1 中国人口红利形成机制

改革开放40年中国经济的持续高速发展得益于人口红利，经济资源总量不断积累，通过利益共享机制，个人、家庭、企业、社会组织、政府共同分享经济增长的成果，依托公共税收体系，政府积累了更多的公共资源，以抵御源于自然和社会的各类风险；同时依靠强大的公共财政支撑，政府才能够更好地履行保护弱势群体、维护社会公平正义的公共责任，为城市养老服务提供有力的资金支持。然而，人口红利并非是永远存在的，与“人口红利”经常一并提及的是“人口负债”，负债意味着将当代人对人口红利的享受看作是对后代人口利益的“透支”。随着中国人口老龄化的加剧，老年人口急速增多，由于未来出生人口持续减少或者保持相对稳定，相较于少儿抚养比的降低，老年抚养比上升速度较快。随着人口结构的不断变动，当人口负担比例上升到临界值时人口红利就会消解，有学者预测中国人口将在2035年迎来人口红利向人口负债的转折点。因此，政府有必要采取就业优先的战略，培育劳动力市场，通过拓宽就业渠道和增加就业岗位，实现充分就业；优先投资人力资本，通过开展职业技术教育、劳动技能培训等提高人力资本存量；变革养老保障制度、就业制度，充分利用老年人的人力资本，创造新的储蓄源泉，以延迟“人口机会窗口”关闭，维持经济的持续稳健增长。

（2）福利公益彩票：增加城市养老服务资金支持

彩票（Lottery Ticket）又称为奖券或彩券，是一种以筹集资金为目的发行的，印有号码、图形、文字、面值的，由购买人自愿按一定规则购买并确定是否获取奖励的凭证。作为一种游戏的延伸，彩票带有休闲的性质，能够使人们得到生理性放松，彩票将游戏、投机、竞争有机结合，并因其特有的经济动因而更吸引个体参与。自16世纪产生至今，目前世界上已有139个国家和地区发行彩票。在世界范围内，各国政府发行彩票的直接动因是筹资，以合法公平的原则，通过发行彩票吸纳巨额的社会闲散资金，用于社会福利、医疗保健、教育、体育、文化等领域，以协调社会关系，满足社会各方需求，从而缓解财政困难和社会压力。比如20世纪30年代，澳大利亚的新州彩票号称是“世界上最著名和最大的彩票之一”，最初发行的目的是为了解决经济大萧条时期医疗经费的短缺问题，为公共医疗事业筹集资金。此外，发行彩票还兼具宣传、娱乐、扩大就业等社会功能，通过广告宣传等方式，能够在一定程度上提高公众的文化素质并丰富公众精神情趣，广告、印刷及宣传等为社会增加了就业机会，可见融筹资、福利、生产、宣传、娱乐为一体的彩票业，对社会福利、文化、经济方面起到了积极的促进作用。

我国彩票发行的主管机关是财政部，经财政部审核，报国务院批准同意后，彩票方可由财政部指定的彩票发行机构发行。我国现有的公众彩票分为“中国福利彩票”和“中国体育彩票”。其中，“中国福利彩票”由中国福利彩票发行中心统一管理、印制及发行，各地区按照公开、公平、公正的原则承销，以促进中国民政福利事业发展。改革开放后，中国逐步进入“人口红利”期，社会经济快速发展，政府职能不断扩大，随着城市化进程加快，人们希望政府能够提供多元且高质量的公共服务以改善生活和居住条件；政府用于教育、医疗、卫生、文化、社会福利方面的公共支出逐年增加，民政部资金缺口增大。

据1985年的统计资料显示，中国的优抚、救济对象人数达1.5亿以上，年成灾人口3.16亿，残疾人口近5000万，而城乡各种福利院床位数仅49.1万张，福利企业只有1.5万个，大多数残疾人就业的问题无法解决，没有社区服务设施。随着工业化的发展，各种社会问题不断出现，迫使政府转变发展思路，在社会公益供给方面拓展资金筹集渠道，走“社会福利社会办”之路。作为政府的一种选择性筹资手段，彩票承担着国民收入再分配的功能，为了发展社会公益事业，筹集社会福利资金，1986年6月民政部正式向国务院报送了《关于开展社会福利有奖募捐活动的请示》，经国务院常务会议讨论后同意由民政部组织成立专门机构，负责在全国范围内开展有奖募捐活动。后又经中央书记处、中央政治局常委、民主党派讨论一并表示同意后，经党中央、国务院批准，中国福利有奖募捐委员会于1987年6月在北京成立，同年以“扶老、助残、救孤、济困、赈灾”为宗旨，中国开始发行社会福利彩票。从 1987 年 7 月中国福利彩票面市以来，先后经历了最初的起步期（1987—1989 年），之后的平稳发展期（1990—1994 年），现在的巩固提升期（1995 年至今）。从福利彩票发行额看，年发行销售额从 1987 年的 1 739. 5 万至 2012 年的1 510. 3 亿，彩票类型从单一到多样化，从业人员数量不断增长，中国福利彩票业经历了由弱到强不断发展的过程。

根据 2012 年 3 月财政部印发的《彩票公益金管理办法》，彩票公益金是按照规定比例从彩票发行销售收入中提取的，专项用于社会福利、体育等社会公益事业的资金。彩票销售额即彩票发行资金分为返奖奖金、发行费用（即发行成本）、公益金三大部分，目前中国大多数种类福利彩票的资金结构是公益金提取比例为 35%，返奖比例为 50%，发行成本为 15%。因此，影响彩票公益金的因素包括彩票销售额及销售额的资金结构。在彩票资金构成不变的情况下，彩票的销售额应该与彩票公益金数额成正相关，即彩票销售额越大，彩票公益金越多；反之彩票销售额越小，彩票公益金也随之减少。如图 3－2 所示，2003—2012 年中国福利彩票年销售额总体呈逐年上升趋势（除 2004 年和 2008 年有小幅波动外），意味着按照既有的资金构成，公益金提取比例为 35%，那么中国的福利公益金总量总体规模基本呈现扩大趋势。

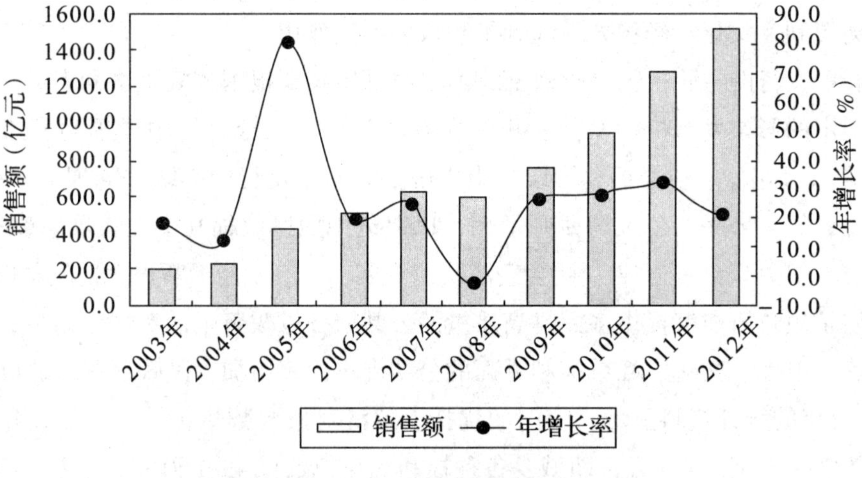

图 3－2 福利彩票年销售额及增长率

财政部对彩票公益金的分配方法是中央和地方按照 5:5 的分配比例分配，中央集中的彩票公益金按照社会保障基金 60%、专项公益金 30%、民政部 5% 和国家体育总局 5% 的比例分配。地方留成的彩票公益金，将福利彩票和体育彩票分开核算，坚持按彩票发行宗旨使用，并由省级人民政府财政部门和民政、体育部门研究确定分配原则。民政部社会福利费的资金投放主要用于资助福利类收养性单位、救助类收养性单位、优抚类收养性单位、社区服务单位、专项资助等项目。为了实现老有所养的目标，近年来民政部将老年人社会福利事业作为福利彩票公益金的使用重点，将福利彩票公益金向养老服务领域倾斜，用于改善服务设施、优化服务环境、提高服务质量，包括省、市社会福利机构养老示范工程项目，全国县区社会福利中心建设，养老护理培训项目，夕阳红图书室援建项目，重阳节老年文化活动和第一届全国老年人体育健身大会等。此外，为满足全国大中城市高龄老人、不能自理和患有多种疾病老年人的长期生活照顾和医疗需求，民政部积极引导和动员社会力量参与爱心护理院建设，开展爱心护理工程项目等。

由于福利彩票的购买完全出于自愿，并带有娱乐的性质，福利彩票对社会闲散资金的筹集已成为税收筹资有益的必要的补充，更为重要的是福利彩票的“扶老、助残、救孤、济困、赈灾”的宗旨，规定了福利彩票公益金的适用范围，而且随着人口老龄化的加剧，政府将“老龄群体”作为主要扶助、服务对象时就有了相对充裕的资金保证。由此，发行福利公益彩票有利于拓展城市养老服务的资金来源，增加养老服务的专项资金支持，推进城市老年福利事业稳步发展。

4. 技术环境条件

20 世纪 50 年代末，由于计算机的出现和普及，信息量和信息传播、处理及应用速度呈几何级数增长，信息技术和信息产业在经济和社会发展中的主导作用逐渐增强。以智能化工具为代表的新型生产力的确立，标志着人类从以能源为核心的工业社会进入以知识和信息为战略资源的信息社会。城市信息化与信息化养老服务平台为城市养老服务合作供给提供了技术支持。城市信息化有利于推动政府信息化，发展网络民主，通过网络平台实现政府与公益性社会组织的协商式政策合作；社区内搭建居家养老信息化服务平台，有利于提升政府与公益性社会组织合作供给居家养老服务的效能。

（1）城市信息化：推动政府信息化与网络民主

城市信息化是指在城市的经济、政治、文化和社会生活的各个方面广泛应用以计算机网络为基础的现代信息技术，深入开发和充分利用城市信息资源，促进信息交流和知识共享，完善城市信息服务功能，增强城市集聚辐射功能和综合竞争力，加速实现城市现代化的过程。1994 年上海市提出了“信息港”，此后北京、天津等城市也相继提出类似概念并开展信息化建设项目。自 1999 年中国开始城市信息化试点工作以来，加入城市信息化建设的城市数量增加；2006 年以后，国家出台一系列信息化相关政策，利用新技术，开展新业务，拓展城市信息化的范围和领域。中国城市信息化经历了从固定网络技术到无线移动技术，从地方自发建设到国家统一部署，从零散建设到系统布局的探索过程。随着城市信息化逐步向纵深化发展，信息呈爆发式发展并进行发散式传播，政府是最大的信息创制者、采集者、使用者和发布者，传统政府的等级结构无力应对瞬息万变的信息环境，新的信息沟通幅度使政府结构向扁平化发展，要求政府变革传统社会管理方式，利用信息化技术开展电子政务，再造政府管理流程并拓宽民主参与渠道，以推动政府信息化并以此为契机推进网络民主的发展。

政府信息化是指在信息时代的背景下，政府内部利用电子化和自动化技术，建立网络化的政府信息系统，改造传统政府管理和公共服务的流程，为政府机构、社会组织及公民提供更为便捷、高效的政府服务和政务信息。政府信息化最初源于 20 世纪 50 年代计算机在西方国家政府部门的应用。20 世纪 70 年代，办公自动化（Office Automation，OA）主要采用新技术从事办公业务，侧重办公室内部文件的制作、传输与储存。到了 20 世纪 80 年代，通过发挥管理信息系统（Management Information System，MIS）的收集、传递、存储、加工等功能，为政府提供适时、准确、相关的信息。20 世纪 90 年代后，网络化的政府信息系统，以信息共享和数据获取为基础，利用办公自动化和网络通信技术，联结、整合、共享政府各部门的信息资源，以优化政府结构、业务流程、服务和决策质量，形成全面、高效、弹性的政府管理与服务体系。

中国的政府信息化建设相对较晚，但发展相对较快。从 20 世纪 80 年代开始，沿着“机关内部办公自动化—管理部门的电子化工程—全面的政府上网工程”这一主线，政府信息化经历了起步阶段、推进阶段、发展阶段、高速发展阶段。20 世纪 80 年代初至 90 年代初为起步阶段，通过开展办公自动化建立了内部信息横向和纵向的网络；20 世纪 90 年代初到 90 年代末为推进阶段，以政府部门的电子化工程为特征；1999 年至 2001 年为启动政府上网工程阶段；2002 年至今，政府信息化正处于全面政府上网的高度发展阶段。纵观西方国家与中国的政府信息化过程，可大致分为政府办公自动化及电子化和政府信息网络化两个方面。

首先，政府办公自动化及电子化有利于提高政府管理与服务的效率，降低管理与服务的成本。相对于人脑，政府通过管理信息系统对信息进行动态采集和处理，能够节约大量的时间和精力，有利于降低信息传送的时间成本与人力成本。此外，虚拟办公室、无纸化办公的提倡和实施能够减少办公场地及设备的购置费用、公务人员的工资及补助费用等。其次，政府信息网络化意味着政府利用信息网络技术，通过实时信息发布、电子化民意调查、电子公民投票等途径收集网络民意，为公民社会组织、企业提供与政府平等交流的机会，而公民、社会组织、企业则可通过互联网访问政府网站、查询政府信息、参与网上评议、依托网络社区讨论等方式进行政治表达或政治参与。

由此，政府信息网络化为公民或组织提供了一座电子桥梁，通过在线的公共空间，实现了政府与社会（公民、企业、社会组织）的相互联结，此种加强和巩固民主的过程，可视为“网络民主”。马奇等认为网络民主是“一种以技术为中介，通过实现公众交流，政策演变以及公众意志的民主化表达等行为或过程的电子化，而构建的公民与政府间关系”。在这个关系中，“公众在政策层面上的适当参与将被纳入进来，而技术将对这种参与的形成产生影响。”通过计算机及互联网等媒介向社会公开信息，并为政府提供从公众中间寻找意见输入的机会，有利于政府了解并根据公众的需求提供服务，从而提高社会管理及服务的效能和政策制定的科学性。

此外，在公民参与公共决策过程中，基于知情权和参与权的多元行为主体，通过共享丰富可靠的信息，提出各种理由说服他人，或者转换自身偏好，在广泛考虑公共利益的同时，在公开审议过程的理性指导下进行协商，从而赋予立法和决议以政治合法性，这体现了协商民主的精神，以更广泛和深入的参与，提高公共政策制定的合法性。以“中国上海”门户网站为例，2002 年该网站开通后就提供了 4 个在线政务受理项目，7 个网上办事受理实时状态查询，16 个委办局提供的网上咨询渠道，19 个委办局提供的网上投诉窗口，52 个委办局的 1200 多个办事项目指南，70 余项便民服务项目。通过政府门户网站，打破了政府的“信息孤岛”，政府和公民、组织之间通过网络沟通互动，有利于促进网络民主，实现对代议制民主必要的支持和补充。

（2）信息化养老服务平台：提升城市养老服务合作供给效能

随着城市信息化的纵深发展，通过在城市社区内搭建居家养老服务平台，设立包括每位老人基本情况及服务需求的电子档案资源库，提供服务热线和求救求助系统，以专业医疗机构为后台，将紧急救助网络与 120、110 等公共服务平台对接，有利于沟通养老服务的需求方和供给方，增强居家养老服务的针对性和有效性。以虚拟养老院为例，所谓虚拟养老院，意指在居家养老模式中引入信息化的服务系统，由政府与公益性社会组织共同打造信息化养老服务平台，充分整合各类社会资源，根据政府援助的标准对养老对象进行分类，将养老补助的标准物化为服务，通过详细的上门调查，签订协议，落实服务内容、服务时间、服务人员、服务频次，从而形成强大的有效的数据库。通过加盟单位为老年人提供定制化的上门服务，并对服务过程进行监督，对服务结果进行评估。从而使老年人在虚拟的养老院环境中，可以居家享受各种专业化、规范化、标准化、流程化的服务。

虚拟养老院可视作社区居家养老的一种新形式，虚拟养老院的概念最早于 2007 年 10 月由苏州市沧浪区区政府、区民政局正式提出后，在徐州、杭州、沈阳、兰州等地一些城区相继进行了尝试和发展。虚拟养老院服务供给中，作为社区居家养老服务的购买者和推动者，政府通过年度财政预算或者专项项目基金，为虚拟养老院的运作提供资金支持；并联合通信企业共同开发信息化居家养老服务系统，支持信息技术平台建设。公益性社会组织（服务中心）是信息化服务系统的载体，通过信息化服务管理，依靠专业化的服务队伍和标准化的服务规范，由加盟单位（家政企业、非营利性养老组织）按照政府的援助标准和老年人的实际需求，向全体老年人提供不同类别的优质居家养老服务。由区民政局、老龄办等相关部门负责实施并协调，社区街道委员会工作人员或服务中心工作人员负责入室服务的监督管理和服务评估。服务项目内容丰富，比如苏州市沧浪区的“邻里情”虚拟养老院项目包括物业维修、家政便民、应急救助、医疗保健、娱乐学习、人文关怀等六大类 53 项服务，满足了老年人的多层次全方位需求。

虚拟养老院的技术核心是居家养老信息服务系统，以“居家乐221养老服务系统”为例，该系统以现代通信和网络技术为基础，包括呼叫中心客户端、老人居家客户端、平台服务组件平台、通信及信息传输四部分，形成了工单生成、工单流转、监控考评、收费查询、统计分析、服务预测六大功能模块，通过语音程控交换系统、数字化信息传输系统和数据库终端处理系统对居家养老服务对象实行会员制老人准入管理。虚拟养老院服务系统能够根据静态和动态数据生成固定工单和临时工单。按照固定工单，养老服务员定期上门提供约定服务；针对临时工单，服务中心工作人员接到电话服务请求后，向服务商发出服务派工单，家政企业或非营利性养老机构派遣服务人员上门服务，服务人员在服务开始和结束时均须向服务中心报告，待确认服务完成后，话务员通过电话询问进行质量回访，或者由服务质量监督人员进行质量走访，根据老人的评价和意见考核服务质量，形成服务收费清单。虚拟养老院依托信息化系统，实时监控未分派、已分派、服务中、待回访、已完成的各个状态的工单，而且服务员的上门服务、话务员的亲情问候、监督人员的质量走访、老人的收费情况等，都在系统中有详细操作记录。因此，通过系统标准化、流程化的即时提醒、流转和服务的即时在线监督，实施规范化管理，从而实现虚拟养老院服务质量的可控。(见图3-3)

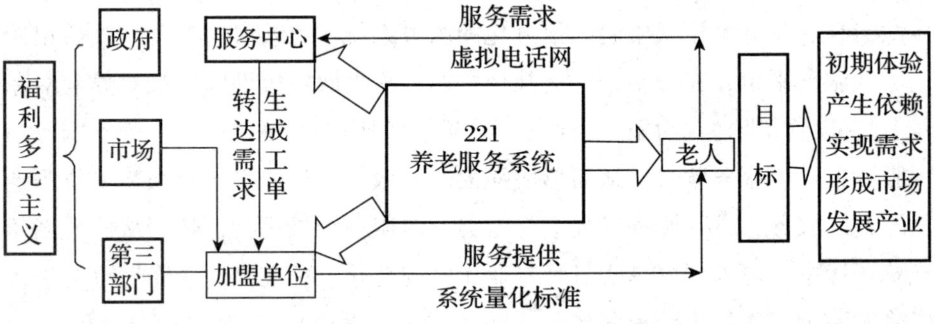

图3-3 虚拟养老院居家养老服务运作机制

虚拟养老院可作为一种新型的居家养老模式，依托信息化的养老服务平台，将全社会各类的养老服务资源整合起来，发挥各自的功能优势，实现养老服务网络化合作供给的整体效应。例如苏州市沧浪区“邻里情”虚拟养老院，政府至今投资不足200万元，基本解决数千位老年人的养老需求，政府投入成本远远低于每张床位需20万元的机构养老建设。开办三年期间，该虚拟养老院累计完成工单总数23万余张，完成精神关怀3万余次，服务对象由435户增至3 620户近5 800人，服务的可控性增强，养老服务效率显著提高。更为重要的是虚拟养老服务系统通过信息化养老系统集成老人信息、服务机构信息、服务人员信息，一方面运用现代通信技术实现老年人的服务需求和社会化养老服务资源对接，结合日常需求与临时来电需求，及时组织服务，并通过国家ISO9001质量体系认证的制式服务标准量化服务质量，以老年人的满意度考核服务质量；另一方面通过发挥系统的户外

GPS 定位追踪、摔倒报警、一键救护、信息档案管理等功能，为老年人提供了生命救助绿色通道。总之，虚拟养老院以信息化养老服务平台为支撑，以更低的成本、更高的效率为老年人提供了人性化关爱和社会化服务，满足了老年人个性化的需求，切实改善了老年人的生活质量。

（三）城镇养老服务多元供给的发展趋向：协同增效

为了扩大政府与公益性社会组织合作的整体效应，首先，需要制度化的保障机制规范政府资金支持的标准和程序，完善对公益性社会组织服务供给的监督和评估。政府对公益性社会组织的资金资助应及时并具有持久性和稳定性，资金资助过程尽量简单；资助者和采购者应联合一致，保持协调，减少采购链对服务的影响；给政府和公益性社会组织充分的准备、决策和行动时间；预算支出透明；更长远考虑合同，共同评介；公益性社会组织应在目标前确认自己的资格，合理估算所需资金，认识项目的风险，明确自己的责任，加强资金监管，诚实透明地进行报告，尽量减少可能的负面影响等；以结果和绩效作为核心指标，关注结果是否达到了预期目的，兼顾绩效与自主性。

其次，在政策导向方面政府应承诺予以公益性社会组织参与的机会，有必要让公益性社会组织在养老服务项目设计中担任一定的角色，可就养老服务的内容、范围、风险等问题共同商议、相互磋商，在不同观点中发展协同意见，实现公益性社会组织制度化政策参与。英国的政府与志愿及社区部门关系协定（COMPACT）规定了政府与社会组织需要做出的承诺及各自承担的责任：政府的关键责任是在政府系统内促进 COMPACT 的实行，尊重社会组织的独立性；为保证咨询的有效性，对社会组织的咨询要在足够早的时间进行，资助公共服务时需考虑提供服务的成本；社会组织的关键责任是在志愿部门内促进 COMPACT 的实行；社会组织要开放负责地运行并对公共政策做出建设性贡献。

实践中，政府对节省、效率、责任的目标要求，需要考虑公益性社会组织的自主性；而公益性社会组织独立性的追求，也要与政府对公平、资金应用的公共目标相一致。因而，在合作体系中，二者需根据共同目标调节自己的行为，通过对话和沟通建立信任，增进理解，以平衡两者的共同目标与各自的利益需求之间的矛盾，并建立某种更为正式的沟通和决策方式，打破组织间的边界，将两个部门之间以及各组成部分之间的资源流动系统化，通过对人力、物力、财力、流程、信息等资源的最优化分享、开发和利用，有助于达成积极的富有成效的合作，实现整体大于部分之和的城市养老服务合作供给的协同增效。

人口老龄化背景下，在中国的城市养老服务领域，政府与公益性社会组织存在关键资源的战略性相互依赖，政府拥有的资金资源和政策制定权威有利于公益性社会组织的生存和发展，而公益性社会组织高效、专业、灵活、创新的组织优势又是政府所欠缺的，对互补性养老资源的需求是推动政府与公益性社会组织合作的关键。具有合理的内部治理结构并维持基本的人力、财力、物力状况，能够实现自身宗旨目标的充满活力的公益性社会组织是推动政府与公益性社会组织合作的组织能力要件。中国语境下处于初级发展阶段的公益性社会组织自身能力面临诸多瓶颈，包括：缺乏资金；组织能力长期欠发展；缺乏人才；效率低下，服务质量不高；缺乏变革的动力和活力；违背非营利准则；贪污现象严重等。共销式合作中公益性社会组织的独立性相对较弱，具体表现在由政府倡导成立，资金方面对政府的完全依赖不具有选择进入或退出合作的自主权利，以行政法规规范其行为；主要负责人和工作人员多数来自政府的退休人员或选聘的工作人员。

随着城市养老服务合作供给中公益性社会组织能力的提升，部分官办性质的公益性社会组织开始具有谋求独立的内在冲动，对政府的依赖性与独立性之间存在张力。比如海曙案例中，在政府规定的职能之外，星光敬老协会积极开展无须经费或低支出的自主项目，如招募义工、志愿者、培训养老服务员，并发挥枢纽功能，发展培育了 100 多个社会组织，还努力向民政部门争取监督权，在官民二重性之间找到平衡并借力发展，体现了中国此类公益性社会组织的发展逻辑。与之相对，来自民间自下而上的公益性社会组织合作中具有一定独立经营运作的自主权，然而与强有力的政府相比，公益性社会组织常常处于弱势，几乎没有谈判的空间，而很少涉及在伙伴各方发展协同意见的政策整合。现阶段中国政府与公益性社会组织合作，可以理解为在养老资源相互依赖的基础上，公益性社会组织替代政府生产养老服务，通过资金、技术、人才等资源的消费，以减少养老服务供给成本和政府财政压力；或在既定的养老经费支出情况下，提高养老服务供给效率，从而扩大资源供给总量并扩展养老服务供给种类，提高养老服务的满意度，增强政府的合法性。由此可见，公益性社会组织已经被纳入到政府设计的政策结构中，更多参与合作相关政策的执行过程，而不具有建构双方合作制度的权利。因此，政府与公益性社会组织的合作主要集中在资源消费的整合，合作主体间相关性高，但由于公益性社会组织的能力处于弱势，合作效能体现为基于不均衡依赖关系下服务替代式资源整合。

四、湖北省城镇养老实地调研的设计与数据收集

本书通过调查问卷和个案访谈相结合的方式从需求和供给两个方面进行调研。调研分两个部分进行：第一部分，以调查问卷的方式了解居住在湖北省的60岁及以上老年人对养老服务的需求和对养老服务的感受；第二部分，以实地查看结合个案访谈的方式了解当前湖北省各种养老机构的发展情况和服务情况。

（一）调查问卷的设计原则及内容

1. 调查问卷的设计原则

①合理性：指问卷的设计要与调查主题相关。如附录所示，调查问卷的标题是“城镇老年人生活状况与养老需求调查问卷”，主要围绕城镇老年人养老需求，开展城镇老年人基本情况、养老需求及服务供给调查。

②一般性：指问卷问题的设计具有普遍意义。如附录所示，经过多次走访调查，测试信度水平后确定，问题和答案的设计基本覆盖调查目的，不具有常识性错误。

③逻辑性：指问卷的设计要有整体感，问题与问题之间要有逻辑性，使问卷成为相对完善的小系统。如附录所示，问卷包含三部分：基本情况、生活状况、养老需求，按照由一般到特殊的逻辑设计。

④明确性：指问题、答案的设计是否明确规范、符合实际。如附录所示，问题明确、清晰，便于回答，并注明除特殊要求外，均为单选。答案的设计，除开放式问题外，经过前期走访调查，补充完善，基本涵盖调查目的。

⑤非诱导性：指问题的设置具有独立性、客观性，不具有提示性、主观臆断性。调查对象可以独立回答具有严格限制条件的问题，客观地选择答案。

⑥便于整理分析：问卷的设计除了考虑紧密结合调查目的外，还充分考虑到数据的收集和整理工作，便于指标的累计、分析。

2. 调查问卷的内容

为了更好地为老年人提供养老服务，特开展本次调查，深入了解老年人当前的养老生活状况和真正的养老需求。

调查问卷的内容如附录所示，主要包括三部分：老年人基本情况调查、老年人生活状况调查、老年人养老需求调查。老年人基本情况调查包括性别、年龄、受教育程度、婚姻状况、健康状况、过去从事的职业、子女数、居住情况、月收入、月支出等。老年人生活状况调查包括养老现状满意度、入住机构养老意愿、有效求助对象、心理孤寂程度、投入精力最多的活动、最想参加的志愿服务等。老年人养老需求调查包括喜欢的养老模式、最大的养老需求、经济保障需求满足程度、医疗保健需求满足程度、生活照料需求满足程度、精神慰藉需求满足程度、主要经济来源、具体的经济保障需求、医疗保险办理情况、具体的医疗保健需求、更好保障健康的途径、具体的生活照料需求、可以接受的小时工价格、可接受的日间照料价格、可以接受的老年饭桌价格、喜欢的日常照料主体、最喜欢的活动、具体的精神慰藉需求、需要的文娱服务、对养老服务的看法、希望养老服务人员具备的基本技能、对养老服务的建议等。

（二）调查样本选取与数据收集

1. 湖北省人口老龄化现状及特点

（1）老龄化

根据湖北省2017年老龄办召开新闻发布会发布的数据可知：湖北省人口老龄化程度高出全国平均水平。截至2016年底，依据湖北省统计局常住人口统计数据：湖北常住人口为5 885万，其中60周岁及以上常住人口1 072万，占常住人口的18.22%。与全国平均水平16.7%相比，湖北省人口老龄化程度高出了1.52个百分点。以上数据显示，湖北省老年人口基数大，人口老龄化进程较快。2000—2050年湖北省各年龄组人口变动趋势如表4-1所示。

表4-1 2000—2050年湖北省各年龄组人口变动趋势

年份	总人口	各年龄组人口数（万）				各年龄组人口占总人口比重（%）			
		1~14岁	15~59岁	60岁及以上	65岁及以上	0~14岁	15~59岁	60岁及以上	65岁及以上
2000	639	106	416	69	48	16.6%	65.1%	10.8%	7.5%
2005	685	94	456	79	56	13.7%	66.6%	11.5%	8.2%
2010	719	101	461	95	62	14.0%	64.1%	13.2%	8.6%
2015	740	101	448	117	74	13.6%	60.5%	15.8%	10.0%
2020	752	90	435	134	93	12.0%	57.8%	17.8%	12.4%
2025	751	78	411	156	106	10.4%	54.7%	20.8%	14.1%
2030	748	68	380	177	123	9.1%	50.8%	23.7%	16.4%

（续）

年份	总人口	各年龄组人口数（万）				各年龄组人口占总人口比重（%）			
		1~14 岁	15~59 岁	60 岁及以上	65 岁及以上	0~14 岁	15~59 岁	60 岁及以上	65 岁及以上
2035	740	64	351	186	139	8.6%	47.4%	25.1%	18.8%
2040	715	62	325	185	143	8.7%	45.5%	25.9%	20.0%
2045	675	58	297	181	139	8.6%	44.0%	26.8%	20.6%
2050	635	51	270	177	137	8.0%	42.5%	27.9%	21.6%

（2）家庭小

2010 年全国第六次人口普查结果显示，全国 31 个省、自治区、直辖市共有家庭 40 152 万户，家庭人口 124 461 万人，平均每个家庭户的人口为 3.1 人，比 2000 年第五次全国人口普查的 3.44 人减少 0.34 人，家庭户规模继续缩小。而湖北省第六次人口普查的数据显示：全省常住人口共有家庭户 16 698 928 户，家庭户人口为 52 744 179 人，平均每个家庭户的人口为 3.16 人，比 2000 年第五次全国人口普查的 3.51 人减少 0.35 人。家庭户规模继续缩小，一是由于湖北省计划生育工作较好，生育的子女少了，自然家庭户规模就小了；二是随着时代发展，年轻人结婚后就离开了父母，以前常见的联合家庭越来越少；三是现在的家庭逐渐多元化，丁克家庭、不婚族越来越多。

（3）少子化

少子化是指由于生育率下降，造成幼年人口逐渐减少的现象。少子化代表着未来人口可能逐渐减少，对于社会结构、经济发展等各方面都会产生重大影响。如果新一代增加的速度远低于老一代自然死亡的速度，更会造成人口不足，所以少子化是许多国家（特别是发达国家）非常关心的问题。全国第六次人口普查数据表明，我国 0~14 岁人口为 2.2 亿，约占全国人口的 16.6%。湖北省的少子化程度更为严峻，依据湖北省第六次人口普查的数据，全省常住人口中，0~14 岁的人口为 7 963 523 人，占总人口的 13.91%；15~64 岁的人口为 44 070 111 人，占总人口的 77.00%；65 岁及以上的人口为 5 204 106 人，占总人口的 9.09%。同 2000 年第五次全国人口普查相比，0~14 岁人口的比重下降了 8.96 个百分点，15~64 岁人口的比重上升了 6.18 个百分点，65 岁及以上人口的比重上升了 2.78 个百分点。这显示出湖北省人口年龄结构的变化，说明随着湖北省经济社会快速发展，人民生活水平和医疗卫生保健条件的巨大改善，生育率持续保持较低水平，老龄化进程逐步加快，但同时也说明生育率下降很快。少子化、老龄化并存的局面将直接影响我国公共资源的配置。

2. 调查样本的选取

根据研究目的将调研问卷设计完毕后，采取随机的方式，在湖北省老年人大学、湖北省公共场所（公园）、高龄老人家中，采用社会调查方法非正式结构化访谈了湖北省城区300多人，回收有效问卷239份，并以湖北省239个60岁及以上老年人为研究对象开展实证研究。

在本研究239个样本数据中，老年人的基本情况包括性别、年龄、受教育程度、婚姻状态、健康状况、过去从事的职业、子女数、居住状况、月收入和月支出等。从总体看，所调查的老年人样本总量为239人。其中，男性、女性老年人分别为102人、137人，性别比例相差不大；年龄在60～69岁的老年人占54.8%，低龄老年人占多数；高中及以上受教育程度老年人占54%，受教育程度较高；婚姻状况正常的老年人居多，占72.4%；健康和能自理的老年人占84.6%，身体状况良好；个体户和无工作或务农的老年人占22%，大部分老年人过去都有稳定工作；有1～2个子女的老年人居多，占70.7%；大多数老年人和老伴、子女一起居住；月收入为3000元以下的老年人居多；月支出多数在1000元以下。样本基本情况描述如下。

1）性别

调研对象的性别比例情况如表4-2所示。其中，男性老年人为102人，占样本总体的42.7%；女性老年人的数量为137人，占样本总体的57.3%。女性老年人所占比例较多，但从总体看相差不大。

表4-2 所调查老年人的性别结构情况

性别	人数（人）	百分比
男	102	42.7%
女	137	57.3%
合计	239	100.0%

2）年龄

调研对象中60～69岁的老年人数量为131人，占样本总体的54.8%；70～79岁的老年人数量为71人，占样本总体的29.7%；80～89岁的老年人数量为27人，占样本总体的11.3%；90岁及以上的老年人数量为10人，占样本总体的4.2%，如表4-3所示。

表4-3 所调查老年人的年龄分布

年龄段	人数（人）	百分比
60～69岁	131	54.8%
70～79岁	71	29.7%
80～89岁	27	11.3%
90岁及以上	10	4.2%
总计	239	100.0%

3）受教育程度

调研对象的受教育程度如图 4－1 所示。其中，大专及以上的老年人数量为 71 人，占样本总体的 30%；高中、中专及技校的老年人数量为 59 人，占样本总体的 24%；初中的老年人数量为 50 人，占样本总体的 21%；初小的老年人数量为 21 人，占样本总体的 9%；高小的老年人数量为 19 人，占样本总体的 8%；未受教育的老年人数量为 19 人，占样本总体的 8%。大部分老年人受教育程度较高，只有 25% 的老年人受教育程度为小学及以下。

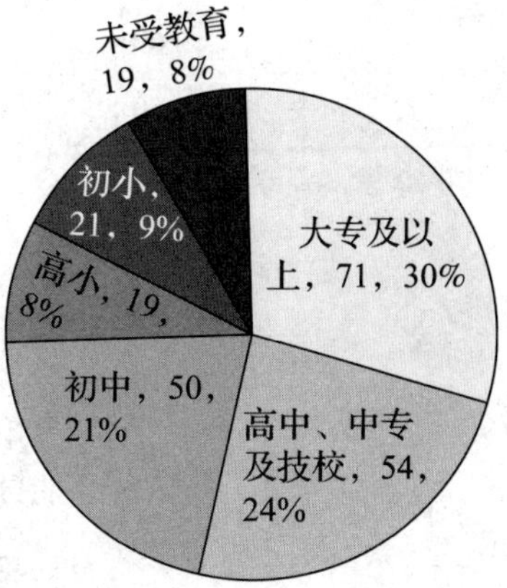

图 4－1　所调查老年人的受教育程度

4）婚姻状况

调查对象的婚姻状况如图 4－2 所示。其中，已婚有配偶的老年人数量为 173 人，所占比例为 72.4%；丧偶的老年人数量为 58 人，所占比例为 24.3%；离异的老年人为 7 人，所占比例为 2.9%；未婚的老年人为 1 人，所占比例为 0.4%。可见，婚姻状况正常的老年人占大多数，只有 27.6% 的老年人存在离异、丧偶、未婚等特殊婚姻状况。

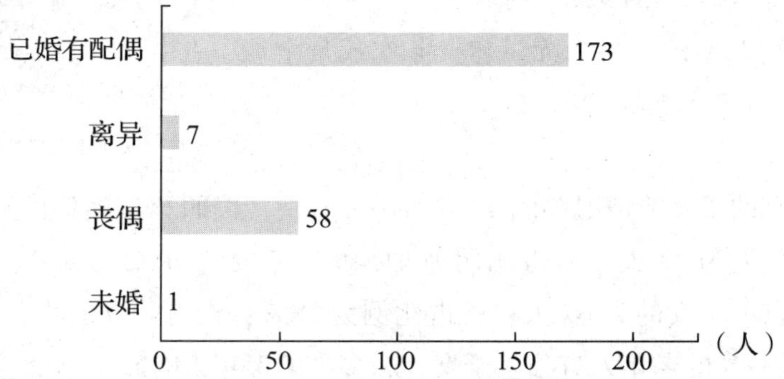

图 4－2　所调查老年人的婚姻状况

5）健康状况

调查对象的健康状况如图 4－3 所示。其中，身体状况健康的老年人 123 人，占 51.5%；健康状况为能自理的 79 人，占 33.1%；健康状况为半自理的 24 人，占 10%；健康状况为不能自理的为 13 人，占 5.4%。大部分老年人身体状况较好，只有 15.4% 的老年人因患有重大疾病以至于身体状况较差，为半自理甚至不能自理。调查时，老年人对健康状况这个话题很敏感，健康是他们比较看重的一个方面，心理调节能力较差。调查的老年人中，常见病主要有高血压、腰腿疾病、脑梗、心梗、糖尿病等。

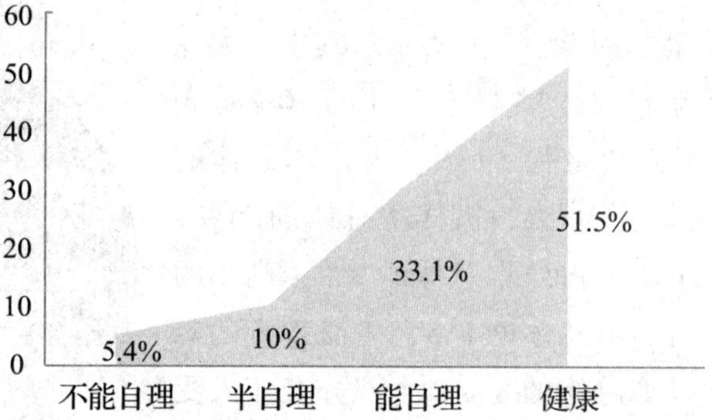

图 4－3 所调查老年人的健康状况

6）过去从事的职业

调研对象过去从事职业的情况如图 4－4 所示。其中，国企、事业单位的老年人数量为 120 人，占样本总体的 50%；国家机关、私营企业的老年人数量均为 34 人，均占样本总体的 14%；无工作或务农的老年人数量为 31 人，占样本总体的 13%；个体户的老年人数量为 20 人，占样本总体的 9%。约 78% 的老年人过去都有工作，只有 22% 的老年人无工作、务农或是个体户。

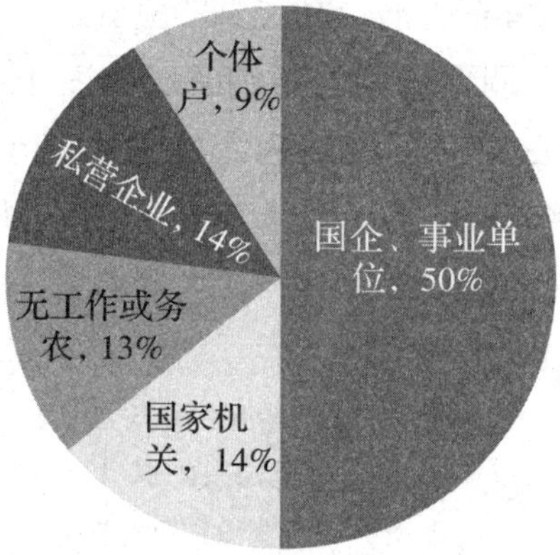

图 4－4 所调查老年人过去从事的职业

7）子女数

调查对象拥有的子女数情况如图 4－5 所示。其中，按照比例高低的顺序排列依次为：有 1 个子女的老年人为 99 人，所占比例为 41.4%；有 2 个子女的为 70 人，所占比例为 29.3%；有 3 个以上子女的为 67 人，所占比例为 28%；没有子女的为 3 人，所占比例为 1.3%。可见，近一半的老年人有独生子女，一多半的老年人有较少子女。

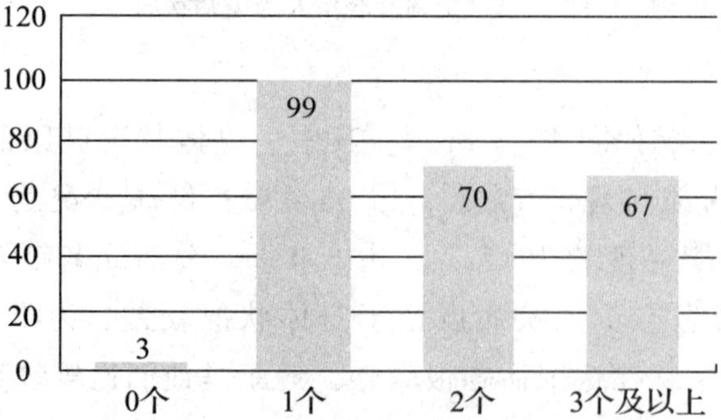

图 4－5 所调查老年人的子女数

8）居住情况

调查对象的居住情况如图4－6所示。其中，按照比例高低的顺序排列依次为：夫妇同住的比例为48.5%；和子女同住的比例为18%；和配偶、子女同住的比例为12.6%；一人独居的比例为10.5%；有保姆陪伴的比例为8.4%；祖孙同住的比例为1.7%；其他情况的比例在0.4%。可见，大多数的老年人是和老伴、子女一起居住的，而在社区中独居和空巢家庭的老年人占主体，传统的两代、三代同堂的家庭已很少。

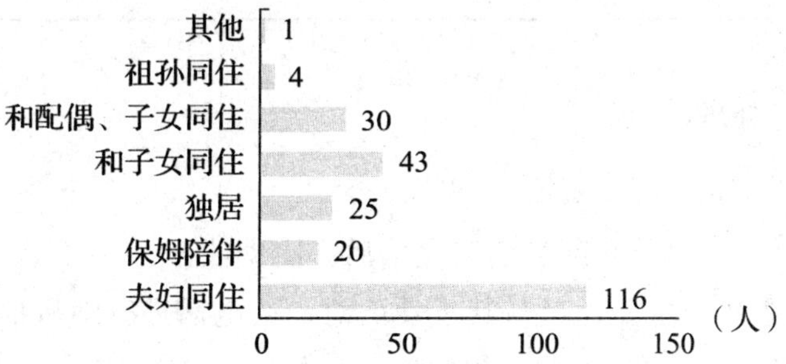

图4－6　所调查老年人的居住情况

9）月收入、月支出状况

调查对象的经济情况如表4－4所示。其中，月收入按照比例高低的顺序依次为：1 001～3 000元的比例为35.1%；451～1 000元的比例为23.8%；3 001～5 000元的比例为17.6%；5000元以上的比例为17.2%；450元及以下的比例为6.3%。可见，绝大多数的老年人月收入较多，只有30.1%的老年人月收入在1 000元以下。

表4－4　所调查老年人的月收入情况

月收入（元）	人数（人）	百分比
450及以下	15	6.3%
451～1 000	57	23.8%
1 001～3 000	84	35.1%
3 001～5 000	42	17.6%
5 000元以上	41	17.2%
合计	239	100.0%

如表4－5所示，月支出按照比例高低的顺序依次为：451～1 000元的比例为32.2%；450元及以下的比例为27.6%；1 001～2 000元的比例为24.3%；2 000元以上的比例为15.9%。可见，绝大多数的老年人月支出不高，约60%的老年人月支出在1 000元以下。

表 4-5 所调查老年人的月支出情况

月支出（元）	人数（人）	百分比
450 及以下	66	27.6%
451～1 000	77	32.2%
1 001～2 000	58	24.3%
2 000 元以上	38	15.9%
合计	239	100.0%

3. 数据收集与处理

（1）收集数据

本调查主要以访问式进行，问卷填答完毕后，随即收回，保证了 100% 的回收率。对于 80 岁以上的高龄老年人主要通过与其子女面对面或电话进行随机抽样访谈，并由访问者完成问卷填写。随机走访的 60～80 岁的老年人中，失访率约为 30%。收集的数据主要涉及老年人的基本情况及其对经济保障、医疗保健、生活照料、精神慰藉等养老方面的需求状况。运用统计软件 SPSS27.0 将数据全部输入软件中，再进行统一分析。

（2）因变量的度量和处理

在本书研究中，要加以解析的因变量是老年人的养老意愿和需求：经济保障需求（包括离退休金养老保险、子女赡养费亲戚支助、政府救济社会捐助、商业保险、再就业、个人储蓄投资理财）、医疗保健需求（包括社区卫生服务中心、家庭医生和家庭病床、定期体检健康护理、陪同看病、健康咨询、安装救助门铃、陪同散步取药）、生活照料需求（包括生活用品代购、日间看护照料、饮食起居、打扫卫生、户外运动）和精神慰藉需求（亲人关怀陪伴、朋友交流沟通、和谐人际关系、实现个人价值、社会尊重认可、其他）。每个需求变量为二分变量，即有需求赋值 1，无需求赋值 0。

（3）自变量的度量和处理

影响养老需求的自变量设置如下：性别、婚姻状况、过去从事的职业、居住情况、医疗保险办理情况等以及年龄、受教育程度、健康状况、子女数、月收入、月支出、机构养老意愿、社区养老现状满意度、孤独寂寞程度、经济保障满足度、医疗保健满足度、生活照料满足度、精神慰藉满足度等。各个自变量的相关系数均小于 0.4，不存在严重的多重共线性问题。

自变量赋值如下。

性别：男＝1，女＝2。

年龄分布：60～69＝1，70～79＝2，80～89＝3，90 岁及以上＝4。

受教育程度：未受教育＝0，初小＝1，高小＝2，初中＝3，高中、中专及技校＝4，大专及以上＝5。

婚姻状况：未婚＝0，离异＝1，丧偶＝2，已婚有配偶＝3（哑变量参考值）。

健康状况：不能自理＝0，半自理＝1，能自理＝2，健康＝3。

过去从事的职业：国企事业单位＝0（哑变量参考值），国家机关＝1，无工作或务农＝2，私营企业＝3，个体户＝4。

子女数：0个＝0，1个＝1，2个＝2，3个及以上＝3。

居住情况：夫妇同住＝1（哑变量参考值），保姆陪伴＝2，独居＝3，和子女同住＝4，和配偶、子女同住＝5，祖孙同住＝6，其他＝7。

月收入：450元及以下＝1，451～1 000元＝2，1 001～3 000元＝3，3 001～5 000元＝4，5 000元以上＝5。

月支出：450元及以下＝1，451～1 000元＝2，1 001～2 000元＝3，2 000元以上＝4。

对社区养老现状的满意度：不满意＝0，基本满意＝1，满意＝2。

是否愿意机构养老：很不愿意＝0，不愿意＝1，无所谓＝2，愿意＝3。

生活中是否孤独、寂寞：从不＝0，很少＝1，有时＝2，经常＝3，总是＝4。

经济保障需求、医疗保健需求、生活照料需求、精神慰藉需求的满足度：不满足＝0，基本满足＝1，完全满足＝2。

办理的医疗保险：公费医疗＝1，新型农村合作医疗＝2，城镇职工基本医疗保险＝3，城镇居民基本医疗保险＝4，商业医疗保险＝5（哑变量参考值）等。

本章主要是调查问卷和访谈提纲的设计与数据分析。调查问卷和访谈提纲的设计遵循合理性、一般性、逻辑性、明确性、非诱导性、便于整理分析等原则，主要包括三方面内容：老年人基本情况调查、老年人生活状况调查、老年人养老需求调查。湖北省人口老龄化超过全国平均水平，此外还表现出家庭小、少子化的特点。调查样本的选取遵循随机原则，从性别、年龄、受教育程度、婚姻状况、职业情况、子女数、居住情况、月收入、月支出等基本情况看，样本具有代表性。问卷回收后，将调查数据全部输入软件中，将23个意愿和需求变量分为二分变量解析老年人的养老意愿和需求，即有需求赋值1，无需求赋值0，将影响养老需求的定类变量、定序变量、定距变量分别赋值，并设定哑变量，为数据分析做好基础。

（三）访谈提纲的设计与范例

1. 社会组织参与养老服务访谈提纲范例

(1) 日间照料中心模式访谈提纲

访谈对象：某社区老年人日间照料中心X主任

①中心何时开始运营？运营背景、运营性质、组织架构及人员组成、中心设备（如床

位、浴室、按摩仪器、康复训练设施等）情况如何？

②中心对主要服务对象有什么限定（如年龄限定或社区限定）？残疾人可以享受服务吗？

③中心如何挖掘社区内有需要的老年人？中心和社区工作站有进行相应的资源共享吗？

④中心主要开展的社区老年人服务有哪些？有什么特色服务项目吗？在老年人生活照料上如何进行人员安排？收费标准如何？

⑤中心提供上门式居家养老服务吗？如何使用政府居家养老消费券？收费标准如何？

⑥中心与家政公司等营利性企业有合作吗？是如何进行合作的？

⑦活动开展方面和社区工作站或社区服务中心、老年人协会等组织合作交流过吗？会有活动内容的重合吗？

⑧政府如何给予中心支持，在房租、床位及物业水电方面有相应补贴吗？

⑨资金来源情况如何？除政府补贴外还有其他渠道筹集赞助资金吗？

⑩社工会进行专业的老年人照顾培训吗？如何强化员工专业技能。

⑪中心有长期定点的医生为社区老人提供服务吗？有紧急救援等专业医疗设施吗？

⑫中心与社康中心或医院等医疗机构有服务上的合作吗？是如何进行合作的？

⑬在为老年人提供服务的时候有何困难（运营困难或老年人有特殊需求）？

⑭中心运营取得了什么成效？

⑮中心开展服务有什么监督制度？服务的效果如何进行评估？

（2）居家养老模式访谈提纲

访谈对象：某区居家养老服务中心H督导

①我们是什么性质的组织？

②开展何种社区老年人居家养老服务？

③还有一些社会企业也在竞争政府购买项目，我们的优势在哪里？

④提供服务人员如何招聘？有进行专业分类吗？

⑤服务人员如何进行培训及岗位认定？

⑥我们的资金来源和渠道是什么？和相关企业有合作吗？

⑦我们与政府是何种关系？当政府下达任务指标时，可否选择不做或是做些特色项目？

⑧有针对残障、高龄、空巢老人的特殊服务项目吗？

⑨老人如何获取服务的资源及信息？

⑩如何平衡社区服务中心、老年大学与日照中心之间的关系？

（3）社区党群服务中心模式访谈提纲

访谈对象：武汉市某社工服务机构J督导，武汉市社区党群服务中心S主任

①请您向我们介绍一下社区的基本情况，还有我们社区的老年人总体情况。

②社区中心主要开展了哪些社区老年服务呢？

③请问我们社区有什么特点和优势？

④开展社区老年服务和管理过程中存在哪些困难和问题？

⑤和社区劳动保障站、日间照料中心等其他社区老年服务组织是何种关系？

⑥在动员居民参与社区工作方面做了哪些工作？

⑦经费来源情况如何？

⑧服务的对象如何定义？社区外的居民可以参与吗？

⑨与政府的关系如何？开展活动是由政府下达任务指标还是自行设计？

⑩如何处理上级下派的任务指标和居民需求不匹配的问题？

⑪活动效果如何进行评估？

(4) 老年人协会模式访谈提纲

访谈对象：某老年人协会 L 会长

①请介绍一下协会性质和成立起源，并谈一谈协会的组织架构。

②办公及活动场所是怎么选择的呢？物业水电费用情况如何？

③如何界定活动参与对象？共有多少老年人参加？

④会员是怎么管理的呢？

⑤活动资金来源如何？政府的经费可以支持举办的活动吗？

⑥在社区内开展何种活动？有固定的老年活动吗？

⑦与政府关系如何？政府会对协会活动进行评估，并且给予一些优秀的奖励吗？

⑧与居委会/社区党群服务中心等其他老年服务组织的关系如何？有合作吗？

⑨开展活动时遇到最大的困难是什么？

⑩活动如何进行宣传？

⑪开展兴趣班时教师团队是由志愿者还是专业老师组成？

⑫是否会进行活动效果的评估？

2. 企业参与养老服务访谈提纲范例

(1) 武汉市养老服务产业链建设

访谈对象：武汉市 X 运营管理有限公司 Z 督导

①请谈一谈公司的概况、人员结构及服务性质。

②提供何种老年人服务？

③相关服务的收费标准如何？

④与公司的其他业务如何有关联？

⑤与政府关系如何？政府对服务会有相应的补贴吗？

⑥服务内容如何宣传？老人参与的积极性如何？

⑦与非营利组织相比，我们的独特性或特色在哪里？

⑧在产业链建设的过程中遇到了什么样的困难？

（2）居民访谈提纲

访谈对象：武汉市某小区Z阿姨

①需要什么养老服务时会选择收费的企业？

②通过何种途径寻找家政服务及老年人照料服务呢？

③在服务公司的选择上主要考虑什么要素？

④为何不选择非营利组织的服务？认为收费的企业与相比非营利组织相比的优势是什么？

⑤还会继续选择此类服务公司吗？

（3）老年人学校访谈提纲

访谈对象：武汉市某老年学校G老师

①开办老年学校的起源是什么？

②为何选择开办老年学校？

③提供什么课程？收费标准如何？

④与政府的关系如何？会给予相应的资金补贴吗？

⑤教师来源如何？如何进行专业化程度界定？

⑥老年人的参与情况如何？

⑦与老年人协会、党群服务中心的关系如何？

⑧如何进行课程选择？觉得课程开展最大的问题是什么？

3. 敬老院相关人员访谈提纲范例

（1）敬老院管理人员访谈提纲

访谈对象：武汉市某敬老院管理人员F

①请问什么样的老人有资格入住敬老院？有什么标准和条件限制？

②政府在和敬老院的合作中都做了哪些工作？履行了哪些职责？

③ 政府职责履行情况如何？就合作而言，作为民营方你们是否满意？政府的职责还有哪些是有待改进的？

④目前敬老院的管理运营存在哪些问题？

（2）敬老院入住老人访谈提纲

①您多大年龄，退休前是做什么工作的？

②您为何要住进敬老院，是如何来到这家敬老院的？

③您住进这家敬老院多久了，住在这里还习惯吗？

④您每月的退休金或养老金是多少？

⑤您每月要交给敬老院多少费用，这笔费用由谁来负担？

⑥您对这里的服务是否满意，饭菜合不合口味，这里的护工和工作人员对您是否尊重？

⑦子女一般多久来看望您一次，您与这里的老人交往如何？

⑧您目前对这里的服务和管理有什么不满意的地方吗？您期待如何改进？

（3）敬老院入住老人子女及家属访谈提纲

①您是做什么工作的，为何要把老人送进敬老院，老人本身愿意吗？

②您是如何了解到这家敬老院的，又是如何让老人住进来的，入住敬老院的程序是否复杂，是否排了很久的队才进来？

③让老人住进敬老院对您的家庭有什么样的影响？

④您觉得父母在这家敬老院受到的服务和照顾如何？

⑤您觉得这家敬老院的收费情况是否合理，老人住敬老院的费用谁来负担？

⑥您在此之前是否为老人找过其他的养老机构，有什么不同？

⑦您平时多久会来探望老人一次？

⑧您认为敬老院的服务还有哪些需要改进的地方？

⑨您知道这家敬老院是“公办民营”的模式经营吗？了解的话，对这种模式有何评价？

（4）敬老院居家养老服务购买者电话访谈提纲

①您平时需要购买哪些居家养老服务？

②您对敬老院提供的居家养老服务满意吗？

③您认为敬老院的居家养老服务对您的生活帮助有多大？

④您认为敬老院的居家养老服务在哪些地方应该改善？

4. 政府工作人员访谈提纲范例

访谈对象：民政局工作人员

①目前本区民间非营利组织的运作状况如何？政府对其分别出台了哪些措施和服务细则？

②在政府财政预算中是否有针对养老的定向预算机制？

③政府是如何处理与民间组织的关系，并对其进行监督和管理的？

④目前有关于对养老服务工作进行评估的机制吗？

⑤目前关于本区养老服务的成功经验是什么？反映较多的问题又是什么？

⑥针对养老服务的多元供给机制，您认为还需要在哪些方面进行进一步的完善？

5. 非营利组织负责人访谈提纲范例

访谈对象：某社区服务中心工作人员

①您从事这一行业有多长时间了？

②您认为目前政府对民间组织的注册和审批程序烦琐吗？

③目前贵组织的资金来源渠道有哪些？

④您是经常独立开展社区养老服务工作，还是根据业务主管单位的安排进行工作呢？

⑤您目前在开展社区养老服务中面临的最大困难是什么？

⑥目前您所在的单位专业性的养老护理人员大概占多大的比例？人员的工资待遇如何？

⑦您对非营利组织在社区养老服务中所遇到的问题有什么建议和意见呢？

五、养老需求及其影响因素分析

（一）养老需求的调查分析

1. 老年人的养老需求

本书中，老年人的养老需求包括从四个方面感受到的需要：一是老年人自己表现出的对某些方面的需要和愿望；二是老年人在日常生活中的困难以及未被满足的需要；三是老年人在物质、环境和心理健康指标中所显示出的需要；四是如果老年人表示出接受某方面的帮助或支持，则认为老年人有这方面的需求。对于需求在这四个方面的内涵，实地调研中没有进行详细区分。但是在客观需求内容上，结合马斯洛需求理论和我国以往的研究经验，本书将养老需求分为生活方面的需求、健康医疗方面的需求和精神方面的需求，其中生活方面的需求包括经济需求和日常照顾需求。最大养老需求如图 5－1 所示。

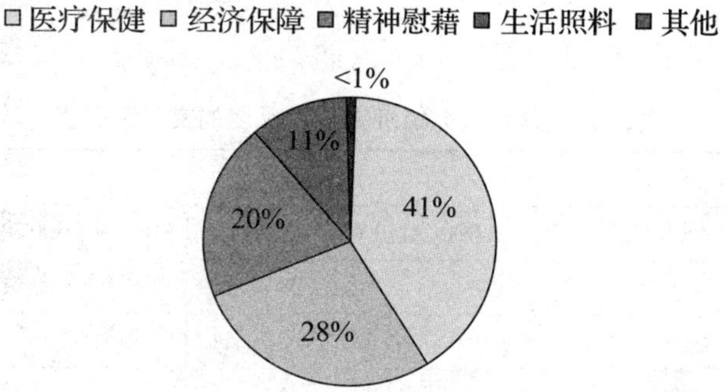

图 5－1　最大养老需求

(1) 经济保障需求分析

1) 经济需求

“经济保障”是人们为维持生活所必需的物质财产，是生活的基本物质保障，对于身为弱势群体的老年人相当重要，其中将近一半人对经济有很大需求。图 5－2 反映了接受调查的老年人对经济需求的满足度。在接受调查的 239 个老年人中，有 62 个老年人在经济上完全满足，占 25.9%；有 110 个老年人在经济上可以基本得到满足，占 46.1%，有 67 个老年人在经济上不能得到满足，甚至较困难，占 28%。46.1% 的老年人对经济保障基本满足，可见有一半多的人对经济有潜在需求。随着经济发展，近年来物价飞涨，老年人的经济保障应给予重视。

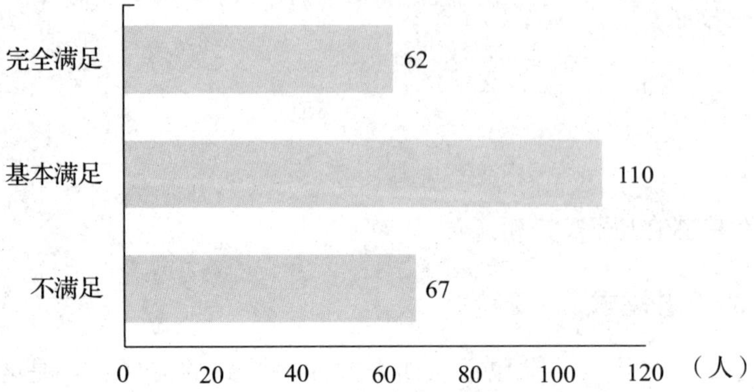

图 5－2 经济保障需求满足度

表 5－1 反映了月收入不同对经济需求的满足度不同。调查发现，月收入为 450 元以上的老年人，经济需求完全满足所占比例分别为 7%、17.9%、31%、68.3%。可见，除月收入是 450 元及以下的老年人外，月收入越高，对经济需求完全满足的老年人越多。但在接受调查的老年人中，月收入 450 元及以下的老年人数大约占 6.3%，而其中绝大多数都是依靠政府给予的补贴维持生活，除了子女照料外，自己基本上没有任何月收入，而且物价飞涨，月支出也在上涨，存在入不敷出的现象，这部分老年人值得关注。

表 5－1 月收入与经济需求满足度的交叉列联表

经济需求满足度		月收入					合计
		450 元及以下	451～1 000 元	1 001～3 000 元	3 001～5 000 元	5000 元以上	
不满足	频数	5	29	28	5	0	67
	列百分比	33.3%	50.9%	33.3%	11.9%	0.0%	28.0%
基本满足	频数	8	24	41	24	13	110
	列百分比	53.3%	42.1%	48.8%	57.1%	31.7%	46.0%
完全满足	频数	2	4	15	13	28	62
	列百分比	13.3%	7.0%	17.9%	31.0%	68.3%	25.9%
合计	频数	15	57	84	42	41	239
	列百分比	100.0%	100.0%	100.0%	100.0%	100.0%	100.0%

2）经济保障来源

所调查老年人经济来源情况，有 2 个样本缺失值，在 237 个老年人的经济来源中，81.9% 的老人经济来源于自己的退休金，38% 来源于子女供养和亲戚支助，12.2% 来源于自己工作赚取，11.4%来源于投资理财所得，8.9%来源于政府补助，5.9%来源于商业保险。从数据中可以看出，退休金作为老年人的一种养老方式得到了普及，而传统的子女供养老年人的养老方式却越来越少。

表5－2反映了所调查老年人的性别、受教育程度和过去从事职业之间的关系。老年人的性别与受教育程度没有显著关系，可见城市老年人中的女性老年人并没有因为性别而在教育上遭到不公平对待。分析所调查老年人的性别与过去从事的职业，发现只有私营企业中女性老年人所占比例大于男性老年人，其他职业中都是男性老年人所占比例大于女性老年人。可见，过去从事的职业中，私营企业中的女性多于男性。分析所调查老年人的受教育程度与过去从事的职业，发现大专及以上教育程度的老年人在国家机关、国企、事业单位中退休的占大多数。

表5－2　性别、受教育程度及过去从事职业的交叉列联表

性别	过去从事的职业		受教育程度						合计
			未受教育	初小	高小	初中	高中、中专及技校	大专及以上	
男	无工作或务农	频数	2	3	0	4	0	0	9
		列百分比	100.0%	50.0%	0.0%	12.5%	0.0%	0.0%	8.8%
	国家机关	频数	0	1	0	2	3	10	16
		列百分比	0.0%	16.7%	0.0%	6.3%	11.1%	37.0%	15.7%
	国企、事业单位	频数	0	1	4	6	10	17	38
		列百分比	0.0%	16.7%	50.0%	18.8%	37.0%	63.0%	37.3%
	私营企业	频数	0	0	3	14	10	0	27
		列百分比	0.0%	0.0%	37.5%	43.8%	37.0%	0.0%	26.5%
	个体户	频数	0	1	1	6	4	0	12
		列百分比	0.0%	16.7%	12.5%	18.8%	14.8%	0.0%	11.8%
	合计	频数	2	6	8	32	27	27	102
		列百分比	100.0%	100.0%	100.0%	100.0%	100.0%	100.0%	100.0%
女	无工作或务农	频数	11	4	1	4	2	0	22
		列百分比	64.7%	26.7%	9.1%	22.2%	6.3%	0.0%	16.1%
	国家机关	频数	1	0	1	0	3	13	18
		列百分比	5.9%	0.0%	9.1%	0.0%	9.4%	29.5%	13.1%
	国企、事业单位	频数	4	6	9	10	22	31	82
		列百分比	23.5%	40.0%	81.8%	55.6%	68.8%	70.5%	59.9%

（续）

性别	过去从事的职业		受教育程度						合计
			未受教育	初小	高小	初中	高中、中专及技校	大专及以上	
女	私营企业	频数	0	2	0	2	3	0	7
		列百分比	0.0%	13.3%	0.0%	11.1%	9.4%	0.0%	5.1%
	个体户	频数	1	3	0	2	2	0	8
		列百分比	5.9%	20.0%	0.0%	11.1%	6.3%	0.0%	5.8%
	合计	频数	17	15	11	18	32	44	137
		列百分比	100.0%	100.0%	100.0%	100.0%	100.0%	100.0%	100.0%

3）经济保障需求满足度分析

表5-3反映了过去从事不同职业所对应的经济满足度不同。对经济需求不满足的老年人所占比例较高，对应的过去从事的职业分别是私营企业44.1%，个体户40%，无工作或者务农38.7%。可见，过去从事的职业不稳定，年老后的经济生活就不能得到很好的保障。相反，在国家机关和国企、事业单位中退休的老年人对经济状况满足的比例分别是94.1%、75%。可见，在国家机关和国企、事业单位中退休的老年人退休后的经济生活有较好的保障。

表5-3　经济满足度与过去从事职业的交叉列联表

经济满足程度		职业					合计
		国企、事业单位	国家机关	无工作或务农	私营企业	个体户	
不满足	频数	30	2	12	15	8	67
	列百分比	25.0%	5.9%	38.7%	44.1%	40.0%	28.0%
基本满足	频数	59	12	14	17	8	110
	列百分比	49.2%	35.3%	45.2%	50.0%	40.0%	46.0%
完全满足	频数	31	20	5	2	4	62
	列百分比	25.8%	58.8%	16.1%	5.9%	20.0%	25.9%
合计	频数	120	34	31	34	20	239
	列百分比	100.0%	100.0%	100.0%	100.0%	100.0%	100.0%

表5-4反映了拥有不同子女数的老年人所对应的经济满足度不同。有1个孩子的老年人对经济状况完全满足的占32.3%，有3个及以上孩子的老年人对经济状况不满足的占32.8%。不考虑没有孩子的老年人，拥有的孩子数量越多，对经济生活状况完全满足所占比例逐渐下降，对经济生活状况不满足所占比例逐渐上升，似乎孩子的多少与老年人的经

济生活状况能否满足有一定的关系，这是一个有趣的现象。在走访中发现，有的老年人不愿让子女供养，怕增加负担；有的子女生活确实很困难，无法供养。

表 5-4 经济满足度与子女数的交叉列联表

经济满足程度		子女数				合计
		0 个	1 个	2 个	3 个及以上	
不满足	频数	2	22	21	22	67
	列百分比	66.7%	22.2%	30.0%	32.8%	28.0%
基本满足	频数	1	45	30	34	110
	列百分比	33.3%	45.5%	42.9%	50.7%	46.0%
完全满足	频数	0	32	19	11	62
	列百分比	0.0%	32.3%	27.1%	16.4%	25.9%
合计	频数	3	99	70	67	239
	列百分比	100.0%	100.0%	100.0%	100.0%	100.0%

通过调查分析，老年人的月收入水平大都保持在 1 000 元，在没有重大疾病的情况下，可以保障基本生活，满足经济需求。

调查发现，男性老年人和女性老年人月收入水平和对经济的需求，差别不大。在中国，过去受传统社会性别观念和制度束缚，女性大多承担无酬的家务劳动，女性群体的合法权益长期被忽略。现如今如表 5-5 所示，女性老年人在社会资源的分配和占有方面，与同一年龄段的男性老年人相差不大。说明，随着文明程度的提高，城市中女性老年人的地位也在提升。

表 5-5 经济满足度和性别的交叉列联表

经济需求满足度		性别		合计
		男	女	
不满足	频数	29	38	67
	列百分比	28.4%	27.7%	28.0%
基本满足	频数	46	64	110
	列百分比	45.1%	46.7%	46.0%
完全满足	频数	27	35	62
	列百分比	26.5%	25.5%	25.9%
合计	频数	102	137	239
	列百分比	100.0%	100.0%	100.0%

2. 医疗保健需求分析

在问及“目前最大的养老需求是什么”时，239 个老年人中有 41.4% 选择医疗保健需求，认为“老有所医”是最迫切的养老需求。医疗保健方面的需求主要是指老年人去诊所买药、就诊、住院等事务是否需要提供服务与帮助。

图 5-3 反映了所调查老年人对医疗保健需求的不同满足程度。对医疗保健需求完全满足的老年人有 24 人占 10%，基本满足的老年人有 152 人占 63.6%，不满足的老年人有 63 人占 26.4%。虽然，完全满足和基本满足的老年人共 176 人占 73.6%，但从最大的养老需求是医疗保健需求可知，老年人对医疗保健需求的满足度不高。

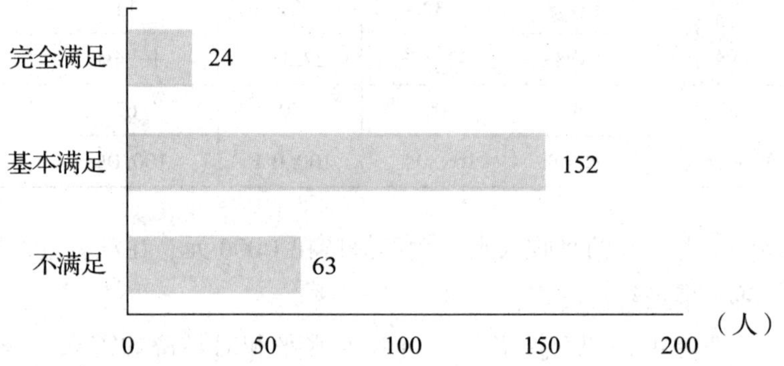

图 5-3 医疗保健需求满足度

表 5-6 反映了所调查老年人参加医疗保险的情况。参加城镇职工基本医疗保险的老年人有 110 人，所占比例为 46%，其次参加公费医疗的老年人有 70 人占 29.3%，参加新型农村合作医疗、城镇居民基本医疗保险、商业医疗保险的老年人分别为 22 人占 9.2%、21 人占 8.8%、5 人占 2.1%，没有参加任何保险的老年人有 11 人占 4.5%。可见，参加城镇职工基本医疗保险的老年人和参加公费医疗的老年人较多，还有一部分老年人未纳入医疗保障的范围，这部分老年人值得重视。在进行调查时还发现大多老年人的经济开支都消费在看病买药上，主要靠基本医疗保险减轻自己的医疗支付费用压力，或者完全依靠自己的储蓄或依靠子女支付，社会保险还未得到普及，保险机制还有待完善。

表 5-6 医疗保险参保情况

参加医疗保险情况	频数	百分比	有效百分比	累积百分比
没有	11	4.5%	4.5%	4.5%
公费医疗	70	29.3%	29.3%	33.8%
新型农村合作医疗	22	9.2%	9.2%	43.0%
城镇职工基本医疗保险	110	46.0%	46.0%	89.1%

（续）

参加医疗保险情况	频数	百分比	有效百分比	累积百分比
城镇居民基本医疗保险	21	8.8%	8.8%	97.9%
商业医疗保险	5	2.1%	2.1%	100.0%
合计	239	100.0%	100.0%	

表5－7反映了老年人的身体健康状况不同对应的医疗保健需求满足程度不同。考察老年人对医疗保健服务的需求情况，首先要了解老年人自身在医疗保健方面的自理能力状况。所调查的城市老年人研究对象中，健康和能自理的老年人对医疗保健需求不满足所占比例分别为24.4%和19%，半自理和不能自理的老年人对医疗保健需求不满足所占比例分别为50%、46.2%。可见，身体健康状况越不佳的老年人，对医疗保健需求不满足的越多。

表5－7　健康状况与医疗保健需求满足度的交叉列联表

医疗保健需求满足度		健康状况				合计
		不能自理	半自理	能自理	健康	
不满足	频数	6	12	15	30	63
	列百分比	46.2%	50.0%	19.0%	24.4%	26.4%
基本满足	频数	7	10	58	77	152
	列百分比	53.8%	41.7%	73.4%	62.6%	63.6%
完全满足	频数	0	2	6	16	24
	列百分比	0.0%	8.3%	7.6%	13.0%	10.0%
合计	频数	13	24	79	123	239
	列百分比	100.0%	100.0%	100.0%	100.0%	100.0%

表5－8反映了所调查的老年人对医疗保健需求的情况不同。所调查的城市老年人研究对象中，对定期体检和健康护理有需求的老年人有162人，占需求总数的31%，其次是对社区卫生服务中心提供就近服务有需求的老年人141人，占需求总数的27%，对健康咨询有需求的老年人有96人，占需求总数的18.4%，对家庭医生和家庭病床有特殊需求的老年人有46人，占8.8%，对陪同看病、陪同散步取药有需求的老年人分别为18人（占3.4%）和10人（占1.9%）。可见，城市老年人的医疗保健需求从高到低分别是定期体检和健康护理、社区卫生服务中心提供就近服务、健康咨询、安装救助门铃、家庭医生和家庭病床、陪同看病、陪同散步取药。从城市老年人对医疗保健的不同需求情况分析可以推断，大多数老年人在买药就诊方面可以自理完成，但是如出现住院之类的重大情况老年人就需要子女提供必要的帮助。在走访中也了解到，老年人对自身健康状况密切关注，对

保健知识的求知欲很高。

表5-8 医疗保健需求频数

医疗保健需求	人数	百分比
社区卫生服务中心提供就近服务	141	27.0%
家庭医生和家庭病床	46	8.8%
定期体检和健康护理	162	31.0%
陪同看病	18	3.4%
健康咨询	96	18.4%
安装救助门铃	49	9.4%
陪同散步取药	10	1.9%
合计	522	100.0%

从表5-9中，可以发现老年人医疗保健自理能力状况随着年龄增长存在分化趋势。从60~69岁年龄段开始出现半自理老年人，70~79岁年龄段开始出现完全不能自理老年人，这种分化趋势表明随着年龄增长老年人群健康状况呈现出多层次性。能自理一栏的列百分比中，由70~79岁的60.6%与80~89岁的14.8%之间的大幅降低显示出老年人的医疗保健自理能力有随着年龄的增长而逐渐衰降的趋势，并且进入80岁之后老年人的自理能力将急剧下降。随着年龄增长，某年龄段内的老年人群在自理能力衰降的纵向上具有人群比重分配不断下渗的趋势。例如在60~69岁年龄段之内的比重分配为74.8%、24.4%、0.8%、0%，而到了90岁及以上年龄段的比重分配为0%、0%、40%、60%，可以明显发现上部比重不断减少、下部比重不断增加的趋势。

表5-9 年龄与医疗保健自理能力的交叉列联表

健康程度		年龄段				合计
		60~69岁	70~79岁	80~89岁	90岁及以上	
不能自理	频数	0	1	6	6	13
	列百分比	0.0%	1.4%	22.2%	60.0%	5.4%
半自理	频数	1	5	14	4	24
	列百分比	0.8%	7.0%	51.9%	40.0%	10.0%
能自理	频数	32	43	4	0	79
	列百分比	24.4%	60.6%	14.8%	0.0%	33.1%
健康	频数	98	22	3	0	123
	列百分比	74.8%	31.0%	11.1%	0.0%	51.5%
合计	频数	131	71	27	10	239
	列百分比	100.0%	100.0%	100.0%	100.0%	100.0%

表5－10反映了各年龄段的老年人对医疗保健服务的满足情况。从表中数据可以得知，绝大多数的老年人对社区医疗保健服务选择了基本满足与不满足。其中，选择基本满足与不满足的老年人比例之和情况：60～69岁年龄段潜在需求比例为88.6%、70～79岁年龄段潜在需求比例为91.6%、80～89岁年龄段潜在需求比例为92.6%、90岁及以上潜在需求占90%。说明各个年龄段的老年人对医疗保健服务的潜在需求比例较高，占各年龄段人群的80%～90%。

表5－10　医疗满足度与年龄的交叉列联表

医疗满足度		年龄段				合计
		60～69岁	70～79岁	80～89岁	90岁及以上	
不满足	频数	36	9	18	0	63
	列百分比	27.5%	12.7%	66.7%	0.0%	26.4%
基本满足	频数	80	56	7	9	152
	列百分比	61.1%	78.9%	25.9%	90.0%	63.6%
完全满足	频数	15	6	2	1	24
	列百分比	11.5%	8.5%	7.4%	10.0%	10.0%
合计	频数	131	71	27	10	239
	列百分比	100.0%	100.0%	100.0%	100.0%	100.0%

表5－11的数据显示了过去从事职业不同的老年人对于医疗保健服务的满足度不同。从数据中可以发现，在国家机关退休的老年人中完全满足的有10人占29.4%，在私营企业退休的老年人中完全满足的有1人占2.9%，个体户老年人中不满足的有11人占55%。数据表明，老年人过去从事的工作越稳定，对社区医疗保健服务的满足度越高，反之越低。

表5－11　医疗满足度与过去从事职业的交叉列联表

医疗满足程度		职业					合计
		国企、事业单位	国家机关	无工作或务农	私营企业	个体户	
不满足	频数	33	1	5	13	11	63
	列百分比	27.5%	2.9%	16.1%	38.2%	55.0%	26.4%
基本满足	频数	81	23	22	20	6	152
	列百分比	67.5%	67.6%	71.0%	58.8%	30.0%	63.6%
完全满足	频数	6	10	4	1	3	24
	列百分比	5.0%	29.4%	12.9%	2.9%	15.0%	10.0%
合计	频数	120	34	31	34	20	239
	列百分比	100.0%	100.0%	100.0%	100.0%	100.0%	100.0%

走访中，了解到老年人不需要医疗保健服务的原因包括：老年人感觉能自理时，买药就诊很方便，子女照料得也很好；医保报销很便利、有单位公费医疗等，不需要医疗保健服务；老年人的防范能力较低的同时戒备心理却很强，当问及“是否愿意参加志愿者服务”时，常常不等话说完就直摇头，有时对社区提供的服务了解不清甚至误解原本有益的服务，所以加强社会工作的宣传和普及是至关重要的。随着社会机制的进一步完善和医学技术的发展，现今城市老年人的平均身体状况越来越好。但是随着老龄化的发展，高龄老年人数增多，政府压力也增加，一些社会问题也日渐增多。所以，建立一系列老年人服务体系是非常有必要的，如大力倡导社会养老保险，完善医疗保险制度，降低老年人医疗费用等，这些在一定程度上可以减轻政府负担，减少老年人的需求指数。

3. 生活照料需求分析

城镇老年人对生活照料服务的需求情况，主要指的是老年人在生活用品代购、日间看护照料、照料饮食起居、打扫卫生、帮助户外运动等事务方面是否需要提供相应的帮助。239个老年人中，有25个老年人最大的养老需求是生活照料需求，占10.5%。图5－4反映了所调查的老年人对生活照料服务满意度情况。其中，对生活照料需求完全满足、基本满足、不满足的老年人分别为69人占28.9%、132人占55.2%、38人占15.9%。可见，大多数老年人对生活照料需求的满足度较高。

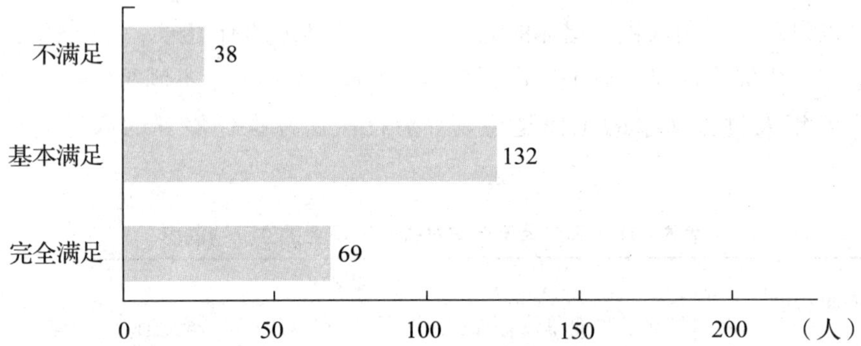

图5－4 生活照料需求满意度分析

表5－12和图5－5反映了老年人的不同程度和内容的生活照料需求。老年人对生活照料服务保障需求依次为打扫卫生需求、户外运动需求、饮食起居需求、生活用品代购需求、日间看护照料需求。潜在的日常生活照料需求中最高的只有31.7%，最低的有9.8%。老年人对于照料服务的了解情况总体偏低，有的甚至认为都是不可能实施的，这说明目前福利制度还没有得到普及。

表 5-12 生活照料需求分析

生活照料需求分析	反馈	
	人数	百分比
生活用品代购	78	16.9%
日间看护照料	45	9.8%
饮食起居	85	18.4%
打扫卫生	146	31.7%
户外运动	107	23.2%
合计	461	100.0%

老年人在自己具备自理能力的时候以自我照顾、自我料理为主，随着老年人自理能力的不断下降，子女照顾成为老年人日常生活的重要支持与帮助。如图 5-6 所示，当被问到“您希望谁来提供日常照料比较好”时，照料主体的百分比从高到低分别为子女、配偶、社会服务、保姆、其他亲属、邻里朋友。可见，在日常生活中照料老年人生活的主要是自己的子女和配偶。问卷调查数据同时也说明老年人对提供生活照料服务也有潜在的较大需求。

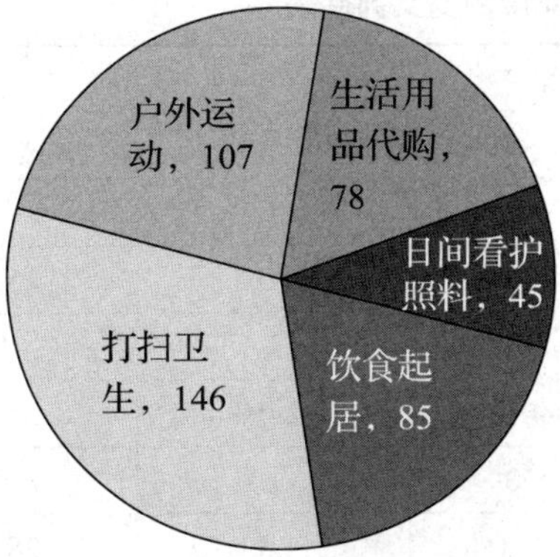

图 5-5 生活照料需求

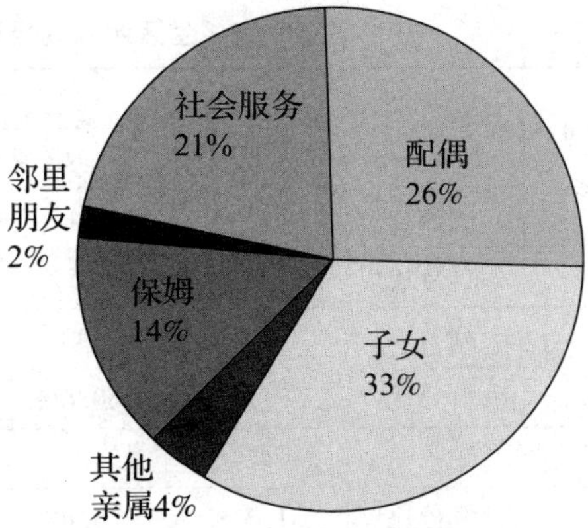

图 5-6 日常照料主体

考察老年人对日常生活照料服务的需求情况，首先要了解老年人自身在日常生活方面的自理能力状况。如表 5-13 所示，健康和能自理的老年人对生活照料完全满足所占比例分别为 29.3% 和 36.7%，半自理和不能自理的老年人对生活照料不满足所占比例分别为 41.7% 和 76.9%。可见，健康状况越好的老年人对生活照料满足度越高，反之越低。在走访中了解到，很多老年人不需要提供生活照料服务，主要原因依次为认为自己能自理，子女照料得很好，家务事不方便别人做等，其他原因还有家务活不多、有人照顾等。

表 5－13　生活照料满足度与健康程度的交叉列联表

照料满足度		健康				合计
		不能自理	半自理	能自理	健康	
不满足	频数	10	10	3	15	38
	列百分比	76.9%	41.7%	3.8%	12.2%	15.9%
基本满足	频数	3	10	47	72	132
	列百分比	23.1%	41.7%	59.5%	58.5%	55.2%
完全满足	频数	0	4	29	36	69
	列百分比	0.0%	16.7%	36.7%	29.3%	28.9%
合计	频数	13	24	79	123	239
	列百分比	100.0%	100.0%	100.0%	100.0%	100.0%

如表 5－14 所示，60～69 岁和 70～79 岁年龄段的老年人对生活照料完全满足所占比例分别为 31.3%、33.8%，80～89 岁和 90 岁及以上年龄段的老年人对生活照料不满足所占比例分别为 44.4%、70%。可见，年龄越小的老年人对生活照料满足度越高，反之越低。

表 5－14　生活照料满足度与年龄的交叉列联表

照料满足程度		年龄				合计
		60～69 岁	70～79 岁	80～89 岁	90 岁及以上	
不满足	频数	15	4	12	7	38
	列百分比	11.5%	5.6%	44.4%	70.0%	15.9%
基本满足	频数	75	43	12	2	132
	列百分比	57.3%	60.6%	44.4%	20.0%	55.2%
完全满足	频数	41	24	3	1	69
	列百分比	31.3%	33.8%	11.1%	10.0%	28.9%
合计	频数	131	71	27	10	239
	列百分比	100.0%	100.0%	100.0%	100.0%	100.0%

4. 精神慰藉需求分析

在调查的 239 个老年人中，精神慰藉需求是最大的养老需求的老年人有 47 人占 19.7%，仅次于医疗保健需求和经济保障需求的比例，高于生活照料需求的比例。可见，随着物质生活的丰富，城市老年人开始更多地关注精神生活质量。

图 5－7 反映了调查的老年人对精神慰藉需求的满足情况。如上文所述，对精神慰藉需求完全满足、基本满足、不满足的老年人分别为 30 人占 12.6%、143 人占 59.8%、66

人占27.6%，对精神慰藉需求基本满足和不满足的老年人所占比例为87.4%。可见，大多数城市老年人对精神慰藉的潜在需求很大。

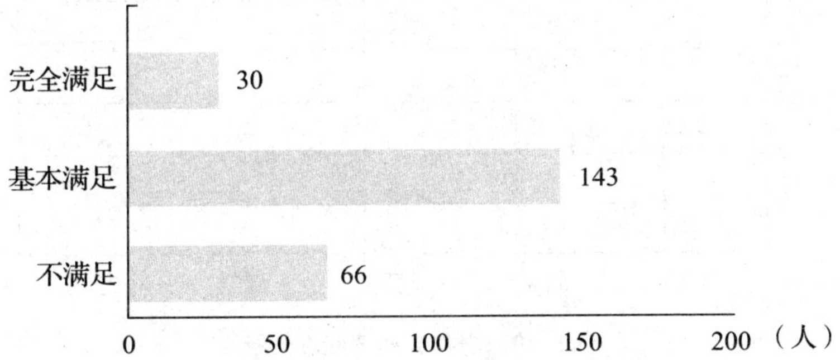

图5-7 城市老年人对社区精神慰藉服务满足情况

图5-8是所调查老年人的精神慰藉需求的分析情况。如图所示，调查的老年人中，对精神慰藉的各种细化需求所占比例由高到低分别为：亲人关怀陪伴189人占精神慰藉需求总数的33.5%，朋友交流沟通150人占26.5%，和谐人际关系138人占24.4%，社会尊重认可66人占11.7%，实现个人价值22人占3.9%。由数据可知，城市老年人对亲人关怀陪伴需求最大，其次是朋友交流沟通。在走访中了解到，有些80岁以上的高龄老年人，也有临终关怀的精神需求。

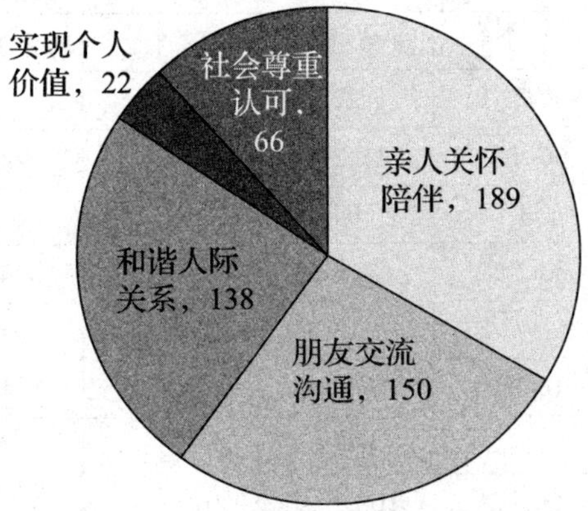

图5-8 老年人精神慰藉需求分析

图5-9是老年人心理状况分析图。当对被调查的老年人问及“您在平时生活中是否会孤独、寂寞”时，42人从不孤独，66人很少孤独，96人有时孤独，38人经常孤独，3人总是孤独。从总体上看，大多数的老年人基本上没有寂寞或者烦闷的心理感受。经常孤独和总是孤独的老年人所占比例为16.7%，说明城市老年人的精神生活质量较好。有时孤独的老年人所占比例为39.2%，说明也有一定数量的城市老年人对精神慰藉的潜在需求很大。

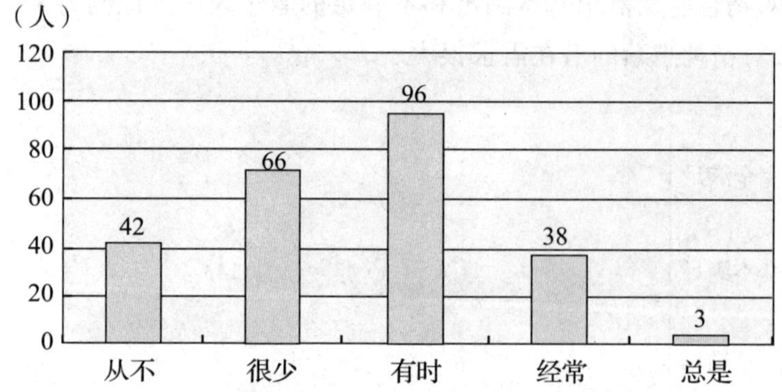

图 5－9　老年人心理状况分析

表 5－15 是精神满足度与子女数的交叉列联表，反映了拥有子女数不同的老年人对应的精神满足度不同。有 0 个孩子的老年人中，精神满足度不存在完全满足的情况。有 1 个孩子和 2 个孩子的老年人精神满足程度满足的比例分别为 77.7%、80%。有 3 个及以上孩子的老年人精神满足程度不满足的比例为 41.8%。孩子数多了，精神需求不满足的比例大了，这是一个有趣的现象，值得关注。

表 5－15　精神满足度与子女数的交叉列联表

精神满足程度		子女数				合计
		0 个	1 个	2 个	3 个及以上	
不满足	频数	2	22	14	28	66
	列百分比	66.7%	22.2%	20.0%	41.8%	27.6%
基本满足	频数	1	64	46	32	143
	列百分比	33.3%	64.6%	65.7%	47.8%	59.8%
完全满足	频数	0	13	10	7	30
	列百分比	0.0%	13.1%	14.3%	10.4%	12.6%
合计	频数	3	99	70	67	239
	列百分比	100.0%	100.0%	100.0%	100.0%	100.0%

表 5－16 是所调查老年人的精神满足度与居住情况的交叉列联表，反映了老年人的居住情况不同对应的精神满足程度不同，可以看出有一半以上的老年人在情感方面得到了保障。居住情况为夫妇同住、和配偶子女同住的老年人中，精神需求完全满足所占比例分别为 17.2%、16.7%，而保姆陪伴、祖孙同住、独居的老年人中，精神需求不满足所占比例分别为 75%、50%、28%。可见，不和配偶、子女居住的老年人，精神生活不能得到很好的保障。在此次调查中发现，有些老年人会在此问题上犹豫再三而做出回答或很不情愿而含含糊糊地回答，调查中老年人"家丑不外扬"等思想让这些数据

的真实性有待验证。但值得关注的是，有一定数量的老年人有时还是会很孤单，平时除了与配偶说话聊天外，也只有和邻居朋友闲聊，而且女性老年人社交范围远大于男性老年人的社交范围。

表 5-16　精神满足度与居住情况的交叉列联表

精神满足程度		居住							合计
		夫妇同住	保姆陪伴	独居	和子女同住	偶、子女同住	祖孙同住	其他	
不满足	频数	29	15	7	8	5	2	0	66
	列百分比	25.0%	75.0%	28.0%	18.6%	16.7%	50.0%	0.0%	27.8%
基本满足	频数	67	5	16	32	20	2	1	143
	列百分比	67	5	16	32	20	2	1	143
基本满足	频数	67	5	16	32	20	2	1	143
	列百分比	57.8%	25.0%	64.0%	74.4%	66.7%	50.0%	100.0%	59.8%
合计	频数	116	20	25	43	30	4	1	239
	列百分比	100.0%	100.0%	100.0%	100.0%	100.0%	100.0%	100.0%	100.0%

此外，老年人不需要社区精神慰藉服务的原因主要有个人心态好、子女常看望、邻居很热心等，其他原因还有如家里的事情不好意思对外讲等。

5. 养老需求特征分析

本书分析了城市老年人四个方面的养老需求内部差异性，并总结出多个影响因素。如表 5-17 所示，将不同的养老需求与年龄段嵌套交互分析，得出各年龄段老年人的养老需求总体特点。根据表 5-17 中的数据可以得出以下结论。

60~69 岁与 70~79 岁年龄段的老年人、80~89 岁与 90 岁及以上的老年人在养老需求完全满足的程度内有较高的相似度。60~79 岁老年人的生活照料需求完全满足程度较高，90 岁及以上老年人的经济保障需求完全满足程度较高。

各年龄段的老年人在养老需求不满足的程度上，差异性较大。其中，60~69 岁的老年人对精神慰藉需求的不满足程度高；70~79 岁的老年人对经济保障需求的不满足程度高；80~89 岁老年人对经济保障需求和医疗保健需求的不满足程度高；90 岁及以上的老年人对生活照料需求的不满足程度高。

城市老年人的养老需求按需求程度由高到低排列依次为医疗保健需求、经济保障需求、精神慰藉需求、生活照料需求、其他需求。对医疗保健普遍需求，说明老年人对自身健康状况越来越重视，要加强社区卫生服务站的建设，进一步提高医护水平和质量。

表 5-17 不同程度的养老需求与年龄段的嵌套交互表

不同程度的养老需求		年龄段			
		60~69岁	70~79岁	80~89岁	90岁及以上
完全满足	经济保障	26%	22.50%	14.8%	80%
	医疗保健	11.5%	8.50%	7.4%	10%
	生活照料	31.3%	33.80%	11.1%	10%
	精神慰藉	12.2%	15.50%	0%	30%
基本满足	经济保障	51.9%	52.20%	18.5%	0%
	医疗保健	61.1%	78.9%	25.9%	90%
	生活照料	57.3%	60.60%	44.4%	20%
	精神慰藉	64.9%	53.50%	55.6%	50%
不满足	经济保障	22.1%	25.40%	66.7%	20%
	医疗保健	27.5%	12.70%	66.7%	0%
	生活照料	11.5%	5.60%	44.4%	70%
	精神慰藉	22.9%	31%	44.4%	20%

本次调查是针对老年人的养老需求展开的，设计了经济保障需求、医疗保健需求、生活照料需求、精神慰藉需求等选项。结果显示，老年人对养老服务的需求主要体现在医疗保健需求占41.4%。而仅有10.5%和19.7%的老年人选择了生活照料需求和精神慰藉需求。在本次调查中，51.7%被调查的老年人的经济来源依靠离退休金和工资。由于老年人月收入以离退休金为主，在经济上一般没有后顾之忧，老年人自认为经济状况比较好的也占多数，所以老年人的基本生活需求不成问题。对于日常生活照料服务，只有日常生活照料、生活用品代购等需求较少。在被调查的老年人最想满足的精神慰藉需求时，很多老年人反映一些机构可以组织老年人活动，增加老年人之间的交流和沟通，弥补子女不在身边的精神依赖。

（二）养老意愿的影响因素分析

养老意愿是指人们对养老这种行为所持有的看法及态度（龙书芹、风笑天）。研究表明，人们的养老观念受中国传统文化和习俗影响，也与个人年龄、性别、职业、文化程度、月收入、子女数量、居住情况、养老现状诸要素密切相关。

1. 个体特征的影响分析

（1）年龄影响城市居民养老意愿

从表5-18的数据中可以发现：60~69岁年龄段的老年人中有25.2%的比例选择愿意去养老机构，70~79岁年龄段愿意去的比例为4.2%，80~89岁年龄段愿意去的比例为

3.7%，而90岁及以上的老年人愿意去养老机构的比例为0%。

但是，各个年龄段选择去养老机构的潜在可能性不是很高，60～69岁年龄段的老年人不愿意和很不愿意的比例之和为48.9%，70～79岁年龄段的比例之和为66.2%，80～89岁年龄段的比例之和为77.8%，90岁及以上的比例之和为90%。由此可以推断，老年人随着年龄的变大，选择机构养老的意愿变小。

60～69岁年龄段的老年人愿意机构养老和无所谓的比例之和为51.2%，90岁及以上的老年人有70%的比例很不愿意机构养老。由此可以推断，60～79岁年龄段的城市老年人对机构养老的潜在需求在未来将会很大，但90岁及以上的高龄老年人选择机构养老的意愿非常小。

表5-18　年龄分布与机构养老意愿的交叉列联表

是否愿意机构养老		年龄段				合计
		60～69岁	70～79岁	80～89岁	90岁及以上	
愿意	频数	33	3	1	0	37
	列百分比	25.2%	4.2%	3.7%	0.0%	15.5%
无所谓	频数	34	21	5	1	61
	列百分比	25.9%	29.6%	18.5%	10.0%	25.5%
不愿意	频数	49	42	18	2	111
	列百分比	37.4%	59.2%	66.7%	20.0%	46.4%
很不愿意	频数	15	5	3	7	30
	列百分比	11.5%	7.0%	11.1%	70.0%	12.6%
合计	频数	131	71	27	10	239
	列百分比	100.0%	100.0%	100.0%	100.0%	100.0%

走访调查发现，如表5-19所示，60～69岁的老年人，25.0%喜欢老年公寓，走访中了解到：这部分老年人生活中大多有配偶相伴，身体状况也较好，相比较高年龄段的老年人对政府建立的规范养老院和高标准老年公寓期待更高，还表示愿意与子女同住，希望为子女分担家务、接送孩子。而70岁及以上的老年人大多数喜欢居家子女养老，走访中了解到：这些老年人身体状况越来越不好，养老院条件又太差，只要子女有时间照顾，就不会选择养老院，还希望政府发放养老补贴，提供较好的康复护理及家政服务。

表5-19　年龄分布与喜欢的养老模式的交叉列联表

更喜欢的养老模式		年龄分布				合计
		60～69岁	70～79岁	80～89岁	90岁及以上	
福利院、敬老院	频数	3	2	0	0	5
	列百分比	2.3%	2.8%	0.0%	0.0%	2.1%

（续）

更喜欢的养老模式		年龄分布				合计
		60～69岁	70～79岁	80～89岁	90岁及以上	
老年公寓	频数	35	12	3	0	50
	列百分比	26.7%	16.9%	11.1%	0.0%	20.9%
社区居家养老	频数	32	13	2	4	51
	列百分比	24.4%	18.3%	7.4%	40.0%	21.3%
居家子女养老	频数	61	44	22	6	133
	列百分比	46.6%	62.0%	81.5%	60.0%	55.6%
合计	频数	131	71	27	10	239
	列百分比	100.0%	100.0%	100.0%	100.0%	100.0%

（2）独居老年人更需养老关怀

表5－20反映了不同居住情况下对于机构养老的不同意愿情况。调查显示，36%的独居老年人、43.1%的夫妇同住的老年人和46.7%的和配偶、子女同住的老年人对机构养老的意愿不明显，愿意和无所谓所占比例与不愿意和很不愿意所占比例相差不大。8.4%的有保姆陪伴的老年人和18%的和子女同住的老年人，不愿意和很不愿意机构养老所占比例之和分别为65%、79.1%，可以推断有保姆陪伴的老年人、和子女同住的老年人大多数不喜欢机构养老。

表5－20　居住情况与机构养老的交叉列联表

是否愿意机构养老		居住情况							合计
		独居	保姆陪伴	夫妇同住	和子女同住	和配偶、子女同住	祖孙同住	其他	
愿意	频数	4	0	23	2	5	2	1	37
	列百分比	16.0%	0.0%	19.8%	4.7%	16.7%	50.0%	100.0%	15.5%
无所谓	频数	9	7	28	7	9	1	0	61
	列百分比	36.0%	35.0%	24.1%	16.3%	30.0%	25.0%	0.0%	25.5%
不愿意	频数	9	11	50	27	14	0	0	111
	列百分比	36.0%	55.0%	43.1%	62.8%	46.7%	0.0%	0.0%	46.4%
很不愿意	频数	3	2	15	7	2	1	0	30
	列百分比	12.0%	10.0%	12.9%	16.3%	6.7%	25.0%	0.0%	12.6%
合计	频数	25	20	116	43	30	4	1	239
	列百分比	100.0%	100.0%	100.0%	100.0%	100.0%	100.0%	100.0%	100.0%

表5－21反映了不同居住情况的老年人喜欢的养老模式不同。除独居老年人外，其他居住情况的老年人大多数喜欢居家子女养老模式，选择老年公寓和社区居家养老的差别不大。独居老年人中选择养老院、福利院和老年公寓养老模式的占调查中独居老年人总数的52%，调查走访中，独居老年人迫切希望入住规范的养老机构，同时也希望提供精神慰藉，其中精神空虚、缺乏子女关怀、无人照料等是选择机构养老的无奈因素，所以在建立规范的养老机构后，给予无配偶的独居老年人更多的人文关怀十分必要。

表5－21 居住情况与养老模式的交叉列联表

更喜欢哪种养老模式		居住情况							合计
		独居	保姆陪伴	夫妇同住	和子同女住	和配偶、子女同住	祖孙同住	其他	
福利院、敬老院	频数	2	0	1	0	1	0	1	5
	列百分比	8.0%	0.0%	0.9%	0.0%	3.3%	0.0%	100.0%	2.1%
老年公寓	频数	11	5	23	6	3	2	0	50
	列百分比	44.0%	25.0%	19.8%	14.0%	10.0%	50.0%	0.0%	20.9%
社区居家养老	频数	5	1	34	6	5	0	0	51
	列百分比	20.0%	5.0%	29.3%	14.0%	16.7%	0.0%	0.0%	21.3%
居家子女养老	频数	7	14	58	31	21	2	0	133
	列百分比	28.0%	70.0%	50.0%	72.1%	70.0%	50.0%	0.0%	55.6%
合计	频数	25	20	116	43	30	4	1	239
	列百分比	100.0%	100.0%	100.0%	100.0%	100.0%	100.0%	100.0%	100.0%

（3）子女数量影响城市居民的养老意愿

表5－22反映了拥有子女数不同，对机构养老的意愿也不同。有41.4%的老年人只有1个子女，愿意机构养老的比例为26.3%，有2个、3个及以上孩子的老年人愿意机构养老的比例分别为8.6%、6%。

表5－22 子女数与机构养老的交叉列联表

是否愿意机构养老		子女数				合计
		0个	1个	2个	3个及以上	
愿意	频数	1	26	6	4	37
	列百分比	33.3%	26.3%	8.6%	6.0%	15.5%
无所谓	频数	1	28	15	17	61
	列百分比	33.3%	28.3%	21.4%	25.4%	25.5%

（续）

是否愿意机构养老		子女数				合计
		0个	1个	2个	3个及以上	
不愿意	频数	0	30	41	40	111
	列百分比	0.0%	30.3%	58.6%	59.7%	46.4%
很不愿意	频数	1	15	8	6	30
	列百分比	33.3%	15.2%	11.4%	9.0%	12.6%
合计	频数	3	99	70	67	239
	列百分比	100.0%	100.0%	100.0%	100.0%	100.0%

可见，有1个孩子的老年人对机构养老的意愿较大。走访中了解到，有1个孩子的老年人考虑到孩子工作较忙，年纪也大了，还有较多家庭事务要处理，不愿意给孩子带来负担，所以更倾向于在政府建立的规范的养老机构中养老。也有部分老年人表示“421”家庭模式给子女带来的负担太重，呼吁政府给予独生子女老年人政策上的照顾。

表5-23中子女数与养老模式的交叉分析显示，从总体看，不论孩子数多少，喜欢居家子女养老模式的老年人所占比例较高。有1个孩子的老年人选择老年公寓和社区居家养老的比例分别为26.3%和26.3%，相当于希望入住规范养老院和老年公寓。有2个孩子的老年人选择社区居家养老的比例为24.3%，高于选择老年公寓的比例10%，希望提供社区养老服务。可见，有2个孩子的老年人，与老年公寓相比更倾向于社区居家养老。走访中了解到，这部分老年人一般以退休金自养，希望独居养老提高老年生活质量，又不希望离子女太远，可以自在生活并避免不必要的矛盾，还可以得到子女必要的生活照料和情感慰藉。有3个及以上孩子的老年人选择老年公寓养老的比例为25.4%，高于选择社区居家养老的比例9%。可见，有3个及以上孩子的老年人，与社区居家养老相比更倾向于在老年公寓养老。

表5-23 子女数与养老模式的交叉列联表

更喜欢哪种养老模式		子女数				合计
		0个	1个	2个	3个及以上	
福利院、敬老院	频数	1	1	2	1	5
	列百分比	33.3%	1.0%	2.9%	1.5%	2.1%
老年公寓	频数	0	26	7	17	50
	列百分比	0.0%	26.3%	10.0%	25.4%	20.9%
社区居家养老	频数	2	26	17	6	51
	列百分比	66.7%	26.3%	24.3%	9.0%	21.3%

（续）

更喜欢哪种养老模式		子女数				合计
		0个	1个	2个	3个及以上	
居家子女养老	频数	0	46	44	43	133
	列百分比	0.0%	46.5%	62.9%	64.2%	55.6%
合计	频数	3	99	70	67	239
	列百分比	100.0%	100.0%	100.0%	100.0%	100.0%

2. 社会特征的影响分析

(1) 月收入决定城镇居民养老选择

根据表5-24的调查显示，老年人的经济来源不是唯一的，因所处的环境不同，月收入来源也不尽相同。经济来源为离退休养老金的老年人占81.9%，其次是子女赡养、亲友资助的老年人占38%，可见在城市中养老金制度成为老年人经济生活的重要依靠，逐步取代了家庭养老的功能。还有少数老年人靠自己和配偶工作挣钱、投资理财月收入为主要经济来源，分别占12.2%、11.4%。另外，还有一少部分老年人依靠政府低保、抚恤金、社会救助和商业保险维持生活，值得关注。

表5-24　所调查老年人的经济来源分析

经济来源分析	人数	百分比
离退休养老金	194	51.7%
子女赡养、亲戚支助	90	24.0%
政府低保、抚恤金、社会救助	21	5.6%
商业保险	14	3.7%
自己工作挣钱、配偶月收入	29	7.7%
积蓄、房屋出租等投资所得	27	7.2%
合计	375	100.0%

根据表5-25，月收入在1 000元以下占30.1%的老年人，其主要经济来源是靠子女贴补、亲友资助、国家补贴等，目前对机构养老意愿不强烈。月收入在1 001~3 000元的老年人占35.1%，主要经济来源是养老金，对于机构养老持愿意态度与无所谓态度的所占比例为38.1%，但没有特别强烈的某项要求。月收入3 000元以上的老年人占34.7%，相比较低月收入的老年人，他们对机构养老意愿较强，选择入住规范养老院和高标准老年公寓的希望较强烈，希望享受更优质的养老服务与老年生活。调查对象中，对机构养老持不愿意和很不愿意态度的老年人所占比例为59%，都希望政府能够建立较为规范的养老机构。

表 5－25 月收入与机构养老意愿的交叉列联表

是否愿意机构养老		月收入					合计
		450 元以下	450 ~ 1 000 元	1 001 ~ 3 000 元	3 001 ~ 5 000 元	5000 元以上	
愿意	频数	1	3	12	10	11	37
	列百分比	6.7%	5.3%	14.3%	23.8%	26.8%	15.5%
无所谓	频数	5	16	20	11	9	61
	列百分比	33.3%	28.1%	23.8%	26.2%	22.0%	25.5%
不愿意	频数	8	35	37	18	13	111
	列百分比	53.3%	61.4%	44.0%	42.9%	31.7%	46.4%
很不愿意	频数	1	3	15	3	8	30
	列百分比	6.7%	5.3%	17.9%	7.1%	19.5%	12.6%
合计	频数	15	57	84	42	41	239
	列百分比	100.0%	100.0%	100.0%	100.0%	100.0%	100.0%

根据表 5－26 的调查显示，虽然月收入情况不同，但调查中大多数老年人喜欢居家子女养老模式，其次是老年公寓、社区居家养老，极少数选择福利院、敬老院。老年公寓与社区居家养老相比，除月收入 1 001 ~ 3 000 元的老年人外，其他人比较喜欢老年公寓的养老模式。由此推断，目前老年人最喜欢的养老模式是居家子女养老，但老年公寓养老模式、社区居家养老模式在未来将有更好的发展，所以要建立较为规范的老年公寓以及健全社区养老服务体系。

表 5－26 月收入与养老模式的交叉列联表

更喜欢哪种养老模式		月收入					合计
		450 元以下	450 ~ 1000 元	1001 ~ 3000 元	3001 ~ 5000 元	5000 元以上	
社区居家养老	频数	1	3	20	10	9	43
	列百分比	6.7%	5.3%	23.8%	23.8%	22.0%	18.0%
老年公寓	频数	5	16	12	11	11	55
	列百分比	33.3%	28.1%	14.3%	26.2%	26.8%	23.0%
居家子女养老	频数	8	35	37	18	13	111
	列百分比	53.3%	61.4%	44.0%	42.9%	31.70%	46.40%
福利院、敬老院	频数	1	3	15	3	8	30
	列百分比	6.7%	5.3%	17.9%	7.1%	19.5%	12.6%
合计	频数	15	57	84	42	41	239
	列百分比	100.0%	100.0%	100.0%	100.0%	100.0%	100.0%

(2) 受教育程度对城市居民的养老意愿存在影响

表5－27反映了受教育程度不同的老年人，对机构养老的意愿不同。随教育程度的增高，与不愿意和很不愿意机构养老相比，愿意机构养老和持无所谓态度的老年人所占比例分别为47.3%、14.3%、42.1%、30%、32.2%、62%。可见，与不愿意和很不愿意机构养老相比，大专及以上的老年人愿意机构养老和无所谓的所占比例最高。

表5－27 受教育程度与机构养老的交叉列联表

是否愿意机构养老		受教育程度						合计
		未受教育	初小	高小	初中	高中、中专及技校	大专及以上	
愿意	频数	2	0	3	3	5	24	37
	列百分比	10.5%	0.0%	15.8%	6.0%	8.5%	33.8%	15.5%
无所谓	频数	7	3	5	12	14	20	61
	列百分比	36.8%	14.3%	26.3%	24.0%	23.7%	28.2%	25.5%
不愿意	频数	7	15	8	28	31	22	111
	列百分比	36.8%	71.4%	42.1%	56.0%	52.5%	31.0%	46.4%
很不愿意	频数	3	3	3	7	9	5	30
	列百分比	15.8%	14.3%	15.8%	14.0%	15.3%	7.0%	12.6%
合计	频数	19	21	19	50	59	71	239
	列百分比	100.0%	100.0%	100.0%	100.0%	100.0%	100.0%	100.0%

表5－28反映了不同受教育程度的老年人，喜欢的养老模式不同。从总体看，喜欢居家子女养老的老年人占55.6%，喜欢福利院、敬老院养老的老年人占2.1%，喜欢老年公寓、社区居家养老的老年人分别占20.9%、21.3%。可见，除了大专及以上的老年人外，大多数老年人喜欢居家子女养老模式，很少有老年人选择福利院、敬老院，喜欢老年公寓和社区居家养老模式的老年人比例相当。从不同的受教育程度看，初中及以上的老年人比初中以下老年人喜欢老年公寓和社区居家养老的比例高。走访中了解到，文化程度较高的老年人的娱乐生活相对其他群体更为丰富，他们多数参加老年大学学习、出外旅游、公益活动等。他们的养老需求较多样化，多数受访者表示希望去规范的养老院养老或者享受优质的社区服务，而不太愿意与子女同住，希望有自己的独立空间，但也对现存的养老机构表示了相当忧虑与不满。

表 5-28 受教育程度与养老模式的交叉列联表

更喜欢哪种养老模式		受教育程度						合计
		未受教育	初小	高小	初中	高中、中专及技校	大专及以上	
福利院、敬老院	频数	0	1	0	1	1	2	5
	列百分比	0.0%	4.8%	0.0%	2.0%	1.7%	2.8%	2.1%
老年公寓	频数	5	1	2	10	10	22	50
	列百分比	26.3%	4.8%	10.5%	20.0%	16.9%	31.0%	20.9%
社区居家养老	频数	4	4	3	10	15	15	51
	列百分比	21.1%	19.0%	15.8%	20.0%	25.4%	21.1%	21.3%
居家子女养老	频数	10	15	14	29	33	32	133
	列百分比	52.6%	71.4%	73.7%	58.0%	55.9%	45.1%	55.6%
合计	频数	19	21	19	50	59	71	239
	列百分比	100.0%	100.0%	100.0%	100.0%	100.0%	100.0%	100.0%

(3) 职业状态影响城市居民的养老期待

表 5-29 反映了以前从事不同职业，对机构养老的意愿不同。从国企、事业单位和国家机关退休的老年人愿意机构养老的比例分别为 22.5%、23.5%，而私营企业退休、个体户、无工作或务农的老年人愿意机构养老的比例分别为 2.9%、0%、3.2%。可见，行政事业单位与国企退休老年人对机构养老的意愿更大。

表 5-29 过去从事职业与机构养老的交叉列联表

是否愿意机构养老		职业					合计
		国企、事业单位	国家机关	无工作或务农	私营企业	个体户	
很不愿意	频数	11	7	5	3	4	30
	列百分比	9.2%	20.6%	16.1%	8.8%	20.0%	12.6%
不愿意	频数	54	8	16	20	13	111
	列百分比	45.0%	23.5%	51.6%	58.8%	65.0%	46.4%
无所谓	频数	28	11	9	10	3	61
	列百分比	23.3%	32.4%	29.0%	29.4%	15.0%	25.5%
愿意	频数	27	8	1	1	0	37
	列百分比	22.5%	23.5%	3.2%	2.9%	0.0%	15.5%
合计	频数	120	34	31	34	20	239
	列百分比	100.0%	100.0%	100.0%	100.0%	100.0%	100.0%

表5－30是过去从事职业与养老模式的交叉分析。从总体来看，喜欢的养老模式选择老年公寓、福利院、敬老院的很少。但在走访中了解到，行政事业单位与国企退休老年人更期望享受良好的养老生活，对在规范的养老院、老年公寓养老和社区居家养老有更高的期待，希望社区多举办老年人的娱乐活动，呼吁社会各界关注老年人、关爱老年人。而私企退休或无固定月收入的老年人则更多地希望政府发放养老补贴以增加月收入，呼吁“老有所医”，看病贵、看病难现象不再突出。

表5－30 过去从事职业与养老模式的交叉列联表

更喜欢哪种养老模式		职业					合计
		国企、事业单位	国家机关	无工作或务农	私营企业	个体户	
居家子女养老	频数	61	19	22	17	14	133
	列百分比	50.8%	55.9%	71.0%	50.0%	70.0%	55.6%
社区居家养老	频数	29	8	2	8	4	51
	列百分比	24.2%	23.5%	6.5%	23.5%	20.0%	21.3%
老年公寓	频数	28	7	4	9	2	50
	列百分比	23.3%	20.6%	12.9%	26.5%	10.0%	20.9%
福利院、敬老院	频数	2	0	3	0	0	5
	列百分比	1.7%	0.0%	9.7%	0.0%	0.0%	2.1%
合计	频数	120	34	31	34	20	239
	列百分比	100.0%	100.0%	100.0%	100.0%	100.0%	100.0%

3. 影响养老意愿的成因分析

以下分析城市老年人对机构养老的倾向和主要考虑因素。

老年人选择机构养老，主要原因是子女没有时间照顾，其次是机构服务周到、设施齐全，很少有老年人因为不愿意照顾孙子女、不愿意做家务、与子女关系不和而选择机构养老，还有老年人说等将来看情况再说。

老年人不选择机构养老的主要原因是家庭环境熟悉不愿变更生活环境、自己身体好能自理、喜欢和子女在一起生活，其次是机构收费高、服务质量不好、需要做家务和照看孙子女。

调查发现，老年人选择机构养老的主要原因是子女没时间照顾，选择不去机构养老的主要原因是家庭生活环境熟悉。另外，在被调查的老年人中，70岁以下的老年人容易接受机构养老，80岁以上的老年人喜欢在家中与子女一起生活。

（三）养老需求的影响因素分析

本书在数据分析过程中，重点分析了老年人对城镇养老中的经济保障需求、医疗保健需求、生活照料需求和精神慰藉需求等需求差异性情况，分析方法包括交互分析、二元 Logistic 回归分析两部分。Logistic 回归分析是一种概率型非线性回归模型，因变量是定性二分类变量，主要研究分类观察结果与一些影响因素之间的关系。事件发生和不发生的概率称为 Odds Ratio，$Odds = P/(1-P)$。对数发生比是事件发生概率 P 的一个特定函数，通过 Logistic 转换，写成 Logistic 回归的 logit 模型：$logit（P）= \ln（P/(1-P)）$，一般采用最大似然法估计回归参数。本研究主要利用 SPSS 13.0 进行统计分析，对一些主要的调查数据进行交叉汇总和 Logistic 回归分析。首先，对养老意愿和需求进行描述性分析。其次，对影响老年人养老意愿和需求进行单因素的描述性分析。最后，对这些影响因素进行 Logistic 回归分析，在分析方法上采用二分类 Logistic 回归分析模型（Binary Logistic Regression）。假设 y 为因变量，表示对养老需求的态度，值为 1 时，表示有需求，值为 0 时，表示没需求。P_0 表示没需求的概率（$y=0$），P_1 表示有需求的概率（$y=1$），$P_0 = 1 - P_1$。各项目变量对因变量的影响通过拟合以下模型估计出来：$\ln（P_1/P_0）= \beta_0 + \beta_1 X_1 + \beta_2 X_2 + \cdots + \beta_n X_n$，其中，$\ln（P_1/P_0）$是对数发生比或对数相对风险比；$X_1$，$X_2$，…，$X_n$ 为自变量；β_0 为常数项，β_1，…，β_n 为各自变量的回归系数。

本次调查针对老年人的养老需求展开，设计了经济保障需求（包括离退休金和养老保险、子女赡养费和亲戚支助、政府救济社会捐助、商业保险、再就业、个人储蓄投资理财）、医疗保健需求（包括社区卫生服务中心、家庭医生和家庭病床、定期体检和健康护理、陪同看病、健康咨询、安装救助门铃、陪同散步取药）、生活照料需求（包括生活用品代购、日间看护照料、饮食起居、打扫卫生、户外运动）和精神慰藉需求（亲人关怀陪伴、朋友交流沟通、和谐人际关系、实现个人价值、社会尊重认可、其他）等选项。老年人对养老服务的需求主要体现在医疗康复需求，为 78.9%。而仅 36.2% 和 15.7% 的老年人选择了日常生活照料服务需求和精神文化生活需求。

1. 经济保障需求的影响因素分析

本次调查将城镇老年人的经济保障需求设计为离退休金和养老保险、子女赡养费和亲戚支助、政府救济和社会捐助、商业保险、再就业、个人储蓄投资理财等。

由于有 1 个缺失值，故有 238 个案例被纳入下面的分析。

在 SPSS 的多元 Logistic 回归分析中，将老年人对经济保障的需求状况设置为因变量，将老年人的性别、年龄、教育、婚姻、健康、职业、子女数、居住、月收入、月支出、满意度、养老机构、经济满足度、医疗保险、月收入＊月支出等各指标设置为因素变量，建立回归模型，置信区间水平设置为95%。对模型拟合信息进行卡方检验，回归模型有效，然后对经济保障需求进行多因素 Logistic 回归分析，分析结果如下。

（1）离退休金和养老保险需求分析（表 5－31）

表 5－31　离退休金、养老保险需求分析

对离退休金、养老保险需求的影响因素							置信区间水平 95.0%	
							EXP（B）	
	B	S. E	Wald	df	Sig.	Exp（B）	Lower	Upper
健康	－1. 343	0. 509	6. 971	1	0. 008	0. 261	0. 096	0. 708
职业（2）	－3. 664	1. 378	7. 070	1	0. 008	0. 026	0. 002	0. 382
职业（3）	－2. 439	1. 209	4. 072	1	0. 044	0. 087	0. 008	0. 932
子女数	1. 129	0. 463	5. 938	1	0. 015	3. 092	1. 247	7. 665
居住（1）	－2. 915	1. 321	4. 870	1	0. 027	0. 054	0. 004	0. 722
居住（2）	－4. 376	1. 392	9. 875	1	0. 002	0. 013	0. 001	0. 367
居住（5）	－4. 262	1. 663	6. 567	1	0. 010	0. 014	0. 001	0. 367
月收入	－2. 058	0. 679	9. 185	1	0. 002	0. 128	0. 034	0. 483
月支出	－2. 387	0. 987	5. 849	1	0. 016	0. 092	0. 013	0. 636
月收入＊月支出	0. 533	0. 254	4. 399	1	0. 036	1. 705	1. 036	2. 807

注：1. 因素变量主要是性别、年龄、教育、婚姻、健康、职业、子女数、居住、月收入、月支出、满意度、经济满足度、医疗保险、月收入＊月支出等；

2. 职业（2）＝无工作或务农；职业（3）＝私营企业；居住（1）＝保姆陪伴；居住（2）＝独居；居住（5）＝祖孙同住。

研究发现：

①健康状况是城市老年人离退休金、养老保险需求的具有显著统计学意义的影响因素。较好的健康状况对离退休金、养老保险需求的影响较小。

②过去从事的职业中，相比国企、事业单位而言，无工作或务农、私营企业是城市老年人离退休金、养老保险需求的具有显著统计学意义的影响因素。从事无工作或务农、私营企业工作，相比国企、事业单位，对离退休金、养老保险需求的影响较小。

③子女数是城市老年人离退休金、养老保险需求的具有显著统计学意义的影响因素。

较多的子女数对离退休金、养老保险需求的影响较大。

④居住情况中，相比夫妇同住而言，保姆陪伴、独居、祖孙同住是城市老年人离退休金、养老保险需求的具有显著统计学意义的影响因素。保姆陪伴、独居、祖孙同住，相比夫妇同住，对离退休金、养老保险需求的影响较小。

⑤基本经济状况中，月收入、月支出是城市老年人离退休金、养老保险需求的具有显著统计学意义的影响因素。二者的交互作用对离退休金、养老保险需求的影响也具有显著统计学意义。其中，较多的月收入、月支出对离退休金、养老保险需求的影响较小。

（2）子女赡养费、亲戚支助需求分析（表5－33）

表5－32 子女赡养费、亲戚支助需求分析

对子女赡养费、亲戚支助需求的影响因素							置信区间水平95.0% EXP（B）	
	B	S. E	Wald	df	Sig.	Exp（B）	Lower	Upper
职业（3）	6.518	2.587	6.350	1	0.012	677.382	4.256	58.497
子女数	1.429	0.689	4.300	1	0.038	4.173	1.082	16.098
职业（2）＊子女数	－2.283	1.106	4.262	1	0.039	0.102	0.012	0.891
职业（3）＊子女数	－2.212	1.082	4.180	1	0.041	0.109	0.013	0.913

注：1. 因素变量主要是性别、年龄、教育、婚姻、健康、职业、子女数、居住、月收入、月支出、满意度、养老机构、经济满足度、医疗保险、婚姻＊职业、婚姻＊子女数、婚姻＊居住、职业＊子女数、居住＊职业、居住＊子女数等；

2. 职业（2）＝无工作或务农；职业（3）＝私营企业。

研究发现：

①过去从事的职业中，相比国企、事业单位而言，私营企业是城市老年人子女赡养费、亲戚支助需求的具有显著统计学意义的影响因素。从事私营企业工作，相比国企、事业单位，对子女赡养费、亲戚支助需求的影响较大。

②子女数是城市老年人子女赡养费、亲戚支助需求的具有显著统计学意义的影响因素。较多的子女数对离退休金、养老保险需求的影响较大。

③过去从事的职业中，相比国企、事业单位而言，无工作或务农、私营企业二者与子女数的分别交互作用对子女赡养费、亲戚支助需求的影响也具有显著统计学意义。

(3) 政府救济、社会捐助需求分析（表5-33）

表5-33 政府救济、社会捐助需求

对政府救济、社会捐助需求的影响因素							置信区间水平95.0% EXP（B）	
	B	S. E	Wald	df	Sig.	Exp（B）	Lower	Upper
职业（4）	3.803	1.144	11.052	1	0.001	44.848	4.763	422.247
月收入	-0.928	0.463	4.010	1	0.045	0.396	0.160	0.980
居住（2）＊月收入＊子女数	0.620	0.229	7.316	1	0.007	1.858	1.186	2.912
居住（4）＊月收入＊子女数	0.517	0.234	4.872	1	0.027	1.667	1.060	2.654

附注：1. 因素变量主要是：性别、年龄、教育、婚姻、健康、职业、子女数、居住、月收入、月支出、养老机构、经济满足度、婚姻＊职业＊子女数、居住＊月收入＊子女数等；

2. 职业（4）＝个体户；居住（2）＝独居；居住（4）＝和配偶、子女同住。

研究发现：

①过去从事的职业中，相比国企、事业单位而言，个体户是城市老年人政府救济、社会捐助需求的具有显著统计学意义的影响因素。个体户相比国企、事业单位，对政府救济、社会捐助需求的影响较大。

②月收入是城市老年人政府救济、社会捐助需求的具有显著统计学意义的影响因素。较高的月收入对政府救济、社会捐助需求的影响较小。

③居住情况中，相比夫妇同住而言，独居、月收入、子女数三者交互作用，和配偶子女同住、月收入、子女数三者交互作用对政府救济、社会捐助需求的影响也具有显著统计学意义。

(4) 商业保险需求分析（表5-34）

表5-34 商业保险需求分析

对商业保险需求的影响因素							置信区间水平95.0% EXP（B）	
	B	S. E	Wald	df	Sig.	Exp（B）	Lower	Upper
教育	1.239	0.502	6.092	1	0.014	3.545	1.921	9.242
职业（3）	2.177	0.971	5.029	1	0.025	8.822	1.316	59.148
居住（1）	2.118	1.045	4.110	1	0.043	8.314	1.073	64.427

（续）

对商业保险需求的影响因素							置信区间水平 95.0% EXP（B）	
	B	S. E	Wald	df	Sig.	Exp（B）	Lower	Upper
经济满足度	1.152	0.497	5.363	1	0.021	3.164	1.194	8.389
健康＊教育	－0.592	0.216	7.503	1	0.006	0.553	0.362	0.845

注：1. 因素变量主要是性别、年龄、教育、婚姻、健康、职业、子女数、居住、月收入、月支出、满意度、经济满足度、健康＊教育、健康＊月收入等；

2. 居住（1）＝保姆陪伴；职业（3）＝私营企业。

研究发现：

①受教育程度是城市老年人商业保险需求的具有显著统计学意义的影响因素。较高的受教育程度对商业保险需求的影响较大。

②过去从事的职业中，相比国企、事业单位而言，私营企业是城市老年人商业保险需求的具有显著统计学意义的影响因素。从事私营企业工作，相比国企、事业单位，对商业保险需求的影响较大。

③居住情况中，相比夫妇同住而言，保姆陪伴是城市老年人商业保险需求的具有显著统计学意义的影响因素。保姆陪伴相比夫妇同住，对商业保险需求的影响较大。

④经济满足度是城市老年人商业保险需求的具有显著统计学意义的影响因素。较高的子女数对商业保险需求的影响较大。

⑤健康状况与受教育程度二者的交互作用对商业保险需求的影响也具有显著统计学意义。

（5）再就业需求分析（表 5－35）

表 5－35 再就业需求分析

对再就业需求的影响因素							置信区间水平 95.0% EXP（B）	
	B	S. E	Wald	df	Sig.	Exp（B）	Lower	Upper
职业（4）	3.234	1.108	8.522	1	0.004	25.378	2.894	222.528
子女数	－1.381	0.576	5.755	1	0.016	0.251	0.081	0.777
居住（2）	3.279	1.681	3.808	1	0.051	26.554	0.986	715.453

注：1. 因素变量主要是性别、年龄、教育、婚姻、健康、职业、子女数、居住、月收入、月支出、满意度、经济满足度、健康＊教育、健康＊月收入等；

2. 职业（4）＝个体户；居住（2）＝独居。

研究发现：

①过去从事的职业中，相比国企、事业单位而言，个体户是城市老年人再就业需求的具有显著统计学意义的影响因素。从事个体户工作，相比国企、事业单位，对再就业需求的影响较大。

②子女数是城市老年人再就业需求的具有显著统计学意义的影响因素。较多的子女数对离退休金、养老保险需求的影响较小。

③居住情况中，相比夫妇同住而言，独居是城市老年人再就业需求的具有显著统计学意义的影响因素。独居相比夫妇同住，对再就业需求的影响较大。

（6）个人储蓄、投资理财需求分析（表5-36）

表5-36 个人储蓄、投资理财需求的多因素Logistic回归分析

对个人储蓄、投资理财需求的影响因素							置信区间水平95.0% EXP（B）	
	B	S. E	Wald	df	Sig.	Exp（B）	Lower	Upper
职业（1）	1.434	0.556	6.652	1	0.010	4.195	1.411	12.472
职业（2）	1.425	0.722	3.902	1	0.048	4.159	1.011	17.104
子女数	4.591	2.202	4.349	1	0.037	98.632	1.318	7.4E+0.3
月收入	4.582	1.713	7.516	1	0.007	97.713	3.404	2.8E+0.3
经济满足度	0.682	0.288	5.160	1	0.018	1.978	1.125	3.479
健康*月收入*子女数	0.952	0.302	9.964	1	0.002	2.591	1.435	4.678
健康*月收入	-1.942	0.651	8.887	1	0.003	0.143	0.040	0.514
健康*子女数	-2.027	0.871	5.416	1	0.020	0.132	0.024	0.726
月收入*子女数	-2.317	0.790	8.610	1	0.003	0.099	0.021	0.463
月支出								

注1：因素变量主要是性别、年龄、教育、婚姻、健康、职业、子女数、居住、月收入、月支出、满意度、经济满足度、健康*月收入*子女数、健康*月收入、健康*子女数、月收入*子女数等。

2：职业（1）=国家机关；职业（2）=无工作或务农。

研究发现：

①过去从事的职业中，相比国企、事业单位而言，国家机关、无工作或务农是城市老

年人个人储蓄、投资理财需求的具有显著统计学意义的影响因素。从事国家机关、无工作或务农工作，相比国企、事业单位，对个人储蓄、投资理财需求的影响较大。

②子女数是城市老年人个人储蓄、投资理财需求的具有显著统计学意义的影响因素。较多的子女数对个人储蓄、投资理财需求的影响较大。

③基本经济状况中，月收入、月支出是城市老年人个人储蓄、投资理财需求的具有显著统计学意义的影响因素。较多的月收入、月支出对个人储蓄、投资理财需求的影响较大。

④经济满足度是城市老年人个人储蓄、投资理财需求的具有显著统计学意义的影响因素。较高的经济满足状况对个人储蓄、投资理财需求的影响较大。

⑤交互作用中，健康、月收入、子女数两两交互作用及三者交互作用都是城市老年人个人储蓄、投资理财需求的具有显著统计学意义的影响因素。

（7）经济保障需求研究结论

通过对经济保障需求情况的交互分析和多因素 Logistic 回归分析，可以在 95% 置信水平下推断总体，并得出以下研究发现。

①离退休养老金作为主要经济来源正逐渐替代靠子女供养的养老方式，在 237 个老年人中，离退休金作为经济来源其一的老年人占 81.9%。

②除月收入在 450 元以下靠政府补贴的老年人外，月收入越高的老年人，对经济需求的满足程度越高。月收入在 1 000 ~3 000 元的老年人居多，月支出在 1 000 元左右的老年人居多，有 27.6% 的老年人最大的养老需求是经济保障需求，只有 25.9% 的老年人在经济上完全满足，说明老年人对经济保障的潜在需求较大。

③过去从事的职业对老年人的经济保障需求有一定的影响。其中，在国家机关退休的老年人对个人投资理财的需求大；私营企业退休的老年人对子女赡养、亲戚资助的需求和商业保险的需求大，对退休金、养老保险的需求小；无工作或务农的老年人对退休金、养老保险和个人投资理财的需求大；个体户的老年人对政府救济、社会捐助的需求和再就业的需求大。

④居住情况对老年人的经济保障需求有一定的影响。其中，保姆陪伴的独居老年人对退休金、养老保险的需求小，对商业保险的需求大；一个人居住的独居老年人对退休金、养老保险的需求小，对再就业需求大；和祖孙同住的老年人对退休金、养老保险的需求小。

⑤经济现状对经济保障需求有一定影响。其中，月收入越高的老年人，对退休金、养老保险、政府救济、社会捐助的需求小，对个人投资理财的需求大；月支出越高的老年人，对退休金、养老保险的需求小，对个人投资理财的需求大。

⑥子女数对经济保障需求有一定的影响。子女数越多的老年人，对退休金、养老保

险、子女赡养费、亲戚支助、个人投资理财的需求大，对再就业的需求小。

⑦其他因素中，健康状况越好的老年人对退休金、养老保险的需求小；受教育程度越高的老年人对商业保险的需求大。

2. 医疗保健需求的影响因素分析

本次调查将城市老年人的医疗保健需求设计为社区卫生服务中心提供就近医疗服务、家庭医生和家庭病床、定期体检和健康护理、陪同看病、健康咨询、安装救助门铃、陪同散步取药等。在SPSS的多元Logistic回归分析中，将老年人对社区医疗保健服务的需求状况设置为因变量，将老年人的性别、年龄、教育、婚姻、健康、职业、子女数、居住、月收入、月支出、满意度、医疗保险、医疗满足度等指标设置为因素变量，建立回归模型，置信区间水平设置为95%。对模型拟合信息进行卡方检验，回归模型有效，然后对医疗保健服务需求进行多因素Logistic回归分析，分析结果如下。

(1) 社区卫生服务中心需求分析

研究发现：

①年龄是城市老年人社区卫生服务中心需求的具有显著统计学意义的影响因素。较高的年龄对社区卫生服务中心需求的影响较小。

②婚姻状况中，相对已婚有配偶而言，丧偶是城市老年人社区卫生服务中心需求的具有显著统计学意义的影响因素。丧偶相对已婚有配偶，对社区卫生服务中心需求的影响较大。

③过去从事的职业中，相比国企、事业单位而言，私营企业是城市老年人社区卫生服务中心需求的具有显著统计学意义的影响因素。从事私营企业工作，相比国企、事业单位，对社区卫生服务中心需求的影响较小。

④居住情况中，相比夫妇同住而言，祖孙同住是城市老年人社区卫生服务中心需求的具有显著统计学意义的影响因素。祖孙同住相比夫妇同住，对社区卫生服务中心需求的影响较小。

⑤健康状况与年龄二者的交互作用对社区卫生服务中心需求的影响也具有显著统计学意义。

(2) 家庭医生、家庭病床需求分析

研究发现：

①年龄是城市老年人家庭医生、家庭病床需求的具有显著统计学意义的影响因素。较高的年龄对家庭医生、家庭病床需求的影响较大。

②受教育程度是城市老年人家庭医生、家庭病床需求的具有显著统计学意义的影响因素。较高的受教育程度，对家庭医生、家庭病床需求的影响较大。

③健康状况是城市老年人家庭医生、家庭病床需求的具有显著统计学意义的影响因

素。健康的身体，对家庭医生、家庭病床需求的影响较大。

④健康状况与年龄二者的交互作用对家庭医生、家庭病床需求的影响也具有显著统计学意义。

（3）定期体检、健康护理需求分析

研究发现：

①过去从事的职业中，相比国企、事业单位而言，无工作或务农、私营企业是城市老年人定期体检、健康护理需求的具有显著统计学意义的影响因素。从事无工作或务农、私营企业工作，相比国企、事业单位，对定期体检、健康护理需求的影响较大。

②居住情况中，相比夫妇同住而言，保姆陪伴是城市老年人定期体检、健康护理需求的具有显著统计学意义的影响因素。保姆陪伴相比夫妇同住，对定期体检、健康护理需求的影响较小。

③对社区养老现状的满意度是城市老年人定期体检、健康护理需求的具有显著统计学意义的影响因素。对社区养老现状满意度越高，对定期体检、健康护理需求的影响较大。

（4）陪同看病需求分析

研究发现：

①过去从事的职业中，相比国企、事业单位而言，私营企业是城市老年人陪同看病需求的具有显著统计学意义的影响因素。从事私营企业工作，相比国企、事业单位，对陪同看病需求的影响较大。

②办理医疗保险情况中，相比商业医疗保险而言，城镇职工基本医疗保险是城市老年人陪同看病需求的具有显著统计学意义的影响因素。办理城镇职工基本医疗保险相比办理商业医疗保险，对陪同看病需求的影响较小。

（5）健康咨询需求分析

研究发现：

①健康状况是城市老年人健康咨询需求的具有显著统计学意义的影响因素。较好的身体健康状况对健康咨询需求的影响较大。

②居住情况中，相比夫妇同住而言，和子女同住是城市老年人健康咨询需求的具有显著统计学意义的影响因素。和子女同住相比夫妇同住，对健康咨询需求的影响较大。

（6）安装救助门铃需求分析

研究发现：

①性别是城市老年人安装救助门铃需求的具有显著统计学意义的影响因素。女性老年人相对男性老年人对安装救助门铃需求的影响较大。

②过去从事的职业中，相比国企、事业单位而言，国家机关工作是城市老年人安装救助门铃需求的具有显著统计学意义的影响因素。从事国家机关工作，相比国企、事业单

位，对安装救助门铃需求的影响较大。

(7) 陪同散步、取药需求分析

研究发现：

①经济状况中，月支出是城市老年人陪同散步、取药需求的具有显著统计学意义的影响因素。较高的月支出对陪同散步、取药需求的影响较小。

②经济状况中，月收入与月支出二者的交互作用对陪同散步、取药需求的影响也具有显著统计学意义。

(8) 医疗保健需求研究结论

通过对社区医疗保健需求情况的交互分析和多因素 Logistic 回归分析，可以在 95% 置信水平下推断总体，并得出以下研究发现。

①老年人医疗保健方面的自理能力，随着年龄增长，存在分化趋势。年龄越大的老年人，对社区卫生服务中心的需求越小，对家庭医生和家庭病床的需求越大。身体越健康的老年人，对健康咨询、家庭医生、家庭病床的需求越大。

②居住方式在一定程度上影响医疗保健需求。其中，有保姆陪伴的独居老年人对定期体检、健康护理的需求小；和祖孙同住的老年人对社区卫生服务中心的需求小；而和子女同住的老年人对健康咨询的需求大。

③绝大多数的老年人对医疗保健需求选择了基本满足和不满足，说明老年人对社区医疗保健服务的潜在需求很高，且各年龄段的老年人对社区医疗保健服务的潜在需求都很高。

④过去从事的职业在一定程度上影响医疗保健需求。其中，从国家机关退休的老年人对安装救助门铃的需求大；过去无稳定工作或务农的老年人对定期体检、健康护理的需求大；而在私营企业退休的老年人对社区卫生服务中心、定期体检、健康护理的需求小，对陪同看病的需求大。

⑤老年人不需要社区医疗保健服务的原因主要是低龄老年人能自理，买药就诊很方便、配偶、孩子、保姆照料的很好，医保报销很便利等。

⑥对社区医疗保健服务了解程度越高的老年人需要医疗保健服务的可能性越大。

3. 生活照料需求的影响因素分析

本次调查将城市老年人的生活照料需求设计为生活用品代购、日间看护照料、饮食起居、打扫卫生、户外活动等。在 SPSS 的多元 Logistic 回归分析中，将老年人对日常生活照料的需求状况设置为因变量，将老年人的性别、年龄、教育、婚姻、健康、职业、子女数、居住、月收入、月支出、满意度、医疗保险、照料满足度、养老机构、健康、性别等指标设置为因素变量，建立回归模型，置信区间水平设置为 95%。对模型拟合信息进行卡方检验，回归模型有效，然后对生活照料需求进行多因素 Logistic 回归分析，分析结果如下。

(1) 生活用品代购需求分析

研究发现：

①年龄是城市老年人生活用品代购需求的具有显著统计学意义的影响因素。较高的年龄对生活用品代购需求的影响较大。

②受教育程度是城市老年人生活用品代购需求的具有显著统计学意义的影响因素。受教育程度越高，对生活用品代购需求的影响较小。

③健康状况是城市老年人生活用品代购需求的具有显著统计学意义的影响因素。较好的健康状况对生活用品代购需求的影响较大。

④居住情况中，相比夫妇同住而言，保姆陪伴是城市老年人生活用品代购需求的具有显著统计学意义的影响因素。保姆陪伴相比夫妇同住，对生活用品代购需求的影响较大。

⑤基本经济状况中，月收入是城市老年人生活用品代购需求的具有显著统计学意义的影响因素。较多的月收入对生活用品代购需求的影响较小

⑥健康状况与性别的交互作用也是城市老年人生活用品代购需求的具有显著统计学意义的影响因素。

(2) 日间看护照料需求分析

研究发现：

①健康状况是城市老年人日间看护照料需求的具有显著统计学意义的影响因素。较好的健康状况对日间看护照料需求的影响较小。

②对生活照料的满足程度是城市老年人日间看护照料需求的具有显著统计学意义的影响因素。生活照料满足程度越高对日间看护照料需求的影响较小。

(3) 饮食起居需求分析

研究发现：

①年龄是城市老年人饮食起居需求的具有显著统计学意义的影响因素。较高的年龄对饮食起居需求的影响较小。

②过去从事的职业中，相比国企、事业单位而言，国家机关是城市老年人饮食起居需求的具有显著统计学意义的影响因素。从事国家机关工作相比国企、事业单位，对饮食起居需求的影响较小。

③基本经济状况中，月收入是城市老年人饮食起居需求的具有显著统计学意义的影响因素。较多的月收入对饮食起居需求的影响较小。

④年龄和月收入的交互作用是城市老年人饮食起居需求的具有显著统计学意义的影响因素。

(4) 户外运动需求分析

研究发现：

①年龄是城市老年人户外运动需求的具有显著统计学意义的影响因素。较高的年龄对户外运动需求的影响较小。

②过去从事的职业中，相比国企、事业单位而言，无工作或务农是城市老年人户外运动需求的具有显著统计学意义的影响因素。无工作或务农相比国企、事业单位，对户外运动需求的影响较大。同时，相比国企、事业单位，月收入与无工作、务农的交互作用也是城市老年人户外运动需求的具有显著统计学意义的影响因素。

(5) 生活照料需求研究结论

通过对社区生活照料需求情况的交互分析和多因素 Logistic 回归分析，可以在95%置信水平下推断总体，并得出以下研究发现。

①随着年龄的增长，老年人的健康状况存在多层次性，并在一定程度上影响老年人的生活照料需求。其中，越年长的老年人，对饮食起居、户外运动的需求越小，对生活用品代购的需求越大。身体越健康的老年人，对日间看护照料的需求越小，对生活用品代购的需求越大。

②目前，多数老年人主要由配偶、子女照料，且对生活照料需求的满足程度较高，说明目前的家庭照料能够较好地满足老年人的生活照料需求。

③过去从事的职业中，在国家机关退休的老年人对饮食起居的需求小，无稳定工作或务农的老年人对户外运动的需求大。

④月收入情况在一定程度上也影响生活照料需求。月收入越高的老年人，对生活用品代购、照料饮食起居的需求越小。

⑤有些老年人对社区生活照料服务需求不大的主要原因是低龄老年人能自理、配偶和子女照料得很好、家务事不方便别人做等。

4. 精神慰藉需求的影响因素分析

本次调查将城市老年人的精神慰藉需求设计为亲人关怀陪伴、朋友交流沟通、和谐人际关系、实现个人价值、社会尊重认可和其他等。在 SPSS 的多元 Logistic 回归分析中，将老年人对精神慰藉的需求状况设置为因变量，将老年人的性别、年龄、教育、婚姻、健康、职业、子女数、居住、月收入、月支出、满意度、照料满足度、养老机构、孤独、教育、子女数等指标设置为因素变量，建立回归模型，置信区间水平设置为95%。对模型拟合信息进行卡方检验，回归模型有效，然后对精神慰藉需求进行多因素 Logistic 回归分析，分析结果如下。

(1) 亲人关怀陪伴需求分析

研究发现：

①年龄是城市老年人亲人关怀陪伴需求的具有显著统计学意义的影响因素。较高的年

龄对亲人关怀陪伴需求的影响较大。

②受教育程度是城市老年人亲人关怀陪伴需求的具有显著统计学意义的影响因素。较好的受教育程度对亲人关怀陪伴需求的影响较小。

③子女数是城市老年人亲人关怀陪伴需求的具有显著统计学意义的影响因素。较多的子女数对亲人关怀陪伴需求的影响较小。

④受教育程度与子女数的交互作用，对亲人关怀陪伴需求的影响也具有显著统计学意义。

(2) 朋友交流沟通需求分析

研究发现：

①性别是城市老年人朋友交流沟通需求的具有显著统计学意义的影响因素。女性老年人相比男性老年人对朋友交流沟通需求的影响较大。

②受教育程度是城市老年人朋友交流沟通需求的具有显著统计学意义的影响因素。较好的受教育程度对朋友交流沟通需求的影响较大。

③健康状况是城市老年人朋友交流沟通需求的具有显著统计学意义的影响因素。较好的健康状况对朋友交流沟通需求的影响较大。

④子女数是城市老年人朋友交流沟通需求的具有显著统计学意义的影响因素。较多的子女数对朋友交流沟通需求的影响较大。

⑤居住情况中，相比夫妇同住而言，保姆陪伴是城市老年人朋友交流沟通需求的具有显著统计学意义的影响因素。保姆陪伴相比夫妇同住，对朋友交流沟通需求的影响较小。同时，相比夫妇同住，保姆陪伴的居住方式与年龄交互作用对朋友交流沟通需求的影响也具有显著统计学意义。

⑥基本经济状况中，月收入是城市老年人朋友交流沟通需求的具有显著统计学意义的影响因素。较高的月收入对朋友交流沟通需求的影响较小。同时，月收入与受教育程度二者的交互作用对朋友交流沟通需求的影响也具有显著统计学意义。

(3) 和谐人际关系需求分析

研究发现：

①日常生活中心理的孤独寂寞程度是城市老年人和谐人际关系需求的具有显著统计学意义的影响因素。孤独寂寞程度越高，对和谐人际关系需求的影响越小。

②居住情况中，相比夫妇同住而言，保姆陪伴是城市老年人和谐人际关系需求的具有显著统计学意义的影响因素。保姆陪伴相比夫妇同住，对和谐人际关系需求的影响较大。

③受教育程度与健康状况二者的交互作用对和谐人际关系需求的影响也具有显著统计学意义。

（4）实现个人价值需求分析

①受教育程度是城市老年人实现个人价值需求的具有显著统计学意义的影响因素。较好的受教育程度对实现个人价值需求的影响较小。

②过去从事的职业中，相比国企、事业单位而言，国家机关是城市老年人实现个人价值需求的具有显著统计学意义的影响因素。从事国家机关工作相比国企、事业单位，对实现个人价值需求的影响较大。

③健康状况、受教育程度、年龄三者的交互作用对实现个人价值需求的影响也具有显著统计学意义。

（5）社会尊重认可需求分析

研究发现：

①过去从事的职业中，相比国企、事业单位而言，国家机关是城市老年人社会尊重认可需求的具有显著统计学意义的影响因素。从事国家机关工作相比国企、事业单位，对社会尊重认可需求的影响较大。

②相比从事国企、事业单位工作而言，健康状况与从事国家机关工作二者的交互作用对社会尊重认可需求的影响也具有显著统计学意义。

（6）精神慰藉需求研究结论

通过对精神慰藉需求情况的交互分析和多因素 Logistic 回归分析，可以在 95% 置信水平下推断总体，并得出以下研究发现。

①大多数的老年人在平时生活中，基本上没有孤独或寂寞的心理状况。随着年龄增长，老年人对亲人关怀陪伴的需求增大，而且经常寂寞的老年人多集中在 70 ~ 79 岁。经常孤独和总是孤独的老年人占 17.1%，有时孤独、寂寞的老年人占 40.2%，说明近一半的老年人有潜在的精神慰藉需求。

②有保姆陪伴的独居老年人，对朋友交流沟通、和谐人际关系需求小，说明保姆在日常照料过程中与老年人很好的交流，满足了独居老年人的精神需求。

③老年人对社区精神慰藉服务的情况了解很少，需要时找不到合适途径排解心中烦闷，这在一定程度上影响了老年人的身心健康，需要高度重视。

④在国家机关退休的老年人，对实现个人价值、得到社会尊重认可的需求大。

⑤受教育程度越高的老年人，对亲人关怀陪伴、实现个人价值的需求越小；相反，对朋友交流沟通需求越大。

⑥子女数较多的老年人，对亲人关怀陪伴的需求小，对朋友交流沟通的需求大。这说明，老年人需要与同龄人沟通交流。

⑦有些老年人表示不需要社区精神慰藉服务，主要原因是心态好、看得开、家事不往外讲等。

六、湖北省城镇养老存在的问题及原因分析

在飞跃式的“银发浪潮”袭击下，我国开始学习引进国外先进的养老模式，大力开展养老服务产业的建设。然而由于国外进入老龄化社会时已完成工业化进程，在经济水平以及国家政策上可以很好地应对老龄化压力，而我国依然处于社会主义市场经济初级发展阶段，国民经济水平及政府的管理体制与日益增加的养老服务需求无法达到平衡，所以一味地照搬国外经验模式是无法适应我国根本国情的。构建相对健全的可持续满足老年人需求的城镇养老模式需要长期的努力，需要在经济、政策及社会文化方面协调发展，建设多元化的服务供给模式及标准化的服务管理评估体系。近几年来，城镇养老服务的发展受到社会各界的广泛重视，但从总体服务情况来看，多元主体参与养老服务供给模式依然存在诸多问题。在长期的官僚制体制弊端持续影响下，我国社会结构转型速度过快，使政府、社会组织、市场在社会福利供给中无法清晰定位自身的角色和职能，对养老服务的理解和认识被常规思维所桎梏，各种社会组织在服务供给中总被不可避免的行政指导所笼罩，普遍存在服务内容及方向较为局限的问题。同时，社会组织的发展并没有形成规范的自我管理标准，而是受到较深的行政桎梏，在服务提供上带有浓烈的行政色彩以及任务性，致使其目前的发展依然处于自发、无序的初级阶段。养老服务供给模式混乱、各主体服务功能相重合、互相抢夺社区资源、资金来源短缺等问题都成为养老服务的短板。

（一）各主体间存在角色越位、缺位、错位现象

1. 政府角色缺位造成社会资源浪费

公平是社会保障中的重要要义，但在养老服务供给中，政府由于权力下放的不彻底而承担了过多的社会责任，无法公平协调地处理与其他社会组织的关系。由此，必然会导致政府在一些服务管理上无法做到面面俱到，因而产生政府角色缺位的问题。自改革开放后，我国的政府和社会开始进行结构转型，行政机关也开始进行专业化的部门分工，这种机构设置有利于分散行政权力、降低官僚制的行政成本，每个部门都有各自的行政角色，以分工合作的方式进行社会治理。这种部门的专业分化虽然提高了政府管理的效率和专业化，但因为部门之间互相独立的性质造成了业务上的分割，当政府忽视各部门之间的合同协作时就会产生碎片化的制度结构。首先，政府部门业务的分割给养老服务业的发展上造成了一定阻碍。在针

对社会组织参与养老服务供给上，各地政府制定了许多优惠政策。社区内提供老年服务的社会组织可享受暂免征收企业所得税的优惠政策。然而从对老年人日间照料中心、社区党群服务中心的实际访谈情况来看，这些优惠政策并没有落到实处，日间照料中心的访谈对象某主任表示："从两年多的运营情况来看，我们中心一直处于亏损状态，如果没有民政局补助项目是无法运营的，因为我们现在的场地租金、物业水电费都是很高的，这些钱都要从民政局给我们的项目拨款里出，也是很大一笔开销。"可见，由于政府部门业务内容分割，使得各职能部门对非营利组织的优惠政策缺乏统一的认定标准，在实际的操作中一些地区并没有落实执行，比如针对老年人日间照料中心减免水电、物业费用等政策优惠。这种政府角色"缺位"的问题给社区内提供老年服务的社会组织带来了更多的资金压力及运营难度。

其次，政府各部门的推诿不作为造成了社会资源的浪费。为响应国家加强老年人服务建设的号召，民政部大力开展星光老年之家的建设，但是在投资建设后民政部缺少与其他部门间的沟通合作，造成许多社区的星光老年之家呈现无人管理的尴尬状态，成为一个形式工程，在很大程度上浪费了社会资源。在对社区党群服务中心的访谈中，某督导表示："星光老人之家是政府出资资助的，现在应该提高到了 8 万一年，就是老人家看电视、打麻将的地方，没有什么实质性的服务，而且钱太少了也没人再去管这件事，最早之前设置星光老年之家的时候是有人管理的，但是这么多年主管这个事情的领导离开后就没人管理了，像之前的风景林工程现在也没人提起了。但是政府会拨这笔经费到街道，用作设备维护之类的，总体来说现在的星光老人之家就是一个空壳子。"

2. 社会组织发展因主体角色错位受行政桎梏

目前，我国的城镇养老服务仍处于自上而下的推动发展方式，基于新公共服务理论下的政府，一方面要促进社会公平、保障公民的权益，另一方面政府作为经济人，对权力的寻租腐败超过了追求公共利益的目标时，政府权力的触角就会过度延伸，从而挤掉部分民间组织的发展空间。在政府没有摆正自身的角色位置时，该管的不管，不该管的多头管，政府角色"错位"现象就此产生。在对社区党群服务中心的访谈中，某主任表示："现在又有一种声音要让党群服务中心的行政和服务两种职能融合，其实现在社区党群服务中心是一个很难说得清楚的概念，因为这既包含了社区服务中心又包含了工作站，不知道到底是什么，还有一种说法推测是将社工和工作站合二为一，现在的工作站每个站长都是公务员身份，如果合并的话可能是中心主任去当工作站站长。社区服务中心的名字换成社区党群服务中心，这也可以看得出党组织想在里面做一些党建的事情，以前社区服务中心的定位是与工作站平齐，但现在定位又发生了改变，现在是在综合党委领导下的社区服务中心，所以行政职能和服务职能更加密切了，会发现工作站直接领导着中心，所以一些行政任务还是要做，但并没有文书规定一定要做。党群服务中心分别挂在了工作站和以前社区服务中心的头上，现在也没有明确说这个牌子给谁或者两个都要挂，所以就很尴尬，分不清地位。”

所以，就目前的发展状况来看，湖北省的社会组织依然存在政府行政干预过多、社会组织发展不平衡等问题。随着养老服务需求的日益增加，政府若不能适当地放权于社会，便容易使资源因过度集中而产生一定的浪费。城镇养老服务的供给机制更加缺乏自觉性和内在活力。如现在的社区党群服务中心，依然无法脱离政府“想当然”式服务，成为一个体制内管理，体制外运行的准事业单位。从访谈中可以发现，政府只允许同一家机构同时在一个市区建设两家日间照料中心，为了防止垄断的现象产生，这种由政府强制进行行政干预的方式不利于社会组织在初期建设发展中进行角色定位，大大削弱了社会组织的专业竞争力。同时，社会组织在服务和行政职能互相糅杂的现状下，面临更大的生存压力，既造成了社会组织资金运作上的短缺，又使得社会组织在服务的提供上束手束脚。政府以购买服务、项目孵化的方式帮助初创期社会组织开展服务，但政府的各种帮助只能是“扶上马，送一程”，并未对非营利组织未来的发展方向及运营模式进行长远考虑，这严重阻碍了多元养老服务的可持续发展。

某区党群服务中心主任表示因为政府政策未落到实地、资金渠道来源单一等问题，造成日间照料中心因资金短缺而面临发展困难的难题：“民政局给我们设立了一份清单，以前我们是按照自己想的去做活动，但现在主要就围绕着民政局设定的四大类，即生活照料、医养融合、文化娱乐、精神慰藉去做，让我们在其中选择能做哪个，所在的社区适合做哪个项目，民政局按照我们所选择的项目进行拨款，所有款项要等评估完后才会到位，去年我们的项目资金才拿完。机构的项目资金百分之百来自民政局，虽然有些项目是允许我们收费的，比如按摩、午餐、午托可以收费，但是从两年多的运营来看，一直是处于亏损状态，如果没有民政局补助项目是无法运营的，场地租金、物业水电费都是很高的。”

某社区日间照料中心主任也表示：“我们一年的年费 40 万是在评估过后一次性拨款下来的，是由民政局拨款到机构，再由机构下发到每个中心，一年最高金额是 40 万，民政局也会根据每年评估结果对资金进行相应的扣减，不会因为我们照顾老人的数量来划拨费用，其中吃饭是一块很大的生活照料部分，但是这块补贴却很少，我们按照清单来做好每个月每个星期要做的活动计划，然后发给民政局的老年办和街道办，然后张贴到各个社区，让社区居民都知道。活动都会有人数限制，像膳食供应，清单里最多才 9 000 块，而且服务对象不少于 1 000 人次，平均到人头才 9 块钱，还包括三餐，但是我们需要请人来做饭，一年至少都要 4 万 ~5 万，人员工资都在里面出，所以我们 13 个日间照料中心许多都不选择这项做了，资金非常紧缺。”

3. 老年服务市场化概念模糊

(1) 老年服务市场发展缓慢，无规范管理模式

由于目前对于养老服务分类概念模糊，没有明确的政策法规定义养老服务“福利性”

和“市场产业化”的边界，政府及社会对老年服务的相关组织机构多定位在“公益”性质上，忽视了其市场化发展规律，造成了目前养老供给与需求长期处于错位的状态，无法激发养老服务市场的活力，社会企业的养老服务供给力度明显弱于其他组织。比如在政府补贴的居家养老消费券的使用上，许多老年人对于居家养老服务仍然持有否定态度，一些保守的老年人希望可以把政府的补贴用于儿女，而政府少量的费用补贴也限制了老人选择多样化的服务项目的次数。

在访谈调研中可以发现，非营利组织和社会企业的概念模糊不清，两者混淆发展。政府对于两者没有标准的界定，社会企业与非营利组织同时参与政府购买服务竞标，缺少了服务项目的创新，同时也造成了业界管理的混乱状态。根据老龄办的调查发现，我国城市中 48.5% 的老年人有各种各样现实的养老服务需求，其中需要家政服务的占 25.22%，需要护理服务的占 18.04%，需要聊天解闷服务的占 13.79%，需要法律援助服务的占 2.25%，而目前我国城市居家养老服务需求总的满足率只有 15.9%，其中家政服务满足率为 22.61%，护理服务满足率为 8.3%，聊天解闷服务满足率为 3.16%。可见由于老年服务主体关系混乱不清的现状，造成服务市场化发展缓慢、服务项目内容单一等问题，普通的服务供给已远远不能满足老年人的多样化需求。相关的条例规定明显滞后和无法契合现有的老年服务行业，政府对于养老服务市场的不重视成为老年服务市场健康发展的巨大阻力。

（2）忽视养老服务产业链条的建设

在对老年服务企业的访谈中可以发现，目前社会企业参与养老服务供给的途径过于单一。某运营管理有限公司 Z 督导表示：“我们是专门从事老年产业的投资、管理、运营及服务的综合性企业。公司做的是和养老有关的项目，在目前养老服务中，我们可以申请政府招投标项目，项目的补贴跟着招标文件走，所以目前参与的购买服务都是日照中心或是老年人活动中心以及托养中心等，基本的服务项目还是生活照料、健康养生、文化娱乐这几个大方面，会针对高龄、空巢、残疾等老人增加一些服务项目。在日间照料这一块的操作方法上面与非营利组织的区别是不大的，我们公司会通过其他如研发中心、信息中心、招商中心等部门去辅助营运中心的服务，使它的形式、内容更多样丰富，针对性更强。”可见除了传统的家政服务，社会企业参与养老服务的方式主要是与非营组织共同参与政府社区养老服务购买项目，仅集中于老年人日间照料、开展文化娱乐活动等服务项目，具体服务内容以政府下达指标任务为主，缺少与非营利组织相区别的特色服务项目。同时，各类型企业单独运作，缺乏统一的服务体系链条，如老年人家政服务业缺少与餐饮服务、医疗机构等其他服务型企业的沟通合作，老年服务产业的内容及方向较为狭窄。除此之外，针对老年人生活服务的企业类型较少，服务内容的片面性增加了养老服务一体化建设的难度，给老年人养老生活带来了极大的不便利性。

（二）多元主体参与养老服务结构存在的根本问题

1. 多元主体参与养老服务力度不均衡

（1）多元主体分布不协调

由于湖北省人口结构密集，所以加快老年服务设施的建设势在必行。但就访谈情况来看，各地区的养老服务存在设施分布不协调，各类服务供给参与力度不统一的情况，有的地区建设有老年人日间照料中心，但是有的地区由于流动老年人口较多等原因，在对老年人日常照料服务的供给上较为缺乏。某党群服务中心 X 主任表示："现在养老服务不是每个地区都有日照中心，现在社区基本也会开展一些以老年协会为主的养老服务，如康娱活动、送餐等，因为涉及食品安全和老年人健康，社区一般是不会开展的。我们这边的话，户籍老年人不多，大多是外来老年人，因为我们是城中村社区，不是城市型社区，这里流动性很高，所以我们也没有老年人协会、日照中心，像星光老人之家是属于股份公司管理的，只是本地老人专用的。"虽然目前各区依照不同的老年人口情况进行相应的服务项目建设，但主要建设指标是依据常住老年人口数量来进行建设的，纵观湖北省老年人口总体发展态势，即将面对的是大规模爆发的老年人口危机，在各区都存在老年人口快速增加的情况，所以加快湖北省统一的网络服务体系建设是应对湖北省老龄化的有效措施。

（2）各主体服务内容单一

湖北省城镇养老服务存在内容与需求脱节的情况，因为缺少有效的激励措施，所以许多服务主体在提供服务的时候仅仅建立在快速达标的服务动机上，使服务内容带有很大的偶然性和不稳定性。笔者从对湖北省的走访中发现，目前普遍存在社会组织参与力度不足的问题，并非都建有日照中心、党群服务中心及老年人协会，如某党群服务中心 S 主任表示："我们这个社区比较特殊，我们没有老年人协会，因为我们是城中村社区，不是城市型社区，这里流动性很高，我们这边的话，户籍老年人不多，大多是外来老年人，星光老人之家是属于股份公司管理的，是本地老人专用的，所以我们中心会提供多种老年人的活动项目。"同时普遍存在服务惠及范围窄、形式内容单一的问题，有的老年服务设施往往仅针对低龄、健康老人，开展的老年人生活照料服务以及文化娱乐活动大多需要老年人自行前往参加，如老年人协会组建的文体娱乐队伍。在对某日间照料中心访谈中，X 主任曾表示："照顾全失能老人的话，我们还是没有条件的，比如每个失能老人都需要占用一个卫生间，但是目前我们只有一间，而且我们的洗衣机和冲凉房是放在一起的，这是不符合标准的、不安全的，所以帮全失能老人洗澡是很困难的。"可见如今湖北省的养老服务较为缺乏为高龄、失能等特殊老人开展的服务项目，如老年人法律援助服务、专业医疗康复服务等，无法满足不同层次老年人的多元服务需要。

2. 老年服务基础设施不健全

随着经济的发展，老年人对于活动设施、专业医疗水平等方面的需求日益增加，尽管湖北省政府不断加大老年设施的资金投入力度，但养老服务基础设施依然存在建设数量少、规模小、设施简陋等问题。在老年人文化教育方面，许多老年图书馆设置在党群服务中心内，与青年人共享阅读空间，因场地范围较小严重限制了老年人读书看报的人数；在体育健康建设方面，因为缺少集中的可以供老年人运动、娱乐的场地，运动场地受物业管理，大型的老年活动需要上报申请及手续繁杂等问题也影响了老年人的运动规模；某老年人协会 L 会长表示："我们目前感觉最大的困难就是场地问题，并存在扰民问题。像在居民楼下打球会扰民，现在没有一个集中的活动场地，如果有一块大的场地，这些球队都去那里运动，就不用担心扰民问题了。"

某养老中心主任也表示："我们中心这个场地已经算不错的了（50 多平方米的中心场地），办公区域和活动区域可以分开，有很多地方是没办法分开的，只要一开办活动就没办法办公了，办公和活动是通铺的，我们这些宣告板没地方放，只能挂在墙上了。"在生活照料方面，因为缺乏合适的场地，一些日照中心只能安置较少的床位，甚至选择高层，限制了许多行动不方便的老年人入住。某日间照料中心主任表示："现在场地和硬件是我们最大的问题，因为小区历史问题，我们厨房没有煤气和燃气，只能靠四个电磁炉给老人家做饭，这些存在很大的安全隐患。安监局现在还不允许我们把洗衣机和冲凉房放在一起，那我们就没地方放了，我们只有三百多平方米，所以场地还是不允许。"某居家养老中心的督导也表示："现有的日间照料中心提供的老年人接送服务，实际上就是社区内住在附近的话做个轮椅接送，但是其他省市其实是有配车的，可以用轮椅上下接送，但是我们做不到，就是配车的话，还要有司机，还要有随车人员，湖北省现在是做不到的，所以现在就是用人工来做个接送。"可见，场地以及老年人服务设备的缺乏成为目前限制湖北省城镇养老服务发展的一大重要因素。

3. 各主体服务资金来源单一

城镇养老服务的发展离不开大量的资金支持，但目前湖北省城镇养老服务的资金主要源于政府购买，然而随着养老服务需求的多样化发展，这种单一的由政府出资发展的服务远远满足不了服务所需的资金，资金短缺现象随着社会的进步、老年需求的增加逐步加重，使政府陷入了巨大的财政压力，所以资金渠道单一成为目前养老服务发展的一大主要障碍。目前，养老服务的组织普遍表示服务资金来源单一和服务资金不足成为限制服务质量的一大重要因素。在日间照料中心的访谈中可以发现，日间照料中心的资金来源主要是政府购买及补贴，某日间照料中心 X 主任表示："机构的项目资金百分之百来自民政局，虽然有些项目是允许我们收费的，比如按摩、午餐、午托可以收费，但是从两年多运营来看，一直是处于亏损状态，我们现在做活动就有很多公益组织参与进来，但是并没有和其他民营组织有资金上的合作。”

某居家养老服务的督导表示，湖北省政府目前对于居家养老服务的补贴相对欠缺。“居家养老这方面香港做得比较好，就是照顾人员和老人家都住在一个社区，可能楼上楼下方便照顾而且比较了解，如果老人家有什么突发事情可以及时赶到，这样既解决了失业人员再就业的问题，又解决了老年人居家养老照顾，所以受到了政府的重视，给的扶持比较多，我们在这方面还比较欠缺，像现在物价涨得这么快，老人的补贴一直都没涨，但是我们的服务费用是上涨的，比如之前 200 块可以做 8 次，现在只能做 4 次，实际上我们还是比市场价格便宜很多，但是老人家不这样想，有的老人比较节约他会觉得我们涨价不合理，去投诉什么的，这都是没办法的。”

在老年人协会上也存在同样的资金来源单一的问题，访谈对象 L 会长在访谈中说道：“现在最大的问题就是在资金上，就一块这么大的蛋糕，民政部要切分给所有的老年人协会，切分的原则没有正式公布，但一般来说考虑到各个区的情况，考虑到活动队伍，也考虑到人数，也有的区比较小人比较少，但是独立区也分到相当一部分钱，但总体来说我们社区在街道办来说分的钱还算可以，但是按人平均来说还是少多了，因为分子虽然是可观的但是分母也大，本区很少有我们这么大的小区。我们现在有的活动确实还没钱，所以这个是资金问题。”相比较西方发达国家对于非营利组织大规模支出，我国的非营利组织支出规模所占 GDP 比重远远落后于西方福利国家。

（三）各主体普遍存在服务专业化程度低问题

1. 缺少专业稳定的老年社工服务人员

湖北省城镇老年人服务人员目前普遍存在工资较低、缺少专业技能等问题，致使养老服务人员队伍缺乏稳定性及生产运营活力。在对一些福利院、养老院的访谈中发现，目前活跃在老年人服务中的大部分服务人员是一些下岗职工，缺少专业的服务知识和技能培训。访谈对象某主任表示：“我们持证的护理人员每年要有 80 个学时学习，在评估时民政局会请第三方机构来，我们要把这些材料拿给评估机构看，作为一项评估指标。我们对社工和护理人员不会进行完全区分，专业护理人员只有一个或者两个，但要照顾 30 多个老人是忙不过来的，所以如果老人有需要的话，所有的人都要去帮忙，像去给老人送饭的话我也会去。”

访谈对象 X 主任谈到：“我们机构有三个日间照料，由机构督导下到中心主任，再由中心主任下发任务到各个社工，我们的活动计划每个月都会发给督导，如果督导看过合理的话我们就会开展。机构分配给我们的人只有 5 个人和 1 个医生，但是我们的活动和服务这些人肯定是不够的，所以我们会发现年轻老人的兴趣和志愿，让老人和老人联系，做些力所能及的事减轻社工的压力。像我们举办的音乐会就是一个 65 岁的老人，他以前是音乐教师，我们请他来帮忙教其他老人唱歌，我们也是提供一个平台，让他们在这像一个家一样，自己组织活动，用自己的专长来教其他人，我们起到一个引导的作用。”可见，在老年人日照中心中，因其特殊的生活照料属性，需要专业的护理人员对老年人进行生活照料，但在现实运作中许多日照中心存在服务人员少、专业护理人员紧缺的状况，社工护理人员专业学习时间普遍较少，服务人员难以及时应对老年人突发疾病或安全隐患现象，影响了老人的救助及治疗时间，无法保障老年人的健康安全。这不仅影响了老年服务的质量保障，同时也制约了养老服务事业的可持续发展。

2. 缺少专业的安全保障人员

在专业医疗方面，老年人无法享受安全的医疗保障设施及专业人员的服务，社康中心因为受场地、专业医护人员、医疗设施水平的局限，无法开展大型医疗手术来医治老年人突发性疾病，可见社康中心的使用效率不高。同时，对于老年人自发组织的老年篮球队、老年足球队、老年羽毛球等体育社团缺少专业的安全护理团队，老年人因缺乏专业医疗及护理知识，容易在运动中因运动过量或运动不当等因素而造成意外身体伤害等突发状况，无法保障老年人参与活动时的健康安全。

3. 缺乏专业规范的市场化服务人员

从政府的政策导向看，在养老服务市场化发展上存在认识缺陷，养老服务的多元供给模式仍处在起步阶段，滞后于老年服务市场的潜在需求。因为政府对家政服务业尚缺乏完善的管理制度，也并不存在政策上的倾斜，造成老年服务中市场企业发展的良莠不齐，未形成规范的家政服务体系，服务人员的专业性更是无法得到保障。

在对居民的访谈中可以发现，目前家庭普遍存在对于家政服务的质量以及安全性的质疑，某小区居住的 Z 阿姨表示：“平时上班忙，白天只有老人自己在家，因为妈妈身体不好，所以接她到身边住放心，但是下班回家也很累，没时间做家务，白天更是没办法给老人做饭，就想请个保姆照顾，但是现在又那么多（保姆的）负面新闻，经常看到爆料说家里的保姆偷东西，虐待老人、小孩之类的，就怕遇到不靠谱的家政公司，那多危险啊。之前也就听朋友介绍看看哪个家政公司比较好就试一试，平时给老人做个饭、收拾收拾屋子还可以。不过他们也不是专门学家政或者护理的，都是下岗的或者学历比较低没有工作的，让他们照顾老人起居也是不放心的。”

（四）城镇养老服务供给模式混乱原因分析

1. 各服务供给主体角色定位不清晰

（1）各服务组织缺乏专业项目定位

政府在关注经济发展的同时，注重完善相应的配套社会福利体系建设，政府大力度支持社会组织发展并运用在养老服务供给中，但湖北省的社会组织依然处于初期建设阶段，存在许多管理及规范问题。在许多社会组织参与进养老服务供给中，不同的社会组织有不同的服务方向，比如日间照料中心主要关注于老年人的日常生活照料，社区党群服务中心主要关注于老年人的心理健康及开设老年人课堂，但在对各服务主体进行访谈调研时发现，在实际的服务供给中，各服务主体缺少根据自身的组织性质及专业方向制定特色的服务项目，因为各自职能定位不清晰存在服务功能上的重合。不同的组织机构会同时关注老年人的健康、文化娱乐需求，如老年人日照中心及社区党群服务中心同时举办健康讲座、生日会等娱乐活动，互相抢夺老年人资源，产生“重阳节老年人多次洗脚”“老年人一天参加多次生日会”等尴尬局面，这种社会资源的浪费使社区养老服务形成了一个非良性竞争环境。同时，湖北省目前缺少对于非营利组织和社会企业的申请标准界定，造成两者功能混杂、服务定位不清晰等关系混乱现象。一些社会企业同非营利组织共同竞争政府养老服务项目，在项目提供上缺乏个性差别及服务竞争力，使一些养老服务机构的性质无法辨别，比如有的日照中心是社工介入，而有的是由社会企业开办的，在项目的服务上未形成统一的标准定义。非营利组织因缺少专业家居服务及健康医疗人员，造成在对老年人日常照顾上产生诸多健康危机；同时社会企业因为缺少专业的社工团队而造成在精神娱乐服务项目上无法得到高质量保障。在这种分散且不协调的养老方式供给下，老年人服务内容缺乏长期可持续性规划，快乐养老的目标难以实现。

（2）各服务组织缺乏服务职能定位

受历史因素影响，自新中国成立后政府一直处于管理支配者的地位，虽然在改革开放后政府的职能发生转变，开始在一些领域内简政放权，但其依然把控着社会的主要资源及分配机会。民间社会组织作为承担部分公共服务的重要载体登上历史舞台后，有效地加快推动了政府职能转型。政府作为非营利组织的强力孵化者及重要财政支持者，在政策法规及评估审核中对非营利组织都有较大的约束作用，我国大部分的社会组织从创立伊始就与政府有着千丝万缕的关系，在项目运作及组织管理上也带有浓厚的官僚制色彩。除此之外，社会组织的工作方式延续传统的行政管理方法，成为执行上级下达任务的工具，而未达到真正意义上的为社会公众服务。这就容易使社会组织的自愿性变成疲于应付各种行政任务，陷入“举步维艰”的发展状态，制约社会组织的长远可持续发展。

2. 各服务供给主体缺乏长期有效的合作交流机制

虽然湖北省政府在社会福利多元化理论的指导下大力推行多元化养老服务模式，但是各供给主体目前基本各自为政，呈分散型状态开展各项服务项目。除此之外，在政府的各个部门内也未形成良性的互动沟通机制，教育系统、卫生系统、民政系统在养老服务上均呈独立开展服务的现状。如老年人日间照料中心作为一个新生事物，理应与环境中原有的支持系统发生关联，如幼儿园、社康中心等机构设施，其建设发展完全可以利用已有的资源达成合作模式。例如新加坡的“乐龄老人”模式，把老年人日间照料中心和托儿所合办在一起，既发挥了老年人的余热，又满足了他们的精神需求；或者与社康中心合作，形成“医养结合”的模式。就湖北省目前的现状来看，这些组织相互独立运作，并未形成长期性的合作关系，日间照料中心与社康中心等服务供给主体相互独立运作，分别提供社区老年人服务项目，缺少合作机制，在一定程度上造成了老年人生活的不便利，日间照料中心访谈对象某主任表示：“这些（日照）中心风险也很大的，因为养老院里有医院，但是托老所不一定离医院近，如果晚上老人家出现了问题没办法及时送去医院治疗，像我们这些单纯的日照中心，更多的是做健康咨询，因为我们中心是没有固定的医疗设备的，急救箱都是我们自己采购的，还是要让老人去医院看病的。”所以，如果老年人在日照中心活动的时候突发健康状况，无法快速地在第一时间就诊，在极大地浪费资源的同时，也存在一定的安全隐患。

3. 社会组织参与养老服务数量匮乏

我国绝大多数的民间组织都是在20世纪80年代中期后成长起来的，无论结构还是功能都还没有定型。我国非营利组织的数量远远低于法国、日本、美国和德国等发达国家。非营利组织数量的匮乏也使得许多本应由非营利组织承担的社会服务职能不得不由政府来承担。湖北省虽然在社会组织的发展上领先于其他城市，但依然存在良莠不齐的情况，社会组织因为资金、场地、技术、经验上的短缺，在居民需求以及政府要求间的夹缝中艰难生存，许多社会工作人员凭借着爱心和理想工作，但是他们在面临着强大的工作压力的同时，较少的工资使得他们还要面临自身的生存压力，所以社会组织的人员存在流动性大的问题。访谈对象Z督导就谈到：“其实养老服务中心一直以来都是购买服务的，我们所谓的高质量完成服务就是评估拿到相应的等级的话，政府会有一个最高10万元的评估的奖金，但是具体落实到中心、社工的手里也基本不多，这些奖金都是有一定的偶然性的，就是今年有明年不一定，这一批有下一批不一定有，所以这些都很飘忽的。我们这些社工极其不稳定，乱七八糟的事情也多，很多事情超乎了本身的职责，不如工作站劳务派遣的那些。”

4. 非营利组织在参与老年照顾资源供给过程中缺乏驱动力

（1）非营利组织的外在驱动力不足

参与城镇养老服务的非营利组织是在我国计划经济时期成长起来的，具有较为明显的行政化色彩。包括资金在内的很多组织主要构架都和政府的相关行政部门有着千丝万缕的联系，不能完全摆脱行政化的色彩。

(2) 非营利组织参与老年照顾资源供给时主动性不足

受到活动资金等因素的限制，这类养老服务供给组织只能等待政府给派发任务，自己组织的活动受限。在我国很长一段时间内，政府把非营利组织看成与政府竞争包括养老服务在内的各种资源的竞争对手，在政策上没有扶持甚至是限制这类组织参与老年照顾资源供给。随着老龄化形势恶化和非营利组织在参与老年照顾资源供给中显现出明显的优越性。政府也开始重新定位这类组织在参与老年照顾资源供给中地位和作用。这些因素导致长期以来非营利组织在参与城镇老年照顾资源供给过程中，由于政府没有明确非营利组织在参与老年照顾产业中的资源供给的地位，非营利组织对自身参与在养老服务供给中的定位不清。正是由于非营利组织在参与老年照顾资源供给过程的部门建构和资金大部分来自政府的创办和资助，导致非营利组织在提供养老服务时所提供的服务内容的决定权来自政府，而非来自千千万万老年人实际对养老服务的需求。由于我国非营利组织长期处在与政府权力的对比的格局中，政府在这个过程中一直处在绝对的主导地位。非营利组织所从事的行业处在帮政府拾取遗漏、补充空缺领域的境地，而不是竞争合作的平等地位，因而限制了非营利组织在自主选择空间和开拓自己生存和发展领域的潜能，并且是在短时期内中国的非营利组织与政府关系的基本格局。这在城镇养老照顾资源供给中体现尤为明显，非营利组织在养老照顾领域内的资源和生存空间严重被政府挤占，加之其本身的开拓生存领地的能力不足，最终导致非营利组织在老年照顾资源供给产业中的发展能力有限。

(3) 非营利组织参与老年照顾资源供给过程中内在驱动力不足

这主要表现在非营利组织在参与养老服务供给过程中本身的创新能力、开拓生存空间能力和自身建设能力不足。非营利组织只有依靠透明的财务制度、令社区照顾对象满意的专业优良服务品质和高素质的人才队伍，才能打开养老照顾资源供给产业的市场。非营利组织自身这些问题不能有效解决，最终导致其在养老服务业领域默默无闻。

七、湖北省五位一体城镇多元化养老模式的构建——多元共治的视角

本课题经过理论与实证结合的探究与分析后，构建以湖北省城镇老年人实际需求为核心，智慧型城镇五位一体多元养老模式，主要包括：坚持以政府为主导、家庭为基础、社区为依托、机构为补充和鼓励个人自主性养老的五体协作共治；同时提倡智慧养老服务系统建设，从医养结合、信息化建设入手，衔接多元主体，提升城镇养老服务合作供给效能，共同实现“老有所养，老有所依，老有所乐，老有所为”的养老目标，如图 7－1 所示。

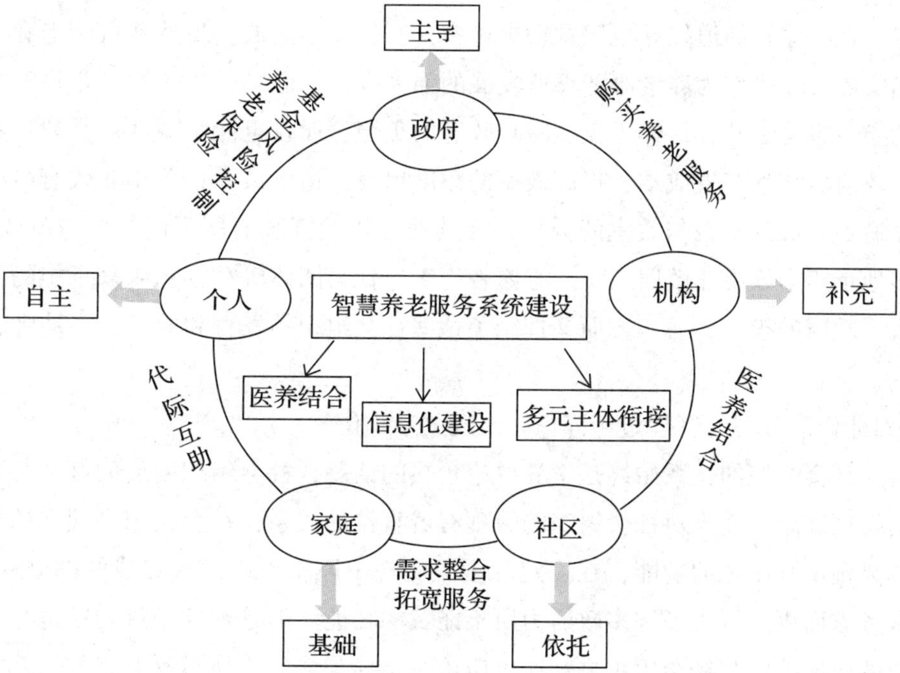

图 7－1　湖北智慧型城镇五位一体多元养老模式

（一）台前到幕后：政府扶持功能的发挥

在城镇养老服务众多的服务供给主体中，政府扮演的角色是十分重要的。在养老服务开展初期，政府因其特有的优势需要发挥主角的功能，但是随着时间的推移，要使养老服

务得到长效可持续发展，政府则需要转变观念，从服务的台前走到幕后。但是政府如何在介入和退出的过程中找到合适的定位是目前养老服务的关键。这一方面与地方政府工作人员的思想观念有关，另一方面更多的是需要在实践的过程中不断发现问题并在解决问题的过程中找到合适的定位。

1. 城镇养老服务中政府功能发挥的现状

(1) 政府职能发挥存在的“越位”现象

1) 包揽了过多由非政府的社会组织承担的职能，出现职能越位

政府的职能“越位”主要体现在对基层事务性工作的大包大揽，在养老服务方面，政府承担了很多的事务性工作，从老年人的日常照料到老年人的精神文化活动的组织，从志愿者活动、社区文化活动到老年人的医疗照顾，花费了政府很大的人力、物力，虽然政府对养老服务具有义不容辞的责任，但是这并不等于说要由政府部门直接从事事务性的工作。在调研过程中，我们发现，很多地方的助餐服务各项事务都会出现政府的影子，任何决策都需要得到政府相关部门的批准，有的助餐点就设立在街道办事处的旁边，环境设施自然会好一点，但是街道领导也感觉琐事过多，实权又不能放。虽然就目前来看，我国现有国情确实需要政府作为养老服务事业发展的强大推力，但是长远来看，非政府组织等社会力量的参与也是必然，这样不仅能减轻政府的负担，而且也能实现养老服务事业的多元化发展，政府应该从节省成本、提高效率的角度出发，适度放手，善用非政府组织、社区等主体，避免资源的浪费与效率的低下，让其他主体发挥政府所不能包揽与替代的作用。政府过多地承担本该由非政府组织、志愿者组织、社会团体等社会组织来承担的工作，一方面加大了政府的投入，另一方面又抑制了这些社会组织的发育和成长，这是典型的“越位”行为。

2) 对非政府部门的管理过于谨慎，出现关系越位

政府与社会组织的关系始终是学界讨论较热的话题，社会组织发展的好坏与否，与社会组织的发展理念、政府对社会组织的管理有着直接的关系，社会组织在现在的社会服务中越来越显现出其出色的功能，在一定程度上实现了原来由政府来完成的部分社会职能，在养老服务方面更是解决了许多政府力所不能及的功能。但是在这个过程中也存在许多问题，政府的职能部门与社会组织之间原本应该是指导与协助、执行和监督的关系，在实际中却经常出现社会组织成为政府的延伸部门，接受政府的领导，行政隶属关系超越了其原有的关系变成政府和社会组织的主要关系。许多社会组织和社工机构成为政府的附属机构，社会组织逐渐偏离原有的组织目标，成为政府实现其统治的工具，在具体活动的开展过程中，政府对社会组织往往会十分谨慎，向政府的阶段汇报也比较频繁，其发展受到了许多限制，不利于社会组织的发展和社区的建设。

(2) 政府职能发挥存在“缺位”现象

1) 资金投入不到位

城镇养老服务的发展，资金投入是重中之重，要长效发展养老事业，需要政府长期固定的资金投入才能更快更好地发展，但是目前养老服务所需要的资金还没有一个固定的渠道，有些地方政府还没有把养老服务的资金作为每年固定的财政预算，也没有开设专门的福利项目账户，对于一旦出现的大型建设投资，许多都是通过专项申请，资金来源有一定的随意性，没有相应的制度规范来约束和保护，不能保证养老服务的长效发展。对于服务项目资金的审批效率，许多要依赖各级政府领导对该项服务的重视程度，取决于民政部门对各项事业费用比例的分配，这在一定程度上具有偶然性，资金来源无法得到保证。政府资金投入的不足导致为老年人投入的服务设施不足，服务项目受限，严重影响了养老服务工作的开展。

2) 服务的管理不到位

城镇养老服务体系包含了多个服务主体和多方面的服务内容。因为养老服务各主体之间的责任没有明确的规定，各主体责任不清，角色混乱，各项服务又属于不同的政府部门管理，因而必然常常会出现管理混乱，需要政府出面时不知道应该由哪个部门负责，责任不清，制度相对混乱，影响了服务质量，目前存在的问题是政府的规划不到位，管理的法律法规不健全，服务队伍的素质和专业化水平普遍较低，许多根本没有受过专业培训或学习，导致政府该管的不管，不该管的乱管。

(3) 政府职能发挥存在“错位”现象

政府功能的错位是指部分地方政府在承担养老服务职能时，觉得自身责任繁多，交由发育尚不完全的社会组织过多的权利和职能，再加上与其他主体在养老服务中的责任划分不清，限制了非政府组织、社会团体等主体分担养老责任的优势。有的社区或居委会因为承担了较多的权利，在处理一些行政事务时往往具有随机性，办理流程不规范，老年人的需求又多样，在处理复杂情况时往往过于强硬或软弱，无法实现各项服务的规范化操作。一些社区在承担较多的行政性事务的同时，在养老方面还承担了许多自己做不好也做不了的本应由政府或者交由非政府组织来做的事情，增加了社区压力。

2. 政府角色功能分析

政府在推动养老服务方面负有毋庸置疑的责任，但关键问题是政府承担哪些责任，又该如何承担这些责任。政府在对养老服务的推进上，需要改变原来大包大揽或是职责缺位的情况，集中政府的优势并恰当发挥政府的权力。

(1) 政策法规的主导者

政府在社会政策的制定上拥有绝对的权威性，现代公共管理学提出“有限政府”的概念，认为政府应从繁杂的公共职能中尽可能的剥离出来，实现从统治到治理的转变，国家应把重点转移到后方。“治理”一词兴起于20世纪90年代前后，最初是用来解决地方出现的问题，治理的定义有许多，最有代表性和权威性的应当是全球治理委员会在1995年发表的《我们的全球之家》的研究报告中对治理的界定：治理是各种公共的或私人的个人和机构管理其共同事务的诸多方式的总和。它是不同的利益得以调和并且采取联合行动的持续的过程。“治理”与“统治”的相同之处在于都是对社会公共事务实施管理的过程，为了维持社会秩序而都需要权威；两者也有本质的区别，它们的行动主体、行动开展方式、管理手段以及两者所依靠的权威各不相同。“统治”的权威来源于国家，政府是国家权力的中心，其统治主体只有政府，是单一的，即使政府和国家经常凭借权威维护全社会的公共利益，但是其本质仍然是阶级统治，仍然是为了维护国家和政府的利益；统治的行动开展方式是单方向的，是从统治阶级开始向下的方向，是依靠政府的各项法规命令并且用强制的手段来开展的。

“治理”建立在国家和公民的合作基础上，对社会的各项公共事务进行共同管理。“治理”的主体包括公共组织、私人组织或者是公共机构和私人机构的合作，其权利的运行是自下而上、自上而下以及平行互动的多向度模式，因为“治理”建立在共同的社会目标之上，所以社会主体的合作是通过协商、建立认同、明确共同目标等方式，开展对社会公共事务的管理，它的权威是公民的广泛认同，是基于资源自主的，其目的是为了实现社会公共利益的最大化，政府要对其他行动主体加以培养，对其成长提供更有利的条件，畅通公民参与的途径，实现各个主体的良性互动，实现社会公共利益的最大化。

(2) 社会资源的调配者

国家是社会资源的占有者和调配者，在英国著名的社会理论家和社会学家安东尼吉登斯看来，国家是在所有的组织当中最为制度化的一种，在资源的积累和储存方面，国家拥有比其他任何组织都多得多的资源，从而具有比任何其他组织都大得多的权力。国家对社会资源的这种占有优势，决定着它在社会系统中应该扮演的角色和发挥的功能。

(3) 监督模式的建立者

国家是社会的管理者和监控者。国家作为最大的“权利体系”，其重要的本质体现之一即是对社会的监管和控制，吉登斯对国家的几种不同定义即证明了该点。

其一，世界上所有类型的国家，都会对其范围内的任何社会团体和社会体系进行监管和控制，并且会涉及这些社会团体或体系生产活动的各个方面。“凡是国家都会牵涉到对归其统辖的社会体系的再生产的各方面实施反思性的监控。”

其二，每个国家都拥有一套规模庞大的、等级制度森严的统治阶级系统，从而达到对社会的有效管理。“国家意指行政管理机器，是由专门从事行政管理工作包括军事技艺的官员所组成的等级体系。”

其三，为了实现国家对社会的有效控制，国家还有一套强大的暴力机关，可以在有必要时动用暴力工具来实现其统治的目的。“国家可以被界定为这样一种政治组织：它的统治在地域上是有章可循的，而且还能动员暴力工具来维护这种统治。”

3. 政府在城镇养老服务中的角色定位

(1) 政策和资金支持

在政策方面，首先是要逐步建立专项的法律法规。因为就目前的情况来看，一方面我国城镇养老服务工作尚不具有强制法律约束力的法律约束，紧靠地方色彩重、缺少强制性的地方政策、规章制度、协议规定等文件为养老服务作保障，因此养老服务没有形成统一的行为规范和章程制度，许多问题长期得不到解决，行动力和效果都缺乏保障；另一方面现有的法律法规也存在不健全的问题，养老服务相对应的法律法规，有的是刚刚出台，有的尚在规划商讨中，整体社会保障制度法规的不完善，直接导致养老服务的开展速度和实施效果，还要完善配套的制度，政府要继续建立和完善养老服务的扶持性政策，除了养老保障、医疗保障等这些与养老服务密切相关的政策外，其他养老服务在具体开展过程中所需要配备的法规制度支持也是不可少的，例如位居老年人服务需求之首的长期护理保险相关制度的制定，能够给老年人创造更加可靠的制度环境，保障老年人医疗护理方面的服务需要。

目前的养老服务的配套制度需要进一步完善，养老服务内容的多样化和参与主体的不同，使得政府在政策制定上需要综合考虑多方面的因素，在一些服务规定和服务协议的基础上，需要有更有权威性的政策来规范服务、推进服务的发挥。养老服务只有做到有法可依，才能有进一步长效的发展。

在资金方面，城镇养老事业发展的好坏与资金的多少有着必然的联系，服务资金的充足与否，在很大程度上决定着一个地区服务质量的高低。除了来自政府的一次性补贴之外，需要拓宽养老服务资金来源的渠道，逐渐形成以社会筹集为主、政府资助为辅的多种层次和渠道的投资发展体制，政府需要发挥其动员和宣传以及资金规划使用的作用。

第一是政府的财政拨款，加大对社会保障的资金投入，设立社会保障城镇养老的专项账户和预算，鼓励成熟的社区发展典型成功案例，可以通过养老服务项目的试点投入资金和人力，提高资金的有效使用率，减少资金浪费。第二要发挥政府的宣传力量，动员社会各界对养老服务的关注，参与到养老服务中来，从而缓解养老资金单一依赖政府的压力。第三可以吸引国外资金，通过合资、合作等形式，引进外资发展养老事业。同时，国外的养老经营模式已较为健全，德国、美国、英国等发达国家的老年照顾模式尤其值得我们借鉴。我们可以通过合作的方式，学习国外的经营理念，积累相关的工作经验，提高我国养老工作的实际能力。第四是广泛的社会捐助，与红十字会、慈善基金会等以及残疾人福利基金会、青少年发展基金会等各类社会捐赠机构合作引进资金，政府也可立足社区建设来进行资金筹集，通过福利彩票所筹集的福利金以及由此调动地方政府财力、社会各界资源等共同为老年人养老事业发展服务。而且要加大社会敬老爱老的宣传教育，树立敬老爱老的先进典型，营造助人自助和尊敬老人就是尊敬自己、捐助老年事业也就是服务于自己的社会氛围，利用各类途径广开养老服务的资金来源。

（2）服务队伍的建设

我国养老服务人员非常缺乏。目前，全国60岁及以上老年人口已超过2.4亿，大约3000万以上的老人需要不同程度的家庭护理。其中，失能老人4000万，粗略估计至少需要1000万专职护理人员。目前，我国从事养老服务的人员大致可以分为三类：一是专职性服务人员，主要由退休的老年人、下岗的中年人和待业的青年人构成；二是兼职性服务人员，主要是居委会干部；三是志愿者服务人员，主要是由具有道义精神和奉献精神的社区居民、在读学生组成。但是这些服务人群普遍缺乏社区工作和养老服务工作的专业知识和技能，没有接受过专业知识的学习或培训，要促进城镇养老服务的发展，必须要加强工作人员的专业技能，丰富其专业知识。目前的养老服务内容仅限于简单的日常生活照料、组织一些文体活动等，根本不能满足老年人对养老服务的高质量、全方位要求。

政府在服务队伍建设上，可以借鉴其他国家的先进经验，例如英国和日本在社区照顾队伍上实行的官民结合架构，两国的社区照顾实行的是管理员—关键工作员—照顾员这样一个工作体系，其中英国专业工作人员和照顾员中大部分由志愿者组成。在日本，要想成为专业的养老工作人员，首先要参加政府组织的专业考试，日本也先后颁布了《社会福利士及看护福利士法》和《福利人才确保法》，以法律的形式对福利服务工作者的经济待遇和社会地位进行保障，其中还要求看护福利士必须具备相应的专业技能和专业知识才能从事相关工作。从西方发展社区养老的方式来看，养老服务队伍的建设，政府要重点在以下几个方面做投入。

1）大力培养从事养老服务工作的专业人才

社会工作的专业教育在新加坡、韩国以及中国香港、中国台湾都越来越受到重视，它包括提供专业证书教育和学士、硕士、博士学位学历教育，在新加坡国立大学，几乎所有的社会工作及心理学系的教员都有博士学位，香港在20世纪60年代末设立了社会工作教育，在社会工作的专业教育上，也开始发展高质量的专业学位教育计划。因为学历教育周期长，学习内容系统的优势，学生不仅能够学到更加深入的专业知识，而且可以通过大量的专业实践，从而把理论和实践更好的结合，是从根本上解决养老服务人员专业问题的途径。从我国内地来看，社会工作的教育还处于比较初级的阶段，除了在大型城市中的重点院校能够学到相对系统的社会工作专业技能外，其他地区社会工作专业教育都处于起步阶段，总体的社会工作教育水平与比较成熟的国家相比，相差甚远。在社会工作教育上，政府要给予配套的学科体制，培养一支具备现代社区老年服务理念、知识、方法和技巧的专业服务工作队伍，促进我国城镇养老服务事业健康有序地发展。

2）加强培训老年服务工作者的工作力度

对于养老的现有服务人员，政府要把重点放在培训提升上，必须加强各个服务层级的工作人员的工作技能和工作素养，形成一支适合养老服务事业发展的工作人员。这里所说的培训，是对在职人员进行专业教育，培训内容基于理论知识和实践技能，培训的形式可以采取以下两种：一是政府调动学校资源，如设立有社会工作专业的大学或专业院校，在离社区较便利的小区开设社会工作专业的进修班，在培训内容上可以设置养老的管理知识和老年服务的专业技能，如老年心理健康、老年医疗卫生保健等知识，使养老服务的基层工作人员也可以得到知识和技能上的学习和提升；二是为养老的工作人员聘请社区工作方面的专家，进行在工作方法和工作技巧上的培训，规范他们的工作流程。

3）建立养老服务从业人员的资格认证制度

养老服务人员的资格认证已经逐渐被许多国家所重视。1970 年以来，英国政府财政就设立专门的委员对英国的社会工作教育进行管理，多年来，该组织批准的资格证书有“社会服务证书”和“社会工作资格证书”，两种证书分别由继续教育学院和具有学士学位授予资格的高等教育机构开设，“国家职业资格证书”成为取代两者的单一资格认证，这个变化也代表着社会服务向专业化发展的趋势，资格认证制度的推广使得养老服务人员具有像律师、会计师、医生等一样的职业特点，使服务工作具有一定的权威，能有促进改变服务人员整体专业水平低的现状。这种制度的建立，除了提高养老工作者的专业技能外，也提高了他们的社会职业声望，吸引更多的具备专业技能和知识的人员为居民服务。我国政府要逐步出台相关的政策规定，界定养老服务工作者的工作内容和工作性质以及对工作要求等方面的内容，在明确服务人员的各项义务的同时，保障他们的利益，通过设置社会工作奖项来增强养老工作人员对职业的认同感、荣誉感以及职业归属感，从而能减少人员流失。

4. 服务监督反馈模式

对于养老服务工作，在制定了法律法规和激励政策推动其运行之后，对养老服务的各项工作进行评估和科学合理的监管是十分必要的。政府可以通过内部的养老服务部门专门对养老服务开展情况进行监督，也可以通过职能委托实现对养老服务的监督工作，这些受委托单位可以是处于第三方的社会组织机构、老龄委或老年组织，也可以通过委托院校的专家对社区养老服务的情况进行专业分析。政府需要做的监督工作，主要包括以下几个方面。

(1) 养老服务评估体系的制定

政府首先要制定出相应的养老服务评估体系，建立相应的依据和标准，才能实现监督职能。现代社会越发展，社会分化越快，社会分工越细，越需要政府各部门加强协作，只有通过标准化管理，才能把社会化管理体现在养老服务的各个环节。养老服务评估体系的评估对象要全面，要同时包括对服务对象和养老服务提供者。制定的评估体系要具有相应的长效性，建立长效的监督评估模式，评估标准按照一定的原则、程序和要求，运用科学规范的方法，对各个主体的参与内容、服务完成情况、各个要素进行评估，发现问题，总结原因，寻找差距，进而对服务内容进行及时的调整和完善。例如有研究人员把北京市的养老服务管理体系的评估系统进行了划分，将整个系统分为四个方面，包括政策法规、行政审批与监管、地方标准和专业的计数支持系统，对各个环节进行了指标分解，尽量做到服务过程的跟踪和监控，从而确保养老服务的效果，促使养老服务市场更加科学规范。

（2）对养老服务人员的监管

养老服务的服务人员是直接与享受服务的老年人接触的群体，这些从业人员服务开展情况的好坏，直接关系到养老服务事业的发展。在实现养老服务人员的技能培训后，形成一支专业服务队伍的同时，定期对这些从业人员进行技能考核和培训，可以建立服务人员的绩效考核和奖惩制度，根据考核的结果进行奖惩，一方面提高这些从业人员的职业归属感和认同感，另一方面提高他们的工作积极性，更好地实现为老年人服务。

另外，对于参与人数和比例目前不算高的情况，在鼓励更多的志愿者参与的同时，对志愿者的监管也是十分有必要的，对志愿者服务时间和服务内容的考核，可以安排专人进行调查回访，并根据考核结果做出相应奖惩。

（3）对社会组织、服务机构的监管

养老服务体系中，社会组织和服务机构同样也是重要的参与主体，政府加强社会组织的监督评估也十分必要。城镇养老服务是一个关系到居民生活生存需要的相对特殊的领域，因此政府要制定社会组织以及相关服务机构参与养老服务的准入标准，坚持培育和监管并重的原则，严格按照《社会福利机构管理暂行办法》《养老护理员国家职业标准》等法规、标准和规范的要求，考核社会组织以及服务机构的相关资质，重点加强对养老机构在基础设施、日常管理、服务质量和人员队伍方面的监管，并建立相应的奖惩模式，既保障老年人的合法权益不受侵犯，又保证养老机构的健康发展。还要安排人员对接受服务的老年人进行满意度调查，以考核这些机构提供的服务是否符合老年人的需求，其提供的服务产品是否达标。

（二）配角到主角：社区自治组织潜力的挖掘

1. 养老服务中社区功能发挥的现状

在目前的养老模式中，随着社区养老的优势被越来越多的人发现和承认，社区在养老服务中发挥的作用逐渐显现，社区养老也在继家庭养老之后成为大多数人养老方式的选择。但是在目前的社区养老服务中，社区在发挥其特有的优势之外，也存在诸多问题。

1）社区内的养老资源没有得到大力动员

从笔者调研的数据来看，参与到社区养老服务中的人员十分有限，人员身份也比较单一。社区里那些专门从事公益活动的老年服务组织、社区志愿者队伍、低龄健康老人以及需要照顾的老年人的邻里朋友缺乏调动，社区的凝聚力和归属感比较弱。另外，也没有专门的组织推动实现社区内潜在资源的整合，以形成互帮互助模式。

2）社区居委会的功能没有得到很好发挥

居民委员会作为基层群体自治组织，应当由居民选举产生，运用来自居民的资源进行自我管理、自我服务，并作为一种利益组织而代表居民利益，协调与政府、企业之间的关系。不过目前居委会的工作大多数还是街道办事处委托的，承担的更多的是街道的委派工作。总之，无论作为自治组织还是作为街道办事处的下延组织，居委会都不是服务机构，而是偏重于管理、协调，这种角色限制了它在服务供给中的作用。目前，居委会承担的职能较为多样，提供福利服务只是职责之一，由于缺乏专门的福利服务资源以及居委会规模的限制，多种职能承担于一身，发展福利服务的力量显然不足，甚至未对福利服务予以足够的重视。事实上，近年在发展社区养老服务的工作中我们一直强调居委会的作用，结果是服务项目很少，担任多重职责的角色可能产生冲突，在这种冲突中社区养老福利服务未能受到应有的重视。

3）社区老年服务设施不够完善，利用率不高

民政部“星光计划”是推进各个社区兴建老年服务设施的推力，各社区的硬件设施也因此得到了很大改善。但是有些服务设施和服务政策没有充分考虑到当地的实际条件，缺少因地制宜的软硬件设施，资源的便利性和可及性没有得到体现。各地老年人的群体特征没有得到很好的发现和重视，其异质性的需求也没有得到满足，许多服务设施因为活动场也狭小、交通不便、条件简陋等原因没有被充分利用，造成资源浪费。再加上老年人日常生活照料、医疗卫生服务等各方面的需求不断增多，目前的服务设施数量和质量也远远不能满足，影响了老年人享受服务的质量，也浪费了社区的资源。

2. 养老服务中社区参与的优势

社区养老成为受大家喜爱的养老方式，其优势也比较突出，首先从养老场所来看，社区居家养老有别于机构养老，即老年人是在熟悉的住所里养老，而不是在陌生的养老机构中养老；其次从养老资源（经济供养、生活照料和精神慰藉）的来源看，社区居家养老除了需要家庭成员来担负相应的责任和义务外，还需要来自政府和社会的帮助，特别是来自于社区力量的照顾。这种基于社区服务的居家养老方式既可以在很大程度上缓解政府和家庭在养老服务提供方面的责任承担和资金投入，又使需要照顾的老人能够继续在自己熟悉

的社区环境下维持独立的生活，是近年来被国内外许多学者所提倡的养老方式。然而，对于社区内自身潜力的挖掘，似乎仅停留在表面，没有最大限度地利用社区服务的便利性和功能优势。

(1) 丰富的人力和物力资源

社区内蕴含着不容忽视的丰富资源，人们生活在社区，基本的生活设施和服务都要在这里得到实现和满足。

1）规范的社区管理组织

这里所指的社区管理组织是指对社区的服务和管理承担相应义务的单位，最常见的就是社区居委会。随着社区功能的不断发展，社区居委会逐渐发挥出越来越多的作用，其重要地位越来越明显，居委会管理人员在社区居家养老资源上的参与是必不可少的，而且随着老年人口的比例上升，小区内老年相关事务的比重也会增加，目前许多社区“老龄委”的出现便说明了问题。但是在发挥居委会的功能与作用时，要时刻考虑居委会目前日常工作的繁重性，如何能使更多的人承担和分享居委活动也是需要注意的。

2）潜在的社区居民人力

养老实际上是关系到每个家庭及成员的一件事情，居住在社区内的每个居民，举手便会参与到养老服务当中，从楼组长到社区积极分子，从退休低龄老人到朝九晚五的青年以及社区内的其他潜在人力资源，都可以成为社区养老务队伍中的成员。

3）便利的社区公共服务场所

在各个小区建立之初，便有一些基本的公共活动场所和设施，再经过后期的发展，这些场所逐渐被发展和扩大，无论目前使用与否，其功能仍然可以被挖掘和发挥。这些场所被居民所熟知，居委会管理起来也相对便利和轻松，开发这些场所是解决社区养老服务亟待解决的场地问题的有力途径。

4）广泛的资金筹集渠道

社区内的资金更多的是指社区居民的捐赠，在社区养老服务尤其是其中的公共服务领域，持续的资金是保证服务顺利开展的必要条件，社区家庭的贡献和社区内企业的捐赠，都是社区闲散资金的有效利用。社区内有广泛且丰富的关系网络，社区内的社区企业、成功人士以及普通的社区成员都可以成为社区服务资金的贡献者，社区内有便利的条件设置社区捐赠平台，成为社区养老服务资金的有力后盾，也是对政府负担能力不足的重要补充。

(2) 居民与政府间的纽带

城市社区的发展使得社区的功能日渐丰富，社区服务是实现这些众多功能的主要途径。作为社区的最主要功能，社区服务也是完善社区建设的重要工作。社区处于政府和普通居民中间，是两者实现联系的主要载体，生活在社区中的居民，通过社区实现与政府日常事务的联系，社区通过服务成为一座政社沟通的桥梁。社会学的许多理论以及社会发展的实践都说明，传统社会中的人际关系随着城市化的发展逐渐削弱了，对社区的归属感也降低了，社区服务是增强居民间联系、提高居民社区归属感、实现社会团结的途径。

城市的社区服务大致包括这样两种形式：一种是政府服务于社区，它包括对社区的宏观指导、规划，建设资金的投入和各种福利的服务，它的终极目标是居民公众，但必须通过社区这个中介，另一种是社区内部服务，它包括人际相互服务和社区为居民提供的服务，政府为社区服务首先需通过社区组织了解社区的情况和居民的需求，这样才能及时地解决与人民群众生活有关的各种问题，一个现代城市管理将来要实现“小政府、大社区、大服务”的模式。政府在转变职能的同时，管理重心开始下移，通过对社区的服务，一方面可以加强政府与市民的联系，另一方面市民也可以通过社区来表达自己的意愿，对政府行为提出建议和实施监督。社区内的服务活动是加强社区居民之间联系的又一主要任务。社区内的居民和组织既是社区建设的主体又是服务的对象，这种人际相互服务体现了社区的互动性。社区服务的目的是提高社区居民的生活质量，增进社区公共福利；社区服务的基本方式是以社区成员的自助、互助为基础，利用社区内外资源，开展各种福利性质的服务。社区通过服务为居民的生活提供各种便利条件，为社区内单位创造良好的工作环境，使他们意识到社区利益与他们的自身利益密切相连，从而达到社会整合的目的。

（3）社区内社会组织的发展

社区内的社会组织在社区中发挥着十分重要的作用，他们通过与社区互动，可以发挥许多积极的功能。

1）社会组织开展的活动拓展了社区服务很多的功能

随着经济的发展和社会的转型，人们对所居住的社区的认同感逐渐增强，对社区功能的要求也越来越高，社会组织本着满足居民基本生活需求的基本宗旨，通过政府购买、社会捐助而来的资金，实现为老年人、儿童、残疾人、贫困家庭等社会弱势群体的社会救助或社会福利服务，对社区居民开展便民利民服务，对下岗职工的再就业培训服务等，实现自身宗旨的同时，拓展了社区的服务功能。

2）实现价值多元化选择的功能

社会组织在参与社区建设的同时，在社区福利服务、社区教育、社区文化、社区卫生等各个社区服务方面，丰富了各项内涵，使居民在服务选择上有了更大的广度和自由，满足居民多元化的价值选择。

3）社会组织是社区资源整合的平台

由于缺乏有效的平台和渠道，社区内分散的资源得不到应有的利用，其价值无法实现。如果有社会组织的出面，以组织化的形式号召居民参加社区公益活动，就会使分散的居民参与意愿得到实现，资源整合的结果是社区公益事业得到发展。同样，非政府组织开展的活动在社区居民之间架起了桥梁，沟通了信息，使彼此的需求和资源情况得到有效对接，满足了社区居民多方面、多层次的社区参与和交往要求。

4）推进社区整合的功能

社会组织在社区内开展的如下岗职工再就业技能培训服务，为贫困家庭提供的社会融合服务，为社区内老年人提供的医疗、生活各类服务，都在一定程度上减轻了政府和社会的压力，缓解了社会矛盾，为促进社区整合、维持社会稳定起到了十分重要的作用。

此外，一些社区外部的非政府组织还能够依托自身能力，动员、整合社区外的资源，并将之投入到社区，使该社区的资源情况得以扩展。非政府组织推进社区资源整合的努力，扩展了资源总量，增加了资源运用的透明度和合理性，促进了社区建设的健康发展。

3. 社区在养老服务中的角色定位

（1）激活社区内各类资源

对于社区内丰富的物力资源，要尽量实现整合利用和闲置场地的激活。综合使用社区内原有家政、托老、老年大学等社区服务资源，逐步实现资源共享。例如做到社区服务平台、社区医疗服务机构以及各种老年福利服务设施在提供服务方面的相互承接，最大限度地发挥公益性服务设施的综合效益；随着上海人口进入负增长阶段和旧城改造的开展，中心城区一些原有的托儿所、幼儿园因生源不足成为闲置场所，利用这些场所以及其他一些目前弃用的设施厂房、商店等，通过赎买、租赁等方式，改、扩建为老人日间服务中心或养老机构；或者将目前社区的体育场馆、青少年宫等活动设施，以免费或低收费的形式向老年人开放，迎合老年人娱乐健身的需要，盘活现有资源，满足养老服务需求；还可以广泛动员街道、居委会兴办养老机构，发动企业下岗职工利用社会上和某些单位的闲置房屋、场地兴办养老服务事业。这些设施投放少，既省钱，又省事，在解决下岗职工就业问题方面，也很有发展前途。对于社区内丰富的人力资源，可以通过以下模式加以开发。

1）志愿者模式

鼓励社区中的志愿者到社区中登记，从而可以建立志愿者库，通过记录志愿者的特长为老年人提供相应的服务。志愿者中有技能特长或对某一专业领域如医疗卫生、心理咨询等有经验的，当老年人有特定的服务需求时，就可以找到相应的志愿者为其进行服务。发动社区内学校的学生志愿者，开展丰富的社区助老活动，形成学生与老年人结对的服务形式，并形成志愿者之家，方便志愿者交流经验、分享感受。社区志愿者在地理空间上要比社会志愿者有明显的优势，在服务时间和效率上也会优于社会志愿者。

2）老人互助模式

有人在某社区现状及居民需求调查中发现有的老人愿意义务参与社区互助活动和公益活动，其中的老人希望政府给予政策支持，所以街道办事处应围绕社区宣传、娱乐活动、文化教育等方面成立老年义工组织，老年人之间特点相近，习惯相似，可以在精神上互相交流、互相慰藉、互相支持，将老年人组织起来，成立老年互助组织（老年义工组织），彼此生活上互相帮助，或者由低龄老年人帮助高龄老年人。老年人互助模式有着其他模式难以替代的优势。

3）为老服务时间银行

这个方法已经被许多西方国家采用实施，并且受到了很好的效果，为了服务者的积极性，采用记录他们的服务时间，并像银行储蓄一样积累下来，在服务者年老或者需要服务的时候“取现”，也就是鼓励年轻人和低龄老年人为高龄老年人或者需要服务的老年人服务，其服务通过记账的形式积累储蓄，将来可以享受同样时间的服务。与志愿服务相比，养老服务更能调动服务者的积极性，也可以促进服务的持续性和长效性。但是，正如银行储蓄一样，为老服务时间储蓄需要满足基本条件才能实现，如采取这种储蓄方法的区域需要足够大，这样才能实现不因人员迁移而不能实现，另外时间的计数要足够科学，相应的信用模式也要完善。

（2）发挥社区服务的纽带作用

通过社区服务，对于老年人服务需求和服务供给的调研，掌握老年人的切实生活需要和服务的供给情况，并反映给政府老年服务政策设计部门，是社区体现政府与居民之间纽带作用的重要功能。

之前社区养老服务的重点服务对象是分散供养的“三无”老人、享受低保且生活特别困难同时子女享受低保无赡养能力的老人。这些老人有着相对明显的服务需求，也是因为目前的社区养老服务是从20世纪80年代的社区服务发展而来，它延续了当时社区服务的服务理念——为社区里无经济来源、无生活自理能力、无法定赡养人的老人服务。在经济发展水平不高、养老资源有限的情况下，养老服务的重点人群应是“三无”老人。但是随着社会经济与社区服务的发展，社区养老服务作为一种具有普遍性的养老方式，服务的对象应是有服务需求的全体老人，而不仅仅是一小部分老年群体。那么，到底有多少老人需要提供服务，他们又需要提供什么样的服务，如何掌握这些情况，需要通过有效的调研数据获知。

目前，对于老年人服务需求和供给状况的调研并不少，参与到老年人服务需求与供给调研的有社会上的各类群体，但如何获得更加真实有效的数据，了解老年人的准确需求，社区仍然具备独特的优势。

设置社区调研员。调研员的设置已经被许多社区证明了其可行性和有效性，湖北省某社区自设置社区调研员后，社区居民的需求和愿望有固定的反映对象，这些调研员也都成为许多社区居民最熟悉的社区干部。选择社区居家养老方式的老年人居住在自己家中，散布在社区的各个地方，如何能够准确地搜集到这些老年人的服务需求，并适时做出相应的反馈，是社区居家养老能够更好发展的保证。社区调研员的设置，针对这些老年人的特点制定了一套合理的调研程序，包括调研的对象、周期、搜集和反馈流程等。一方面使得这些有养老服务需求的老年人有了固定的需求反映渠道，另一方面社区以及政府相关部门可以有固定的和相对准确的政策制定依据，调研员对于老年人的了解和调查，与其他数据需求者实现资源共享，既节约了各类群体的调研成本，又减轻了老年人因为频繁受访而产生的负担。在调研员的选择上，可以由居委会成员、热心居民尤其是同样选择居家养老方式的低龄老年人担当，通过授予他们社区服务标兵等称号对社区调研员进行激励和精神奖励。

通过对社区养老服务老年人的定期走访和调研，不但可以改善对老年人的服务质量，而且可以加强社区的纽带功能，增强社区居民的归属感。在调研内容的选定上，在对社区内提供助老服务的社会单位情况掌握的前提下，可以根据他们的服务内容和服务性质进行分类，按照这些类别，对他们服务提供的现状进行跟进，进行不定期踩点和周期性的满意度调研。

（3）挖掘服务中的岗位需求

随着老龄人口的增加以及养老方式的转变，社区养老服务的服务对象和服务内容不断向多元化发展，社区居家养老的老年人对服务需求的增加，各类服务在不同程度上都呈现出供不应求的局面，无论是政府承担的服务项目还是交由市场满足的服务供给，都远不能满足老年人的服务需求。服务需求之所以不能得到满足，一方面是由于服务资源的有限，另一方面是因为服务岗位没有得到挖掘，没有开发吸引更多服务人员的就业需求。

1）了解对象需求的直接性

生活在社区里的老年人，接触最多的是生活在这个社区的居民，家庭成员、楼组长、居委会成员、社区调研员是接触老年人最多的也是最有义务关注老年人生活需求的群体。在调研中，享受助餐服务的老年人的服务需求和得知有该项服务提供的渠道也主要是通过周边人的需求反映和回馈。

2）岗位发现的准确性

在社区中，为老年人提供的各种服务的供给程度，哪一类服务需要增加或减少服务人员和相应的服务岗位，某项具体的服务项目能够为老年人带来多大的福利效果，岗位设置的必要性和可行性，社区都更有发言权。

3）资源提供的便捷性

通过掌握社区内居民的就业情况，鼓励和支持社区内居民为本社区贡献力量，吸引相关专业的人才为本社区内老人提供服务。另外，通过下岗职工再就业的培训，解决社区内下岗失业人员的就业问题，社区这种资源供给定位便利性和地理位置的优势，加上合适的工作能使老年人减少疾病和疼痛、保持积极乐观的心态和长寿。随着平均健康寿命的延长，很多老年人退休后，身体条件和劳动能力依然很好，工作愿望依然较强。为这些老年人提供合适的工作机会，不但能充实老年人的退休生活，增强他们的精神满足感，还能使这些老人获得一定的经济收入，减轻家庭或社会的负担。是实现岗位发现和岗位满足的有效途径。

(4) 动员社区内自治组织

社区内社会组织的参与愈显重要，社会组织能够配合地方政府，完善社区的合作服务体系和社区养老服务功能。马斯洛需求层次理论指出，人的生理需求和安全需求是人的初级需求，当这两个需求得到满足时，人们便开始追求更高的需求，如归属与爱的需求、尊重的需求以及自我实现的需求，老年人的需求也随着经济水平的发展不断上升，在日常生活照料之外的需求越来越被老年人所需要。他们需要精神交流、希望发挥余热、想要完善自我。因此，在发展社区养老服务生活照料、医疗卫生服务需求的同时，也要关注到老年人精神层面的需求。

鼓励各类以老年人为服务对象的社会组织的发展。社区内的社会组织有许多关注和参与到社区老年人的精神生活，因为目前居家养老服务多偏向于比较初级的服务项目，如何满足老年人的精神需求，提升他们的精神生活品质，需要这些社会组织的合作，鼓励他们参与到社区养老服务中。美国的“朋案咨询”被许多国家认可，中国社会组织也可以借鉴。他们通过组建老年协会，为老年人建立起周边的社会网络，致力于为老年人构建和维系其社会网络，充当老年人与其家属、亲朋好友之间的桥梁，加强双方的沟通，使老人不会感到孤独、寂寞。同时，及时为老人提供丰富的社会信息，避免老人与社会脱节，真正做到让在社区中居家养老的老年人“老有所乐”。

给社会组织提供更多的便利条件。许多老年人的服务需求十分特殊，仅靠社区和政府的资源是无法顾及和满足的，但是社会组织有相对丰富的服务活动和社会资源，社区管理者应该对社会组织少一些家长作风，多一些信任和支持，配合政府的相关政策，给予他们成长的土壤，提高他们在社会福利方面的承载能力。可以将社区内的社会组织与政府分配给街道、街道委派给居委会的民生任务相结合，通过政社联合或社社联合的方式共同完成，减少资源的浪费，提高居民的福利享受覆盖率。目前上海许多社区出现社会组织通过政府招投标项目开展的活动与其服务对象所在区域的居委会重复开展，一方面浪费了许多人力、物力和财力，另一方面使居民对活动开展的质量产生怀疑，增加了社会组织在社会福利服务方面发挥作用的阻碍。

(三) 补充与拓展：社会企业的参与

社会企业的参与成为城镇养老服务继续发展的有效推力，因为社会企业的参与，养老服务中服务需求的特殊性问题、服务对象覆盖面的问题都得到一定程度的缓解，社会企业成为城镇养老服务的有力补充主体。

1. 城镇养老服务中企业功能发挥的现状

社会企业是20世纪90年代西方国家福利体制改革和非营利机构转型的产物。福利国家的危机使政府退出部分公共服务领域，为非营利部门提供产品和服务创造了巨大的市场，社会企业就是其中借助商业运作解决社会问题的创新模式。社会企业与其他企业不同的是，它不是为股东或企业拥有者谋取最大利润。社会企业从事的是公益性事业，通过市场模式调动社会力量。在国内，社会企业受到政府相关部门的重视始于北京市《中共北京市委关于加强和创新社会管理全面推进社会建设的意见》，其中提出："积极扶持社会企业发展，大力发展社会服务业"。"社会企业"作为一个专有名词首次在北京市委文件中出现，在全国来说也是开先河之举。该份文件体现了社会企业优于传统公共服务机构的价值正在被广泛认可。

在我国实践中，民办非企业单位和福利企业最接近社会企业的内涵，但远不能涵盖社会企业的价值与效应。社会企业不是一种法人结构，而是借助市场模式来解决社会问题的一类组织。与传统非营利组织相比，社会企业的经营性体现在其建立了以市场原则为基础的组织结构、管理方法和运营模式，强调绩效考核与成本控制。社会企业靠高品质的服务和产品赢得市场，从而获得不依赖于外部资助的可持续性收入。虽然社会企业不以盈利为目的，但只有盈利的社会企业才能持续地实现其社会目标，完成其社会使命。

在城镇养老服务领域，社会企业目前的参与范围虽然并不十分广泛，但是其作用和存在的意义已经不容忽视，在调研的过程中，笔者发现在养老服务中，社会企业扮演了很重要的角色。全国许多其他城市也正在进行着积极的探索，天津市为参与到养老服务中的社会企业颁布了一系列的优惠政策，如对在工商部门注册、以开展居家养老服务为主要经营业务的企业，符合相关规定的养老服务免征营业税等优惠措施。苏州市某园区与该区内的企业合作，企业员工成为养老服务的志愿者，并且形成企业社会责任联盟网站，宣传企业责任，助力养老服务。无锡市许多居家养老服务中心与多家社会企业合作，即获得了许多资金又丰富了居家老人的服务内容。广州市政府与一些社会企业合作，这些社会企业致力于养老事业的发展，特别是针对居家养老的老年人，进行了一系列的养老服务设施的建设。目前，在众多的养老服务文献中，鲜有针对社会企业参与养老服务的描述，社会企业在养老服务这一巨大的潜在市场中还没有找到合适的切入点，社会企业虽然在养老服务中出现的频率并不大，但是其作用却是不容忽视的。社会企业在养老服务中作用的发挥，有待于社会各界意识到其巨大的潜能和优势以及正确实现其功能的途径，如此才能真正参与到养老服务中。

2. 社会企业参与的有利因素

与一般的商业企业相比，社会企业能够提供低成本、高效率的公共产品。社会企业因其企业化的运作方式，具有明确的商业性，所以在提供公共产品时会充分考虑到成本，并尽可能实现成本的最小化。而在面向市场时，社会企业却与一般企业有所不同，它并不以利润极大化为目标，而是本着解决"社会问题"的目的，充分考虑到供给对象，尤其是中低收入者的支付能力，以生产成本为基础制定相应的价格，从而提高了公共产品供给的效率。

与政府相比，在公共产品的提供上，社会企业可以提供的公共产品比较丰富。在市场模式中，社会企业提供的公共产品和服务，许多是政府所不能提供的。在社会企业发展时间较久的欧美发达国家，社会企业已经在文化发展、医疗卫生、职业教育等各个方面发挥了积极的作用，提供了许多高质量的产品和高效的服务，在很大程度上缓解了政府的社会压力。社会企业涉足了传统商业企业所没有或很少涉及的领域，在一定程度上也补充了政府的社会功能。另外，与政府相比，社会企业在供给产品时是本着以需求为中心，政府在提供公共产品时，由于缺乏对于需求者的真正了解，从而产生供给需求不对等或不合理的情况。通过市场模式了解到需求情况的社会企业，能够更加合理地供给人们真正需要的公共产品，提供更有效性的服务。

与社会组织相比，社会企业在养老服务的内容上会更加的丰富。社会组织的服务对象通常是某类指定的社会群体，服务的内容也相对单一，使得享受到服务的群体覆盖面比较小，一部分有服务需求的人群不能享受到服务。在资源获取上，社会企业相对于社会组织，具有资源充足的特点。许多社会企业都出现在各大企业的发展背后，社会企业实际上也为市场创造了新的投资机会。现在很多大企业每年都有投资给社会企业，有的还资助成立独立的社会企业单位，他们也在这种公益投资的各种创新商业模式中找到了自己的商业机会。随着这些社会企业的不断发展以及服务领域的扩大，一方面凭借其大企业的广泛社会脉络，另一方面在社会企业发展领域探索而发现的资源，比如吸引到的投资商，业务发展带来的初步成果，都能够为社会企业的继续发展提供丰富的资源，在一定程度上缓解了社区、非政府组织等由于资源短缺而造成的服务断裂。

另外，社会企业的服务具有可持续性，这种可持续性表现在资金持续上。社会企业由于其持续化的商业运作，许多服务和消费在一定程度上会收取服务费用，形成其持续运作的资本，无论是在发展还是企业运作成本的支付上，持续的资金是社会企业能够生存的基本保证。与社会组织相比，社会企业的自我生存能力会更强，它的日常运营可以很少或者不依靠社会的捐助以及来自政府的财政支持，在一定程度上减轻了政府的压力。与商业企业相比，社会企业所面临的来自外部股东的压力相对来说没有那么大，在制定和平衡公共产品的供需上更有自主性。目前，在养老服务领域，除了政府目前不定期的投资外，加上一小部分没有连续性和保障性的政府购买项目资金，在服务供给主体上，都尚不能实现资金供给的长期性和持续性。因此，社会企业是十分重要的供给角色之一，能够在一定程度上保证资金的持续性。

3. 社会企业在养老服务中的角色定位

(1) 服务专业化的注入

社会企业对养老服务中的参与，能够以企业的专业能力提高养老服务的专业化水平。社会企业在从业人员职业观念、职业态度、职业技能、职业纪律和职业作风提出了更高的要求。这几个方面也是从根本上提升养老服务专业化水平的途径。

1）养老服务人员专业的职业道德

服务领域工作人员的职业道德是对该服务领域专业化的基础保证。养老服务人员应具备对养老服务正确的价值观和基本的道德品质，包括对服务对象的正确态度、服务内容的正确认识和服务方式的正确把握。专业化的职业道德不仅是养老服务对于工作人员的基本要求，也是做好养老服务应该承担的义务。养老服务专业化的职业道德是通过为老年人提供专业化服务的过程体现和总结的，是老年人对服务内容和服务方式特殊要求的体现，其形成过程是循序渐进的，通过多种形式的服务，逐渐形成大家共识的职业规范，工作流程以及价值取向，在服务对象和社会各界中逐渐得到认可，提高服务工作人员在社会上的专业位置，引导从业者遵守社区养老服务工作人员的基本道德规范，为社区养老服务提供专业的、有效的服务。

2）养老服务专业的服务技能

专业化的服务技能是实现养老服务专业化的基本保证。在服务技能上的专业化是提高养老工作人员在服务对象心目中的地位的关键，工作人员成为老年人信赖的、认可的人群之后，才能吸引更多的老年人积极地参与到养老服务中。提供养老服务的社会企业，为了保证企业的效益，在企业员工的选择上，势必会对员工的考核更加的专业和严格，也会遵循市场竞争优势劣汰的原则进行人事的任命与考核，在配合国家对养老人员资质考核的基础上，为这些具备资质的人员提供更好的工作条件和待遇，持证上岗，树立良好的专业形象，并逐渐形成品牌效应，从而逐步实现养老服务的专业化。

3）养老服务良好的专业形象

社会企业工作人员拥有相对专业的服务形象，在服务过程中，直接决定了养老服务工作开展的顺利程度、深入程度，决定了养老服务知名度和公信度在老年群体中的影响力，有利于从业人员表达、传承为老服务爱心和精神。因此，必须树立道德、文明、敬老的职业形象，引领社会形成更加尊重和支持养老服务职业而不是排斥或弱化。必须有专业化的评价模式。专业化的评价是指对养老服务质量、从业人员能力素质的变化、服务项目等方面通过服务机构的认定、论证而得出的科学评估和经验总结。从业人员是养老服务的主体，其工作状态决定着服务工作质量，而从业人员的工作状态与得到的评价息息相关。出台一个标准去评估服务的质量，包括对老人服务的评估，老人服务计划的制订、执行与落实。其中，对老人服务的评估不是简单地了解他们的医疗病史，而是涉及老人的身体健康程度、精神卫生状况、社会活动需求、家庭成员及经济状况等各个方面。同时，提供清晰的服务标准，让公众清楚提供服务的模式，提升资源利用和管理质量，降低养老服务成本，从而提升养老服务效益。

(2) 满足老年人多元化需求

老年人由于身体机能的退化，会存在多方面特殊的需求，比如生活照料、养老保健、饮食搭配等，不仅需求是多方面的，而且不同条件的老人各方面需要的具体内容也会不一样。从国外一些养老的成功经验来看，细分老年人不同的需求，开展有针对性的养老服务是提升养老服务水平的关键，而我国现有的大部分社区养老服务没有将老年人的需求细分，而是提供较为浅层的养老服务，像高龄老人、失能老人、临终老人等群体的养老需求远远未能得到满足。究其原因，一方面是由于没有充分了解老年人的需求内容，另一方面主要就是掌握的资源或资金有限，没有实力去开展这种多元化的养老服务。而社会企业的参与，尤其是一些专业服务企业如餐饮、医药、保健等方面的企业或者是与养老服务相关的企业，他们最大的特点就是以消费者需求为导向，能够针对服务对象的多方面需求提供不同的服务。这些企业在参与养老和满足老年人多元化的需求上主要表现为以下几方面。

1）服务内容的多样性

目前，养老服务主要是为老年人提供日间照顾、助餐配餐等比较基本层次的老年服务，并且为所有服务对象提供的服务内容基本一样，没有考虑不同年龄、不同身体条件老人的不同需求，也就是说在提供服务的时候，能供老人们选择的服务种类有限，在老年人异质性的需求上，老年人目前对于养老服务很突出的需求就是特殊服务没有办法实现和满足，社会企业以需求为中心，把参与养老的重点放在满足不同客户对于产品的需求上，加上市场潜力更广的老年人特殊需求，更加吸引社会企业的关注，企业可以根据老年人不同层次的服务需求，设计不同档次的服务套餐，通过收取服务对象定期定额的费用，为老年人提供持续性的服务。

2）资源提供的多样性

在养老服务方面，政府能够供给老年人的有基础的养老、医疗保险政策以及相应的基础服务，虽然资源丰富但是缺乏整合利用的条件，社会企业在享受政府政策优惠的前提下，能够以相对有效的方式整合资源，并可以为养老服务提供更多的资金，改善养老服务的质量。

(3) 扩大服务对象覆盖面

政府目前的养老服务政策大多针对的是有特殊困难和生活急需帮助的老年人，其他老年人享受服务的比率很小。这一方面是因为老年人传统观念的限制，另一方面是因为服务的宣传力度小。那些占老年人较大群体的、具有普遍需求的老年群体，同样需要社会的关注和帮助。如何使这类群体更多的享受到服务，除加大政府的投入外，社会企业的加入也可以在一定程度上解决养老服务覆盖面的问题。

①克服社会组织服务持续性差的问题，扩大服务对象覆盖率。因为其规模化和持久性的经营，能够克服社会组织服务的间断性，在持续经营中扩大经营规模，服务更多的社会群体，这样在地域上克服了因附近老年人群体较少而影响服务投入产出比例，在此基础上不断改善服务质量，从而吸引更多的老年群体，扩大老年群体的覆盖率。

②丰富服务内容，扩大服务对象。社会企业为了其生存，要力图通过扩大服务对象来实现运营成本和收益的平衡，许多政府承办的养老服务往往因为接受服务的对象过少而不断的需要通过投入资金来维护目前的服务设备和人员。社会企业试图通过扩大服务覆盖面，在满足第一服务对象的服务需求之后，开拓其他市场从而实现长效运营。

（四）分工与合作：良性互动服务的开展

1. 服务中的分工与合作

城镇养老服务是一个涉及面极广的服务系统，养老系统由六个部分组成，即五大主体和一个智慧养老系统。五大主体是指养老服务的提供者，包括政府、家庭、社区、机构、个人五大主体协作共治。其中，我们倡导以政府为主导、家庭为基础、社区为依托、机构为补充和鼓励个人自主性养老。五大主体之间是相互联系、相互合作的关系。

在养老服务中，政府作为多元的主导，是政策制定者和资源提供者，要整合与协调各种治理机制，实现有效性运转；而家庭养老作为中国传统养老模式，具有稳定性和血亲性，符合中国人的传统习惯，有助于家庭和睦、社会和谐；减少社会成本；社区作为养老服务的提供者和养老活动的组织者，将在未来面临更多养老需求，如何从老年人需求入手，更进一步完善社区养老也是当前的重心之一；同时，由于现阶段政府不可能覆盖所有的养老需求，社会组织机构作为养老服务的补充，将以其专业护理水平容纳越来越多的高龄、失能老年人；最后湖北省部分生活能自理的老年人在经济上有一定的基础，自主养老能通过个人交往实现生活乐趣和精神满足，摆脱对子女的依赖。

智慧养老系统指的是信息化养老服务系统的建设，主要包括医养结合、信息化建设，旨在衔接多元主体，从而提升城镇养老服务合作供给效能，共同实现“老有所养，老有所依，老有所乐，老有所为”的养老目标。

养老服务的所有提供部门之间及提供者之间都应相互协调，以便为老年人提供有效的适当的服务。为了达到预期的效果，寻求不同的协调方法以提高服务是必不可少的。

（1）合作中的分工

城镇养老服务供给和合作基础一定是必要的分工，只有发现和明确自身的职责和功能，才能实现合作。在前面章节中已经详细讨论了各个主体具备的特点及功能，那么针对种类繁多的养老服务，如何更好地在供给中提供有重点的服务呢？笔者认为，各个服务的供给主体所提供的服务具备较为明显的特征，例如政府主体属于行政模式的供给模式，社区以及社会组织的参与是自治模式，志愿者的参与则属于自愿模式，社会企业的参与则属于准市场模式，那么必须明确各种养老服务和供给模式之间的适应性，即根据养老服务的不同性质，采用与其相适合的供给模式，这样才能把供给模式分开，继而进行合作。

1）家务服务适用多种供给模式

家务服务就是我们通常所说的“家务活”，也包括电器、电线的维修及下水道的疏通等。可用行政模式供给这种服务。政府部门是服务的供应者，也是生产者，服务的对象是孤寡老人、行动不便的老人等，服务是免费的，由政府自己组织提供家务服务。当然，如果采用行政模式供给这类服务的话，有可能导致服务的低效率；可以采用准市场模式供给家务服务，即成立家政服务公司。家政服务公司是具有营利性的市场主体成立，政府部门是供应者，消费者所要付的费用则要根据实际情况而定。采用准市场模式供给家务服务需要注意两个问题：第一，在多大的范围内设立一个家政服务公司；第二，社区的老人有家务服务的需求，但是如果收费的话他们会在多大程度上消费。

最理想的情况是，在社区内采用自治模式和志愿模式供给家务服务。具体可由社区自治组织安排本社区内的志愿者为本社区老人定期提供服务，并且具有在紧急情况下解决问题的能力。然而，一个社区内有多少志愿者愿意从事家务服务，又有多少较为专业的志愿者是一个值得考虑的重要问题。那么，如何在供给家务上实现合作呢？首先要最大限度地采用自治模式与志愿模式供给家务服务，其次采用行政模式与准市场模式作为供给养老服务的补充。家务服务可以采用多种供给模式：第一，家务服务相对比较简单，便于具有公益精神的志愿者从事；第二，家务服务具有福利性，可由政府无偿为孤寡老人提供；第三，家务服务具有分割性，服务可以分为几种较小的服务且每种服务可以明确收费，这样便为家政服务公司介入提供了可能。

2）最低生活保障服务采用行政模式

笔者以为，常规的保障服务的生产者和供应者都是政府，只能采用行政模式。志愿者的慈善行为与自治组织不能供给最低生活保障服务，因为其具有不稳定性与不定期性。具有经济动机的企业更不可能提供保障服务，因为保障服务具有明显的福利性，不可能由企业提供。因此，这种服务的供给模式只能是行政模式。政府关键是要调查老人的实际需要，做到保障有力。

3）医疗服务适于采用行政模式与准市场模式

这种服务可以采用行政模式与准市场模式。此两种模式供给医疗服务各有利弊。采用行政模式供给医疗服务的优点是老年人可以享受到优质的服务，且不会产生付费问题，缺点是政府要为此承受高昂的财政负担。准市场模式下的医疗服务的优点是可以提高效率，但是政府要为引导与监督体系花费精力，且很难保证老年人能享受到优质的医疗服务。现实中可针对不同的老年人采用不同的供给模式，对“五保”及没有经济来源的老人可采用行政模式供给医疗服务，其他的人可采用准市场模式供给医疗服务，具体可采用补助、凭单等方式。

4）精神文化生活服务适于采用自治模式与准市场模式

精神文化生活服务适于采用自治模式与准市场模式。这是因为，精神文化生活服务在本质上是一种无形的产品，且这种产品在很大程度上来源于人们之间的互动，因此它不可能采用行政模式供给，也不可能采用志愿模式供给。在一些经济条件较好的社区可以采用准市场模式，也就是说老人可以到一些采用准市场经营方式的场所去消费，享受此种形式供给的服务。例如江汉区某社区就采用此种供给方式：社区建有麻将室，有专门的服务人员，提供茶水和简单的食物，收取一定的会员费，其余的部分社区自治组织予以补贴。这种精神文化生活服务的供给方式就是采用准市场模式。我们可以以自治模式为主，辅以准市场模式供给此类服务。

（2）服务供给方式的混合使用

从以上的分析中可以知道，除保障服务只能用一种供给模式以外，其他几种服务都可以采用多种模式供给养老服务。采用多种模式供给养老服务将取得更好的效果。在养老服务中，供给方式复合运用一般包括三种情况：多样化运用、局部运用、混合运用。

1）多样化运用

多样化运用是指不同主体运用不同方式供给养老服务。萨瓦斯基于实践经验指出：在一个特定的辖区可以利用多样化的方式来提供特定的服务。例如印第安纳波利斯的生活垃圾收集处理中，就运用了多种不同的安排方式。多项制度安排运用于同一种服务并无不妥。笔者对养老服务供给的调查中也证实了这种情况，即养老服务的供给方式都是多样化的运用。

2）局部运用

局部运用是指在供给同一养老服务时，在不同的阶段，根据不同的情况，使用不同的供给方式，从而使供给的效率和供给服务的质量达到最优。在笔者调查的地区，已经有局部运用各种方式供给养老服务的例子。在兴老年公寓时，通过承包的方式把它包给建筑商，建筑商按照承包合同建设公寓，这种方式是准市场方式供给；在公寓建成以后，社区居委会成员通过协商找人经营，这是一种自治方式；在日常服务过程中，有一些志愿者来做一些家务劳动，并有社会各界捐款捐物，这是一种志愿模式。

3）混合运用

混合运用是指在供给同一种养老服务的过程中，同时采用多种供给模式。使用混合模式首先是由养老服务的性质决定的，此种养老服务要适合采用多种供给机制，比如最低生活保障服务的性质就决定了此种服务只能采用行政模式来供给。其次，要发育出适合供给模式的多个供给主体，有供给主体参与到养老服务的供给中。最后，要有可以利用的资源，这样就可以有效地供给养老服务。没有一种供给模式是十全十美的，关键在于复合运用各种模式，发挥每一种机制的优势，扬长避短，为养老服务的供给共同发挥力量。

2．合作中不可忽视的因素

在城镇养老服务发展过程中，养老服务部门有些是由社区组织建立的，但是加快养老服务产业化进程后，私营机构及其他由社区组织管理的非营利机构将成为养老服务的主体，因此服务提供部门之间的交流或合作就显得很重要。

（1）加强各部门之间的信息交流

对政策制定者、服务提供者、照顾工作者而言，为了确保相关人员能够获知有关服务提供范围、授权标准以及服务提供资格确认等方面的信息，信息交换和传播是必不可少的。可以通过机构间的会议、信息的指引和展示、共同的资源库等来完成各部门之间的信息交流。

（2）加强服务人员之间的联系

养老的服务人员分为三类：专业服务人员、志愿者及专职服务人员。由于服务人员的来源比较广泛，它们之间各自的知识背景、生活经历不同，很可能在提供服务时相互之间就服务事项产生很大的差异。为了使提供服务的个人之间能够有效地合作并负担协调的责任，加强服务人员之间的交流与联系是必需的。增强它们之间的沟通和合作，可以通过提供相同背景的培训、组织一些需要共同参与的活动如举办运动会、棋牌比赛等来完成。

（3）重视家庭的作用

家庭是社会的基本单位，本来社会的发展就是以家庭的健康发展为基本条件的。家庭的健康发展离不开对老年人的赡养服务。几千年来，家庭在老年人的赡养服务中一直起着最基本的作用，家庭是养老服务的最初提供者。家庭的基本养老服务功能主要体现在：经济功能，即组织家庭的生产与消费，满足老年人的基本生活的需要；赡养功能，即下一代对上一代的供养帮助，以帮助老年人共享晚年；精神慰藉和情感交流功能，基于血缘的关系，家庭可以为老年人提供最大的精神服务和最充分的交流场所。这些都是家庭最基本的养老服务功能。同时，随着社会的发展，以家庭的血缘关系为核心所形成的姻缘关系、情缘关系以及地缘关系和业缘关系形成的社会资本网络，扩大了家庭的养老服务功能，使得家庭不断地生存与壮大，逐渐向社会化的方向迈进。因此，家庭的因素是需要在每个服务供给环节中时刻关注的。家庭作为老年人生活的主要场所和精神慰藉的主要来源，养老服务每一个环节的推进都需要老年人家庭成员的支持和协助。虽然由于诸多原因，家庭的养老功能在逐渐弱化，但是其仍处于决定老年人晚年生活的幸福与否的无可替代的地位。本课题并没有使用大量篇幅阐述家庭在养老服务中的具体作用，但是其功能渗透在养老服务体系的各个环节。

要形成一种积极的、顺畅的互动，关键在于各供给主体在共同供给养老服务时达成一种有规律性的模式，即要达到供给模式在使用时的一种良性模式，养老服务供给主体间合作模式的形成不是一蹴而就的，而是需要各主体在服务实践中，经过合理分工、不断协商、相互配合从而共同探索出一条符合本地区实际情况的供给模式。在笔者所调查的地区中，供给主体的多中心秩序已经初见雏形，但是还没有形成完善的供给模式，且供给的服务具有很大的不确定性，这种情况必然随着实践的进一步发展而得到改善。

3. 非正式组织的支持

(1) 非营利组织的角色定位

非营利组织在城镇养老服务供给中占据重要的社会地位，因具有公益性、志愿性、自治性的特征，可以发挥其优势承接政府向社会转移的公共服务职能，有效弥补政府以及市场的双重失灵。首先，非营利组织的志愿性特征可以提供更灵活的老年服务，在老年人的多样化需求导向下，通过弘扬互助友爱的服务精神号召志愿者的积极参与，促进社会助老爱老风尚的形成；其次，非营利组织的公益性和非营利性更容易被老年群体所接受，以较低服务成本向老年人提供更专业化的服务项目，有效地弥补政府及市场的双重失灵。

实施具体老年人服务项目。在服务供给中，非营利组织作为养老服务的直接生产者之一，能为政府分担更多的公共事务，实现“小政府、大社会”的社会格局。当政府采取向非营利组织购买养老服务时，非营利组织才是真正的服务实施主体，它从老年人的基本需求出发，提供专业的社工服务或老年人娱乐活动。同时，非营利组织是经济上无法独立、生活较为困难的老年人的福音，它以较少的服务成本及多元化的服务内容得到了政府及社会的大力认可。非政府组织作为沟通桥梁，积极向政府反映公众需求，提出合理建议，从而影响政府政策的制定，为长期稳定的养老发展体系建设奠定了稳定的社会基础。在湖北省的社会组织角色定位上，应更加注重其建设的自治性，明确社会组织并不是政府的“下属”或是准公共部门。社会组织在参与治理中，接手了政府无法提供的公共服务，缓解了政府的人员及财政压力，所以在其发展过程中，应减少政府的干预，保持社会组织服务供给的自由度，而不是完成政府下达的行政指令。只有减少社会组织的行政束缚，才能让其深入到老年人中，了解当下老年人的真正需求，保持服务内容的与时俱进。

明确专业服务方向，开展专业化个案服务。在环境污染及食品安全危机频发的今日，老年人身体机能不断下降，在心理及生理健康上都需要得到更多的关怀和照顾。西方发达国家十分重视社会服务体系中专业人才队伍的建设，专业素质高、知识技能水平强的服务人员是保障养老服务高质量供给的必要前提。发达国家历来重视对于养老服务从业人员队伍的规范化培养，在大学开设有社会工作专业，在服务人员的技能培训、从业资格考核认定等方面都制定了严格的标准，为养老工作的开展培养了大批高素质的专业人才。所以，在湖北省的非营利组织应加强专业社工队伍的建设，为高龄、空巢、失能老人开展专业化的个案分析及心理辅导，提升老年人的幸福指数及社会融合度。依据国外的先进经验，湖北省内各类服务组织的发展应以明确各类组织的专业服务方向为首要前提，分类开展不同的服务项目，如老年人日间照料中心主要负责老年人日常照顾服务；社区党群服务中心主要负责对老龄、空巢、失能老人开展心理治疗及专业社工辅导项目；老年人协会主要开展老年人所喜闻乐见的精神娱乐、体育文化活动等，避免出现老年人一天内同时参加不同服务机构举办的同类型活动的尴尬事件发生。同时，社会组织应更多地关注专业人员的培养训练，构建专业人员队伍，将此设定为社会组织生存发展的必要优势，在老年人服务提供中，将专业化的服务要求贯穿始终。

（2）非正式组织的支持

在老年人照顾方面的非正式组织支持，主要体现在家庭群体的支持和志愿者群体的支持，发挥家庭“守护者”的角色和功能。我国自古以来都是一个非常重视家庭养老的国家，子女对父母的赡养和照顾是天经地义要尽的孝道，也是社会所倡导和推崇的。随着我国进入快速老龄化社会，大批的老龄人口对政府意味着一笔巨大的财政开支，家庭对老年人的照顾功能是不能忽视的。费孝通在1983年提出家庭养老的“反馈模式”，即每相连的两代人之间有一种互惠，或者是反馈的模式，A代抚育B代，B代赡养A代，B代抚育C代，C代又赡养B代，这在中国通常被称为养儿防老。基于社会系统均衡互惠的原则，应该强化社会对家庭养老观念的认识，不仅仅只是在法律上规定子女的赡养义务，更需要通过正确舆论的引导来改善家庭的照顾功能。调查显示，在家庭照顾中，有一些照顾自身是存在困难的，这就需要社会对他们也要提供帮助，增强他们进行家庭照顾的能力。对于家庭养老还有一个不能忽视的现实是存在代际的“责任伦理”机制，很多老年人在年龄比较大需要帮助的时候，他们可能采取降低自己生活标准和减少需求的方式，来减轻子女的抚养负担。

这在很大程度上为子女减了负，也减少了老年人和子女之间的矛盾，促进了家庭和谐，使得家庭养老能够继续延续下去；然而更重要的是，作为家庭照顾者的子女，应该特别关注老年人的实际需求，不能因为老年人自己降低标准，就忽视了他们作为老年群体应该享受到的照顾，坚持做好老年人的“守护者”。将老年志愿者服务充分融入社区养老和机构养老服务当中。

老年志愿者服务在我国目前还不是很成熟，大多是比较零散的、非专业的服务，但是在我国老龄化、少子化以及社会化养老服务发展还不是很完善的情况下，应该充分重视志愿者服务在老年服务当中的作用。

一方面政府需要在政策上不断健全和完善老年志愿者服务的制度建设；在管理上加强志愿者群体的规范化和专业化；在内容和方法上要将老年志愿者服务引入社区养老和机构养老中；在舆论上动员各种社会团体、组织、社区居民、大学生等参与到老年志愿者服务当中。

另一方面志愿者自身从意识上要有为老年人服务的奉献精神，且端正品行，净化自己的思想和观念，时刻关注老年人的身体和心理状况，为老年人排忧解难；从自身素质上要积极提高老年服务能力，经常参加老年服务知识的讲座和培训，为老年人提供专业、周到的服务；从行动上要深入社区、养老机构以及老年人家中，针对老年人的需求开展相应的志愿者活动，给老年人以倾诉、获得帮助的机会，以切实解决好老年人的生活困难，给老年人带来精神上的慰藉。

4. 以市场化为导向的多形式养老模式补充

市场化养老是养老从家庭走向社会，从非正式制度走向正式制度的过程。养老市场化是社会发展的一种趋势和必然。市场化养老不是对传统家庭养老的否定，而是对家庭养老功能的补充和拓展。要实现的养老目标是“老有所养、老有所乐、老有所为”，这样的养老目标，不仅提供养老的生活空间和养老服务，还应包含养老的文化娱乐和对老年人的真情关怀。养老资源提供者的市场化，主要是指养老的经济支持由家庭提供转向社会提供。

随着市场主体的多元化，老人的需求日益多样化，政府在社会养老方面不能提供有效供给。同时，中国正处于社会转型期，不仅经济发展压力大，经济建设财政消耗大，而且社会问题丛生，这些问题的处理和解决最根本的需要是财政资金的支持。在社会养老体系建设中，发挥市场的作用，将市场机制引入社会养老体制当中，可以充分利用社会财富投资社会养老，以弥补政府投资不足的缺陷。养老职能承担者的市场化，即养老的生活照料、精神慰藉由家庭提供转向由社会提供。养老的社会化目标是实现养老共济，不论贫富都能享受到最基本的养老保障，提高养老水平，保障老年人能够享受社会发展的成果，实现老有所养。

在社会化养老的过程中，仍然要提倡“尊老”“敬老”“爱老”这样一些中华文化的传统美德，使老年人能够在全社会范围内获得尊重，使他们更好地融入整个社会生活之中，实现“不分年龄，人人共享”的社会发展目标。为适应老人身体素质提高的需要，自我养老也是一种符合我国国情，提高老人社会地位的保障制度。

提倡老人的自我保障，并非是个人的家庭和社会抛弃老年人，而是说老年人要转变观念，适应市场经济发展的要求，自己认识自己。通过发挥老年人自己的能力，通过自我养老和互助养老来减轻我国老龄化带来的社会压力，减轻政府、社会和家庭的负担。

第一，老年人的自我养老最重要的就是要保证自己的经济来源。很多年轻人逐渐有了保持健康的思想，在中年到老年的时候非常注重自己的身体状况。老年人不仅要在健康方面做好准备，更为重要的是要在经济上有所储备。一些经济条件好的老年人不仅要具有储蓄和定期缴纳养老保险的意识，而且随着教育水平的提高，现在的老年人也要有适当的投资意识，积累个人财产来保障自己老年的生活来源。

第二，老年人要积极参与公共生活。政府提供更多的养老服务是城镇养老的趋势，政府通过改善卫生医疗条件、进行健康知识宣传等各种方式来帮助老年人提高健康水平，引导老年人积极参与社区生活。但是老年人自身也要保持良好的心态，积极乐观地融入公共生活，通过老年人协会等民间组织使自己的老年生活丰富多彩，良好的心态能够激发老年人的活力，对于保持老年人的健康也有积极作用。

（五）智慧养老：提高养老供给效能

1. 智慧养老的内涵与研究现状

（1）智慧养老的内涵

智能化养老服务的核心是远程控制技术和网络信息技术的结合，是科学技术与现有的养老服务经验和技能相结合的创新型养老方式。从功能角度看，智能化养老服务应该具备以下四个方面的基本功能要求：安全防护，如智能门禁、防盗报警等；高效管理，如综合信息推送服务、远程管理等；远程控制，如远程控制数字交换、开关控制等；家庭智能化，如室内环境自动调控等。与之相对应，智能化养老服务应具备以下三个方面的内容：更灵敏的智能感知、更便捷的信息交换、更深入的数据分析。更灵敏的智能感知是指可以随时随地快速感知、获得信息的机器设备，更加便捷的获取信息，以便能够及时了解到老年人的需要，迅速做出反应和安排；更便捷的信息交换是指通过一个服务中心平台集中管理老人的档案和信息，并实现和政府的户籍人口信息之间的联动和信息共享，使不同老年人的不同需要通过不同部门的相互协助更好更快地完成；更深入的数据分析是指数据和信息获取以及服务的提供过程更多地依靠互联网和物联网的技术来支持，从收集的数据中分析老年人的潜在需求。综上所述，智能化养老服务是现代智能化技术应用到养老服务中的现代养老方式，是未来社会养老服务的发展方向。

智能化养老服务具有下列特点：一是科技依托，智能化养老服务平台是集合了现代通信技术、信息网络技术、计算机与物联网的现代科技集成平台；二是以人为本，从老年人的生活服务需求和心理需求出发，考虑到为老服务人员及老年服务管理人员的需要，通过运用先进技术设备及智能终端进行管理，最大限度地满足老年人的需求；三是绿色环保，智能化养老服务不仅仅是技术的运用，主要目的是通过科学知识的运用为老年人营造一个宜居绿色生态环境；四是优质高效，将科学技术应用到养老服务中，能够提高工作人员的管理效率，降低人力成本，减轻为老服务人员的劳动强度，提高服务质量；五是资源整合，现代社会具有资源分散性的特点，运用科学技术对养老服务所需要的各种资源进行整合，在智能化养老服务中心平台的基础上实现资源的高效利用，如医疗资源、老年人资料管理、社会志愿者管理等。智能化养老服务更多地侧重于智能化技术的运用、高效率的信息传递以及资源的共享，以一种新型的服务提供形式，在原有的家庭、社区或者服务机构的基础上提供更加快捷、安全和舒适的养老服务。智能化养老服务必须作为一种技术手段来应用，不能作为一种全新的养老模式来理解。智慧养老指的是通过技术实现终端系统的开发平台。如通过调研采集老人的需求，并将这些需求进行归类，然后通过技术和技术部署到网络平台和移动终端，同时为社区老人建立电子健康档案，并将整个系统部署到老人社区。社区工作站的工作人员作为本系统的管理人员，经过社区严格考核的商家作为服务提供商，老人只需通过网络或点单，即可将服务需求传递给系统，管理人员通过系统通知得知老人的需求后将服务再派遣给服务商，服务商收到派遣通知后立即上门为老人提供服务。本项目使整个社区养老更具优势，更加信息化、创新化，有良好的发展潜力。

（2）智慧养老的实施现状

1）远程医疗监控

在欧美等发达国家，远程医疗监控技术已经非常成熟。远程医疗监控包括两个方面：

一是远程医疗，在很多医院及门诊中已经铺设了远程医疗专用网络，因此很多老年人通过远程医疗服务在家就诊；二是远程监控，可以实时监控老年人的身体状况、行为动作等信息，并且通过一些体征处理算法判断老年人是否有潜在的疾病威胁、摔倒行为等。目前，更多的研究都集中在远程医疗监控以及监控中出现老年人体征异常的紧急救治上，将远程医疗和远程监控结合起来，建立一整套完善的远程医疗监控救援体系。目前，有很多研究提出了各类的远程监控系统，有文献提出了体征监测系统用于监测老年人某些特殊疾病。

有文献中使用多普勒雷达监测老年人夜间的心跳和呼吸，并排除了老年人体动的异常情况，并将监测结果用于监测老年人在睡眠中出现呼吸障碍的情况。也有文献提出监控老年人的心电图、血氧饱和度以及血压、体重等体征参数，并结合日常活动与行走，通过对每个老年人的个性化阈值判断的方式，监测其是否有心力衰竭症状。还有研究通过对老年人体重和血压的监测，预防老年人的糖尿病；或通过各类无线传感器以及智能手机来监测老年人的日常行动如走路、静坐、睡眠等以及对紧急异常情况的监控如跌倒、突发心脏病和中风。

另外，有研究提出了一套基于智能电视的电子医疗服务系统，系统通过智能电视平台的接口来进行远程医疗，医疗诊断的电子病历将存储在云端；在本地通过 NFC 技术对个人体征进行收集，并通过云平台对用户进行药品提醒和管理。如有研究提出了一个基于家庭保健网络（Home-Healthy Care Network，H2N）的老年人自主照料系统，对老年人进行实时监控，并提供日常生活活动辅助、远程照料服务、记忆障碍治疗等服务，通过该系统使老年人在治疗中轻松愉悦，同时还帮助老年人提高日常社交。

2）家用养老机器人

家用养老机器人头部安装多台激光和热成像摄像机，在声音识别技术的辅助下，借助于云计算命令处理，能够完成日常老年人护理功能。养老机器人身上还安装了各类传感器来监测老年人体征，如红外传感器可以监测老年人的体温，这些监测结果会实时传送到老年人的主治医生手机上。养老机器人还能接受医生的命令，与老年人进行交流，向老年人提供各类咨询和建议，并向主治医生传达老年人的想法和要求，成为老年人和医生交流的桥梁。

目前，对家用养老机器人的研究主要集中在提高机器人与老年人的互动能力、机器人对老年人动作行为判定并进行异常监控检测 PS 以及增加机器人对老年人的服务功能。

3）全智能化老年公寓

全智能化老年公寓是由英国信托基金提出并构建的，公寓采用计算机技术、无线传输技术等多项现代技术，在地板和家用电器中植入全套电子芯片，让老年人无须任何护理人员陪伴也能处于远程监控状态。当老年人入住时会在老年人体内也植入电子芯片装置，用于对老年人进行实时体征监测和室内定位监测。在全智能化老年公寓中，老年人走出房屋或摔倒，地面传感器会通知医护人员或老年人亲属；冰箱等设备也会进行相应的报警，如吃药提醒、炉灶无人看管等；老年人休息时会自动播放老年人感兴趣的音乐，并通过调节暖气和灯光让老年人感觉舒适。全智能化老年公寓与远程医疗监控有些类似，但是远程医疗监控更关注老年人的身体状况和疾病预警，而全智能化老年公寓则关注到老年人生活的方方面面，对老年人实施全智能的关怀和管理。

4）老年人辅助装置

针对老年人肌肉萎缩、行动不便的特点，有人研制出一些专为老年人设计的辅助装置，这些装置佩戴在老年人身上，帮助老年人完成一些无法独立完成的工作，使老年人和护理人员的工作变得更加简单。目前，这类辅助装置主要的研究方向仍是老年人的步行辅助装置。文献研发的装置可以支持和协助整条腿的行动，为了应对老年人在斜坡、台阶等不平表面的移动，该装置安装了陀螺仪传感器和超声波传感器实时计算斜率和角度。文献研发了一种电子轮椅来帮助老年人进行运动。综上所述，国外由于信息化技术比较发达，同时老年人本身处于独立生活模式，所以更多地集中于提供更好的远程医疗服务、更加智能的老年人周边装置和更加优越的老年人生活环境。

2. 功能介绍

根据总体架构设计，智慧养老平台按功能分为医疗健康子系统、主动关怀子系统、社区服务与活动子系统和救援安防子系统四个子系统，如图 7－2 所示。

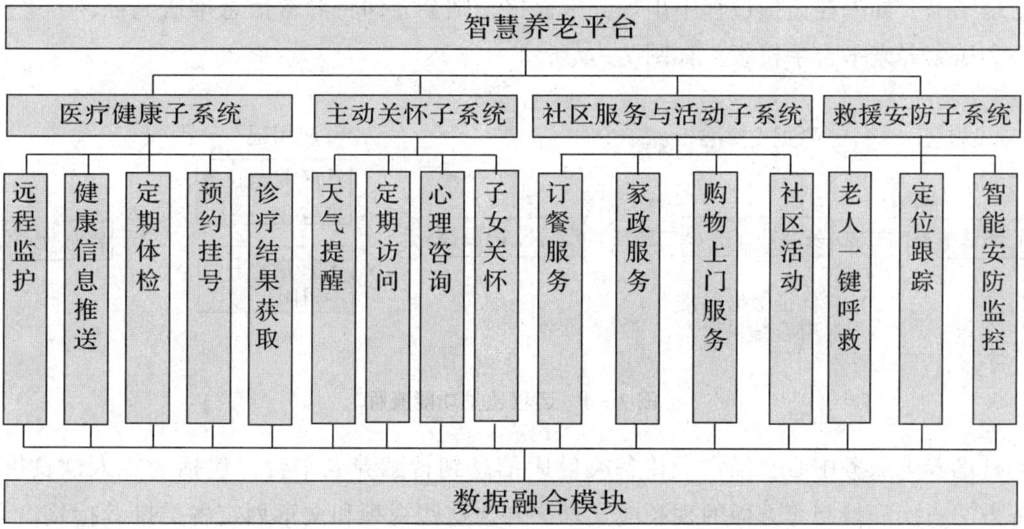

图 7－2　智慧养老平台子系统功能

医疗健康子系统分为远程监护、健康信息推送、定期体检、预约挂号和诊疗结果获取五个功能。

主动关怀子系统分为天气提醒、定期访问、心理咨询和子女关怀四个功能。

社区服务与活动子系统分为订餐服务、家政服务、购物上门服务和社区活动四个功能。

救援安防子系统分为老人一键呼救、定位跟踪和智能安防监控三个功能。

这些功能以数据融合模块的融合结果为基础，为不同的老年人提供个性化服务和功能，达到智慧养老的目的。

（1）医疗健康功能

医疗健康是智慧养老平台最重要的功能，根据系统总体架构，医疗健康功能包括远程监护、健康信息推送、定期体检、预约挂号及诊疗结果获取等功能，如图7－3所示。

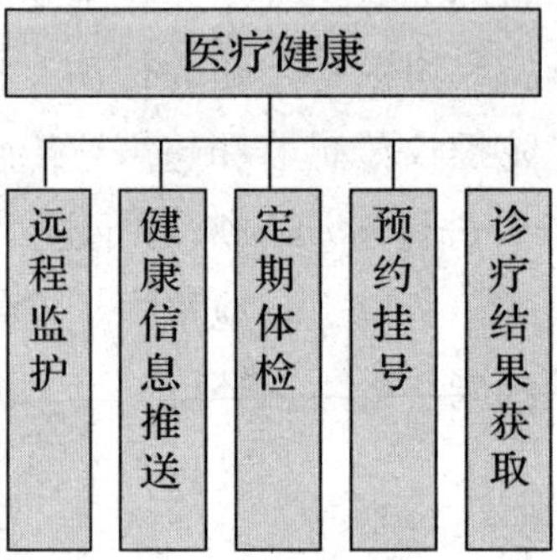

图7－3　医疗健康功能

远程监护功能依赖于智慧养老终端设备获取的体征监控结果及数据处理中心、数据融合处理结果，如果在监护过程中出现异常警报，则会立即将异常信息推送到社区养老服务中心和居家养老平台手机版，如图7－4所示。

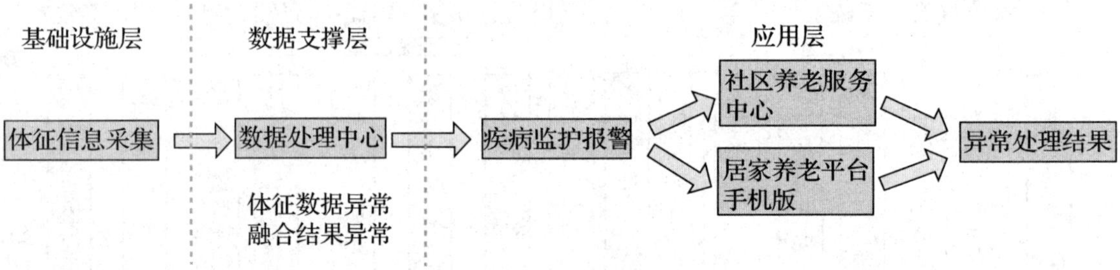

图7－4　远程监护功能流程

社区养老服务中心会经常上传各类健康信息到智慧养老平台，包括老年人饮食推荐、锻炼方法、疾病控制等方面的视频或文章，并为这些视频和文章划定各类推荐标签。老年人可通过智能网关的居家养老软件电视版自己查看各类养身视频和文章；智慧养老平台也会根据老年人数据融合的结果对老年人进行相关信息的推荐和筛选，例如针对感冒的老年人，可为其推荐一些迅速治疗的方法或是预防感冒的秘诀。

社区养老服务中心定期安排社区中的老年人进行分批体检，并将体检结果作为老年人的健康档案存入数据中心。

当远程监护出现疾病报警，或是老年人自己感觉生病时，可通过智能网关进行挂号预约，并且在诊断结果出来后，在家中得到诊断结果。诊断结果也将存入老年人的健康档案中，如图 7 – 5 所示。

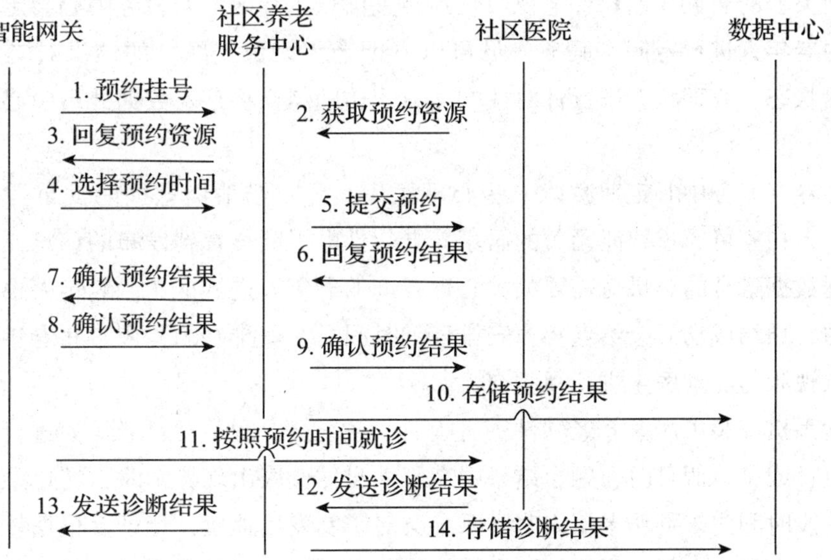

图 7 – 5　挂号预约与诊断结果获取时序

体检结果和确诊结果进行上传后，系统会将结果进行数据融合处理，以便提供更好的个性化功能。

（2）主动关怀功能

老年人需要更多的关怀、理解和尊重来保持自身的身心健康，智慧养老平台通过主动关怀功能来实现老年人这一需求。主动关怀功能包括吃药体醒、天气提醒、定期访问、为老政策宣传、心理咨询以及通知子女关怀和与子女视频等功能，如图 7 – 6 所示。

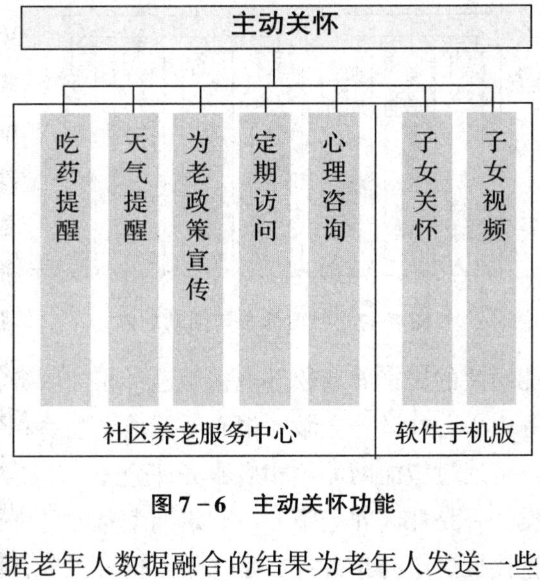

图 7 – 6　主动关怀功能

养老服务中也会根据老年人数据融合的结果为老年人发送一些主动关怀信息，包括吃药提醒、天气提醒、政府的为老政策宣传等。老年人可通过绑定的手机收到关怀短信，或是智能网关上的居家养老软件电视版收到相关信息。社区养老服务中心会定期派服务人员对社区内老年人进行慰问，服务人员可以根据老年人数据融合的结果对老年人的饮食起居、生活状态、心理状态进行针对性的交流，访问结果将存入数据处理中心进行数据融合处理。

社区养老服务中心定期邀请一些心理医生，并将邀请信息提前发布，并划定推荐标签。老年人在家可通过智能网关的居家养老软件电视版查看到发布的信息，智慧养老平台也会根据数据融合的结果对需要相关心理咨询的老年人进行推送。老年人根据发布的信息进行预约，预约成功后会给老年人安排咨询时间。在安排好的咨询时间老年人通过居家养老软件电视版与心理医生进行视频交流。

子女手机安装了居家养老软件手机版后，系统会提醒子女对老年人进行关心，比如在老年人生日或是节假日时，融合结果中老年人身体健康出现异常时，转化融合数据判断出子女在一段时间内未拜访老年人时，系统会对子女发出提醒，让子女根据软件提醒主动关心老年人。老年人也可通过智能网关的一键视频功能与子女手机的软件进行视频交流，缓解老人对子女的思念。

（3）社区服务与活动功能

社区养老服务中必会结合社区服务主体和周边商家提供一系列社区服务，主要包括订餐服务、家政服务和购物上门服务；社区养老服务中心也会定期为老年人举办一些活动，使所有社区内的居家老年人有一种社区大家庭的感觉，包括老人舞蹈、老人相亲、老人旅游及各种节日聚会，如图7－7所示。

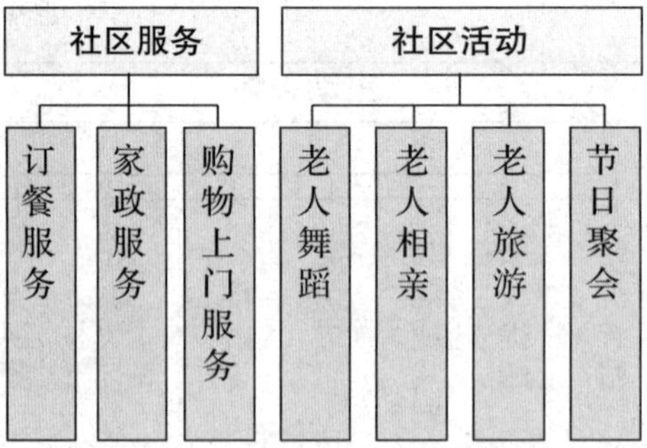

图7－7　社区服务与活动功能

老年人通过家中智能网关的居家养老软件电视版选择相应服务，选择好相应的服务请求会发送给社区养老服务中心，社区养老服务中心根据请求联系相应的服务提供商。当老年人得到具体的服务后，可通过智能网关给相应服务评分。

社区活动来源有两类：一是社区养老服务中心定期发布的各类社区活动，在社区活动发布后会通过智能网关直接推送给老年人；二是老年人也可根据自己的兴趣申请想参加的活动，经由社区养老服务中心审核后通过智能网关推送给其他老年人。如果老年人对安排的活动感兴趣，可进行活动预约及现场报名，在参加活动后可以对活动进行满意度打分。

(4) 救援安防功能

救援安防功能解决了居家老年人的安全需求，其具体功能包括老人一键呼救、定位跟踪、子女紧急通知、警察医院通知四个救援功能及视频监控、智能安防监控、物业保安通知三个安防功能，如图 7－8 所示。

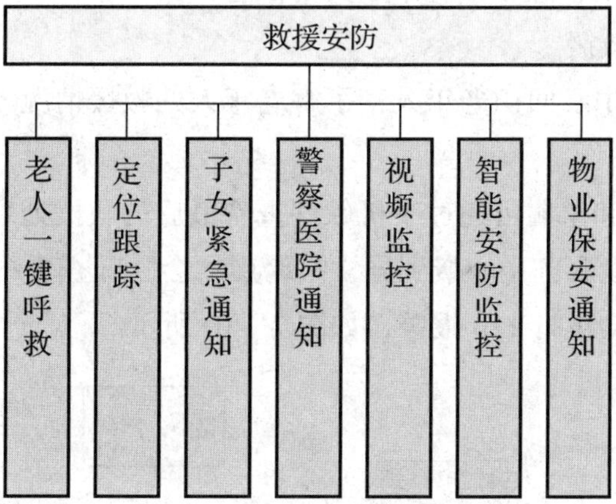

图 7－8　救援安防功能

老年人可以通过绑定手机、家庭电话或者智能网关发出一键呼救，社区养老服务中心接收到呼叫后，会立即进行相应的处理，联系老年人家属，必要时拨打 110 和 120，如图 7－9 所示。

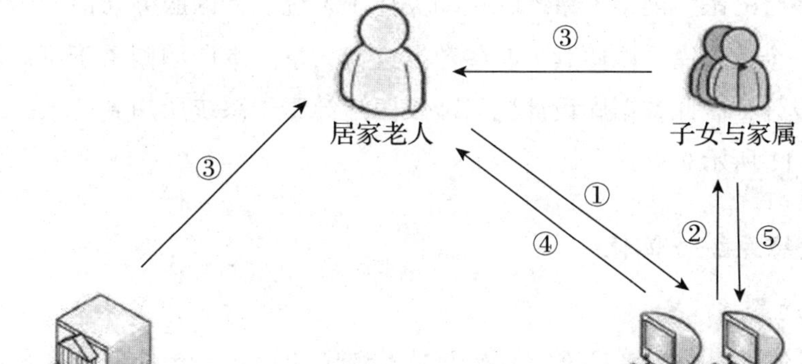

图 7－9　一键呼救服务流程

具体流程如下。

（1）居家老年人通过一键通手机或家庭电话向呼叫中心进行呼救，或为老年人体征感知终端通过家庭网关上传报警信号。

（2）社区养老服务中心调出老年人的电子档案和当前的地理位置，并根据老年人的呼救类型进行迅速的项目匹配。若需紧急救援则立即联系老年人家属，并根据老年人急救项目匹配结果选择联系医院、公安局等相关公共部门，必要时派遣志愿者到老年人地理位置处进行救援。

（3）医院、公安局或志愿者派工作人员前往进行救援，如果老年人情况较紧急，需老年人的子女与家属前往救援。

（4）社区养老服务中心回访老年人，了解老年人的救援情况、处理结果，并将结果进行保存。

（5）老年人的子女和家属可通过手机软件查看最后的救援处理结果。如果老年人家中安防出现异常，社区养老服务中心接到异常报警后，会立即查看视频监控，并通知物业保安和子女家人，必要时会拨打110报警，如图7－10所示。

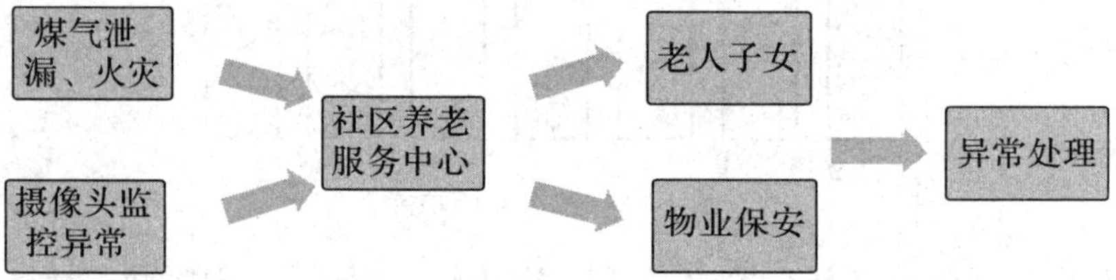

图7－10　智能安防过程

3．数据库设计

智慧养老平台的医疗健康子系统、主动关怀子系统、社区服务与活动子系统和救援安防子系统共用一个数据库，以便其中有些数据进行共享。本课题侧重于讲述智慧养老医疗健康子系统的设计，因此数据库设计也只涉及医疗健康子系统所用到的数据库逻辑结构的设计，如图7－11所示。

4．医疗信息系统一体化

（1）发展趋势

20世纪90年代初，我国开始发展医疗卫生领域信息化，各地区的大型综合医疗机构都逐步建立起医院信息管理系统，一些甲级医院基本都建立了检验信息管理系统、医学图像系统、放射信息管理系统等信息管理系统，但由于不同医疗机构对信息系统的购买有不同的需求，因而只能根据各自医院的需求从不同的公司和厂家定制，这导致各个医院拥有的信息指标体系与数据格式大不相同。这种只有分化或是整合不充分的信息系统，势必导致医疗信息系统功能结构不协调，不能很好地提供所需的医疗保健服务，或者出现大量医疗资源的重复和浪费，从而降低服务效率，这不仅违背了信息共享和可持续发展的原则，而且对于我国医疗卫生信息系统的信息化、数字化、网络化发展是一种致命的制约。

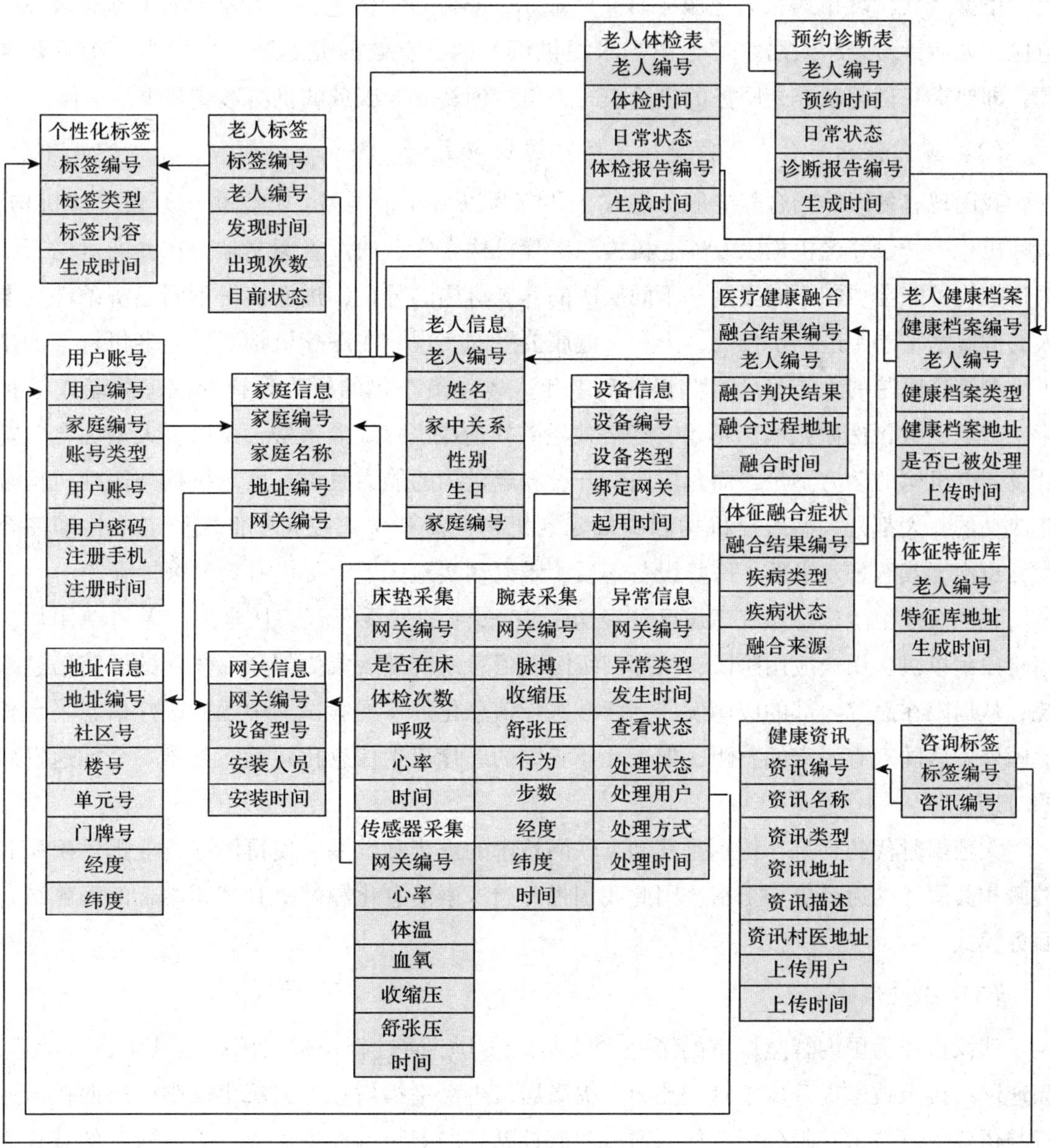

图 7－11　医疗健康子系统数据库

因此，实现系统之间的数据共享和完善整个医疗流程，消除信息孤岛，形成一体化的医疗信息系统是与国际接轨的发展趋势。需要在有限的资源条件下扩大养老产业，解决需求。随着人口的老龄化，劳动力价值越来越高，通过信息化服务体系，可有效调配资源，将本来十分有限且珍贵的资源最大化地利用。同时，可以提升整体服务水平，改善由资源不平衡带来的产业不平衡的问题。养老正在往产业化方向发展，由于信息化技术能有效提高效率节约资源，使得养老行业的整体运行成本更低。显然，信息化技术无疑会成为现代养老产业的根基之一。

根据《我国城市居家养老服务研究》显示，85%以上的老年人有享受居家养老服务的意愿，如何针对老年人居家养老的需求提供可及的、有效的养老服务已成为一个重要课题，即要求我们创新养老服务的供给模式，包括创新养老服务的供给形式和供给主体。

（2）国内信息平台在医疗健康服务领域的应用

我国现有的医养结合养老服务模式主要分为以下几个类型：养老机构开设医疗机构、医疗机构中开设养老机构以及养老机构与医疗机构合作。通过查阅文献，在养老机构开设医疗机构可能会加剧不同类别和不同层次的养老机构的分化，进而使得不同经济条件的老人的健康水平差距进一步拉大，不利于健康公平的实现。在医疗机构开设养老机构，加剧了大型综合医院的人流量。有些慢性病老年人风险最小化的行为选择导致患病老人“押床”现象，社区医院则病患不足，经济效益差，造成医疗资源浪费，可以说大型综合医院开设养老机构的动力不足，而基层医院开设养老机构的能力匮乏。养老机构与医疗机构合作成功的，大都是大型医疗机构和高端养老机构，而基层医院和中低端养老机构即使合作，也由于其医护水平低、医疗设备落后，难以切实地为老人提供有效的医护服务。

我国医疗卫生信息系统建设已经经历了20多年的发展历程，从早期的单机单用户应用阶段到单机多用户应用阶段，从部门级医院信息系统发展成为如今一体化的医院信息系统，从局限在医院内部的应用发展到区域医疗信息化的发展尝试。中国的医疗信息平台相比国外发达国家有一定的差距，但近几年我国的医疗卫生信息化建设正处于一个加速发展的时期。

大数据时代的到来，特别是移动互联网技术的进步和发展，使得医疗行业提供疾病和健康相关服务的途径更加丰富，因此我国也开始探索信息化和健康管理相结合的医养结合服务模式。

（3）试点经验

武汉市作为国内智慧城市的第一批试点，致力于通过新一代遥感控制技术、云计算、高速网络接入技术提升城市管理能力，提高居民生活幸福指数。武汉市汉阳区桥西社区通过与侨亚信息技术有限公司合作，通过政府补贴和向老年人提供免费“一键通”的方式为社区内60岁及以上的老年人提供全天候智能化养老服务，见表7-1。为推动养老服务的发展，桥西社区出台了对养老服务机构的准入优惠政策，如土地优先使用权、奖励专项资金、财政补贴等。桥西社区的智能化养老服务通过后台的侨亚智能居家养老管理系统，整合辖区内的养老服务资源，对老年人的基本信息、健康信息以及服务需求等进行采集分析。通过E脉手表、通信网络、智能医疗设备等收集老年人信息，为老年人提供日常生活服务、卫生保健、安全管理等服务。

健康服务子系统通过为老年人提供免费体检建立健康档案，记录每位老年人的医疗史、药物过敏史等基本信息，对有特殊需要的老年人还可进行上门体检。老人通过定期自助体检，更新身体状况信息，智能居家养老后台管理系统会对定期更新的数据做出预警和分析。同时，根据不同层次的健康管理需求为老年人提供健康指导、疾病风险评估、视频会诊等服务内容。发现老年人健康数据异常时，对老年人进行指导性健康管理，提高老年人身体健康程度。

安全管理子系统为老年人提供突发状况紧急呼叫服务，身体健康常规数据预警服务，老年人走失定位服务等，保障老年人的安全。

快乐支持子系统通过组织娱乐活动、交友活动，使老年人能够展示个人才艺，发挥自己所长，充实老年生活，享受精彩人生。

生活助理子系统，老年人在有服务需要时通过拨打侨亚客服中心电话，就能轻松实现服务需求。

表 7-1 武汉市汉阳区桥西社区智能化养老服务内容

工作内容列表	对社区工作人员和志愿者进行了系统培训，安排了每天的服务值班人员（周一到周六），确定了相应设备管理责任人
	对于多频次（每月≤8 次）应用智能健康养老服务站进行检测的老人，免费提供个人健康档案
	侨亚公司组织医疗专家定期（每周三）在社区举行各类老人感兴趣的预防保健、养生话题及健康管理知识讲座，面向全社区老年人免费开放
	为加强社区对所辖老人的养老服务，侨亚每月在赠送老人个人健康档案基础上，给社区月度的群体健康报告和建议
	定期安排人员协助初次使用的老人进行体检，对亚健康人群上门跟踪介入，提供治疗、运动、生活指导及高血压、糖尿病等十大慢性病的预防和管理服务
	辖区家政服务、水电维修等 120 余家社会为老服务机构进入智能居家养老服务平台
	为 20 余名空巢、孤寡老人和患有多种疾病的居家老人配备了 E 脉手表或“一键通”等安全监护终端，实现了紧急呼救、定位查询、生命特征预警监测等安全看护

八、湖北省五位一体城镇多元化养老模式的保障机制

（一）完善养老产业法律法规的保障制度

1. 加快养老保险的单项立法进程

完善的法律规范是一项制度可持续推行的前提条件。目前，我国养老保险法律体系的现状是有一部基本法即2011年开始实施的《中华人民共和国社会保险法》，它是我国首次颁布的关于社会保障制度比较综合的法律，包括养老、医疗、失业等保险制度，只在二十二条提到：有条件的地方可将城镇居民社会养老保险和新型农村社会养老保险合并实施，根本没有提到关于城乡居民基本养老保险的实施细则。我国目前城乡居民基本养老保险制度刚确定实行不久，全国尚没有完全统一起来，改制度的利弊还需在实践中去探索发现。考虑到我国目前的具体情况，建议先由国务院制定《城乡居民社会养老保险条例》，把国家政策上升到法律层次，进一步对参保对象范围、参保条件、参保人的权利与义务、缴费标准、补贴额度、政府的责任、财政投入比例、社会养老保险服务机构的设置、基金的管理与投资运行、待遇的发放、公民享受待遇的经办程序、监督管理办法等方面做出具体规定。到城乡居民基本养老保险制度的发展也趋于成熟时，再对养老保险进行单项立法，制定《社会养老保险法》，不但要有对全国各类养老保险制度的统一性规定，还要有针对我国实行的各种养老保险制度的具体规定。这样就进一步提高了我国养老保险的立法层次，给养老保险的参保者和实施者更清楚明了的指导，使人民的养老问题得到更好的保障。

2. 完善符合地方实际的地方法规

由于我国各地经济发展水平不一，全国性的法律法规难免有不适用于本地区的情况，所以各级省政府可依据国家已制定颁发的法律法规，按照各省地方发展的实际需求，完善地方的全省统一的城乡居民社会养老保险各项规则、规定，依法制定详细的、适合当地发展水平的实施细则和管理规定。自2009年起，全国陆续有好多地方开始实施城乡统一的居民养老保险制度。因为根据我国的统筹发展趋势，城乡居民基本养老保险的发展目标是要先实现省级统筹。这也为其他地方的发展提供了实践经验，各级省政府可通过实地考察，结合本省已实施城乡居民养老保险的县市发展情况，尽快完善全省统一的地方法律，改变目前依靠行政力量推动社会养老保险工作的状态，使社会养老保险工作有法可依。

3. 健全养老保险的法律救济机制

在养老保险制度发展的同时，设立专门的养老保险法律救济机构是很有必要的，这样一旦发生权利主体权益受到侵害的情况，就能及时、公正地给予法律救济，这也是城乡基本养老保险制度可持续发展的内在要求。为此，有些学者就提出增设一个劳动与社会保障法庭，专门解决有关劳动与社会保障的争议问题，确保参保人员的社会保险权益一旦受到不法侵害，能够申请获取相应的司法保护，这样也可以提高保险领域里的违法犯罪行为的审理效率。本课题认为可以在现行司法体制中，通过法律或者司法解释的形式把社会养老保险权方面的诉讼争议指定给行政庭进行审理，这是考虑到社会养老保险权的义务主体——社会保障部门大多是行政单位，所以关于养老保险的诉讼争议往往就具有行政色彩，这类案件交由行政庭进行审理比较妥当，并且相比于民庭、刑庭，行政庭业务量较少，这样有利于节约司法资源，更好地保障城镇居民社会养老保险权的进一步落实。

（二）促进养老产业发展的财税政策保障机制

财税政策作为国家宏观调控的重要手段，在产业发展中具有重要的扶持和引导作用。养老服务业是关乎国计民生的大事，需要财税政策的扶持。当前我国对养老服务业的财税政策还存在很多不足，需要加以完善，为此本书提出以下建议。

1. 完善财税政策的原则

（1）增强财税政策的系统导向性

任何行业的发展都离不开法律的支撑，如日本，充足的法律依据是养老服务业发展的前提，能够从法律高度上支持养老服务业的发展。目前我国关于养老服务业方面的政策比较零散，多以意见、通告、暂行条例等形式出现，缺乏相关法律支撑，系统性和协调性不强。专门针对养老服务业发展的政策法规不足，对养老服务业的发展规划一般出现在有关政府的工作文件中。

我国财税政策导向性不强主要体现在以下方面。第一，在财税优惠对象的界定上缺乏统一的标准。比如，现有的优惠政策主要面向的是非营利性质的养老机构，但在界定营利与非营利的问题上并没有完善的法律依据，民办非营利养老机构一般是参照民办非企业单位登记管理暂行条例设立，其非营利的性质只是为了享受政府的财税优惠。第二，对老年人的补贴面向的是低收入、经济困难的群体，但审核程序、审核标准都没有明确的政策规定；公办养老机构入住资格审查制度缺失，养老资源配置不公平、不合理，健康状况、社会条件、家庭条件好的老人，往往比失能、低收入老人在竞争公办养老机构上更具优势。为提高政府财税政策的执行力度，充分发挥财税政策对养老服务业发展的扶持作用，应该提高政策的系统导向性和可操作性。完善养老服务业方面的法律制度，从法律的战略高度上指导养老服务业的发展，协调各级地方法规、规章制度、文件、条例的导向性。

(2) 理清各级政府的支出责任

为了避免各级政府相互推诿的问题，需要明确各级政府在养老服务业发展中的职责。理清各级政府的支出责任本质上就是搞清楚事情由谁来做，资金由谁来出。基层政府贴近群众，更能清楚老年人需要的是什么，对信息的掌握也更全面。但这并不意味着养老服务业的发展与中央政府无关，相反还需要积极发挥中央政府的作用。首先，养老服务的公益性、微利性决定了中央政府应在其中发挥主导作用。其次，如果没有充足的资金作保障，养老服务业的发展只能是纸上谈兵，因此中央政府需要加强对地方政府的财力支持，通过一般转移支付和专项转移支付补充养老服务业发展所需资金。中央政府的转移支付要结合地区财力状况，以期实现基本公共服务的均等化，且无论是哪种转移支付，都需要保证资金的最后受益者是真正有需求的老年人。最，为使政府的事权与支出责任相适应，中央政府应该把适当的决策权下放给地方政府。整体规划由中央政府决定，具体的实施细则、操作方法可以交由地方政府决策，这样可以调动地方政府的积极性，同时在很大程度上避免了上有政策，下有对策的问题。

(3) 坚持多元主体参与机制

发展养老服务业不仅需要政府积极参与财税政策的完善与实施，还要鼓励多元主体参与其中。养老服务的公益性让政府心有余而力不足，微利性让社会主体望而止步，在政府和社会主体之间需要一个平衡点，才可以保证养老服务业的发展。政府在养老服务业的发展中主要起基础保障作用，通过建立完善的社会保障制度来实现对老年人基本养老的保障，维护每一位老年人获得基本养老服务的合法权益，通过兴办养老机构满足“三无”“五保”困难老人的养老需求，确保特殊困难老人能够老有所养。社会主体在养老服务业的发展中具有重要的支撑作用，民办养老机构弥补了公办机构在绝对数量和服务质量上的不足；社区将可用资源有效整合，让老年人在熟悉的环境中得到专业的照料；社会企业参与养老服务产品的研发和供给，丰富了老年消费市场。政府通过财税优惠政策来扶持社会主体参与养老服务业的发展，通过财政补贴和税收优惠吸引社会资本参与兴办养老机构，为老年人提供多样化的服务。

当前，我国的养老服务业还处于发展的不成熟阶段，仅仅依靠政府有限的财力是远远不够的，而广大的社会主体可以为养老服务业的发展注入充足的资本。西方的福利多元主义和我国社会福利社会化的推行，说明了多元主体参与机制在福利供给中的可行性和重要性。因此，财税政策的制定要力求能够对社会资本产生激励作用，以实现并完善多元主体参与机制。

2. 完善财政投入政策的建议

（1）财政投入采用更科学高效的方式

传统的投入方式已经不能适应老龄化的新形势，随着养老服务业发展越来越成熟，财政的投入方式也应随之做出调整。在坚持直接投资部分项目的同时，政府还应该完善购买服务政策和补贴政策，同时拓展新型投入模式。首先，在民办养老服务机构的筹资阶段，政府可以对其提供贷款贴息的优惠政策，鼓励社会资本投资养老服务业，完善养老服务业投融资体制。政府研究制定养老服务业招商引资政策，公布养老服务业招商引资项目和支持措施，吸引国内外资金投资养老服务业，增强市场活力。其次，政府应该鼓励保险公司、金融机构开发老年人的理财产品，以提高老年人财富的保值增值。保险行业和养老服务业的有机结合可以减缓政府社会保障支出压力和财政压力，同时也可以为老年人提供多元化的保险选择。最后，完善政府购买养老服务的法律依据，明确购买主体、购买客体、购买项目。养老服务的购买主体是政府，包括中央政府和地方各级政府；购买客体是社会组织、企事业单位、民办非企业单位等；购买项目要严格遵循法律规定。政府购买服务的行为实际上是以财政预算参与资源的配置，政府要依照法律规定通过规范的方式向市场主体购买服务。

（2）构建多类型补贴制度，提高资金使用率

拓宽补贴对象范围。目前，财政补贴对象主要是养老机构和老年人，对象范围相对狭窄。因此，构建多类型的补贴制度就要拓宽补贴对象范围，如对养老医护人员、社区服务中心等给予相应补贴。打破公私二元制结构。单纯以养老服务机构的公办还是民办来界定补贴程度，不利于民间资本兴办养老机构。在确定养老用途不改变、服务水平不降低的情况下，逐步减少对公办养老机构的补贴，提高公办养老机构的收费标准，推进公办养老机构的改革，促进公私合作。增加对民办养老机构的补贴，尤其是运营补贴，同时改进对民办养老机构的补贴方式，由现在的与床位数挂钩的建设补贴，向与实际入住人数特别是低收入、失能老人人数挂钩的运营补贴转变。

对养老机构的补助要覆盖其运营的各个环节，即不能只局限在建设环节，对前期筹资、中期投资建设、后期经营都要有相应的补助。筹资环节主要是对养老机构兴建者提供低息、贴息贷款，投资建设环节主要是对床位进行一次性建设补贴，后期经营补助则主要是与实际入住人数挂钩的运营补贴，以冲减机构的经营成本。对老年人的补贴最重要的是由普惠式支出向重点式支出转变。有限的资金若平均给所有老人就会缩减人均量，但若集中分给最有需要的人，将更有利于提高社会整体福利水平。美国在对老年人的补贴上，将范围限定在低收入老人、贫困老人和失能老人上，把有限的资金投给最有需要的人群。而我国在这方面的补贴多是撒网式的，当前对老年人的高龄补贴、养老服务津贴以及护理补

贴等“三大补贴”政策反而由原来的重点扶贫变为普惠受益，就高龄补贴来说，只要达到80周岁以上的老人都可以领取补助金。因此，补贴的最终结果还是没有缩小老年人的收入差。提高补贴的实际效果，必须要瞄准受益对象，且对低收入、贫困家庭要有规范的审核标准。

在法律地位上，“民办非企业”性质的养老院与公办养老机构地位应是平等的，并同样在社会养老服务体系中发挥重要作用。然而，民办养老机构实际运行中并未充分享受与公办机构同等的财政补贴与政策优惠。上海市规定给予民办机构床位补贴和入住老人补贴，并设置了运营补助与其他针对性扶持政策。但是与公办机构相比，这些补贴数额非常少，大部分补贴都拨给了公办养老院。当前，地方政府财政监管体系还不够健全，审批制度也无法保证每一笔补贴金额都用到既定的用处，政府部门不可能具体调查核实公办养老院的每一项开支，这就为基层腐败留下了空间，补贴资金使用效率容易打折扣。财政部门将补助预算大比例划拨给公办机构，既影响了资金使用效率，更造成了不同性质养老机构面临不公平的发展环境，功能相同，身份不同的差异化补助机制严重影响了民间资本投资的积极性。

建立对养老服务从业人员的补助制度。观念的传统加上养老服务行业的微利性使很多年轻人都不愿意从事该行业。目前，我国从事养老服务业的人员多是农村妇女以及城镇下岗职工，虽然能够提供基础的日常照料，但专业素养有限，难以胜任老年人群保健、心理等更高层次的养老工作。我国在养老服务专业从业人员上存在很大的供需缺口，因此国家要重视对这类人才的培养，将养老服务专业写入大学教学计划，对选择养老专业的学生给予生活费补助和学费减免的优惠，提高助学金补助额度，以此吸引更多人员从事专业养老服务，弥补需求缺口。职业院校可以专门培养护理人才，以签订劳动合同的形式规定最低服务年限，在服务期间给予工资以外的奖金、生活补贴等。政府出资对已从业人员进行定期培训，同时提高从业人员的工资待遇。此外，增加养老护理人才供给还要从根本上转变传统观念，加大对相关工作人员的补贴力度，提高公众对养老服务业的认可，激励专业人才参与发展养老服务业。政府可利用福利彩票公益基金补充政府有限的财力，为养老机构的运作提供充足的资金支持。为将补贴真正落到实处，提高资金的使用效率，政府应逐渐由服务的直接提供者转变为引导者和扶持者，将更多的资金用于扶持社会力量。

(3) 优化财政投入结构

现有的养老服务业财政投入在总量上存在不足，在投入结构上也不够合理。现有的财政投入倾向养老服务的供给方，轻视养老服务的需求方，在将潜在养老服务需求转变为现实消费需求方面的作用甚微。政府投资的项目一般都是养老机构的兴建、基础设施的完善，而对关系老年人实际收入水平的资金投放较少，这从社会保障支出还无法满足当前的老龄化需求上可见一斑。

满足潜在的养老服务需求，优化财政投入结构。首先，要拓宽财政投入的范围，在保证原有的对公办养老机构投入的基础上，也要增加对民办养老机构的投入，拓宽民办机构的筹资渠道，增强民间资本发展养老服务业的能力。其次，要在财政承载能力之内，将适当的支出额度向社会保障倾斜，增加对城镇地区的低保投入，适度扩大低保补助的范围；进一步完善社会统筹和个人账户相结合的基本养老保险制度，逐步减少个人账户的空账缺口。在短期来看，社会保障支出的增加会加重财政压力，但在长期来看，老年人消费能力和消费水平的提高会使税基增加，对财政收入的贡献会抵消所造成的支出负担。再次，要兼顾城乡之间的统筹和公平。最后，政府的财政投入应倾向人口输出地区。人口输入地获得了充足的劳动力，在经济发展上占据优势，但人口输出地在损失劳动力的同时养老压力随之加大，故中央政府理应增加对人口输出地区的转移支付资金。

此外，优化财政投入结构应该加大对社区养老服务业的投入。政府的扶持重点以往都是针对养老机构，这种投入结构受到西方国家和政府政绩观念的影响，但随着社区养老模式的推广，政府的资金投入应兼顾社区，适当向其倾斜。如对社区日间照料中心、护理中心、托老所等服务机构提供经费补助，财政拨付资金鼓励社区兴建老年餐厅、老年棋牌室、活动室等休闲和娱乐场所。

(4) 探索融资政府担保体系，构建纠纷解决机制

融资困难，尤其是对那些由私人投资开办、具有一定规模的养老机构，如何维持资金周转，保证机构长期稳定运营，一直得不到有效解决。在现有的经济条件下，仅仅依靠财政补助和福利彩票公益金投入不足以填补养老机构的巨大资金缺口。虽然民间资本充裕，但向私人融资既面临极大的法律障碍，又要承担不小的资金风险，高额的还本付息压力也远远超过一般规模养老机构的承受能力。因此，向银行等金融机构贷款融资可能是唯一可行的现实举措。然而，《中华人民共和国担保法》规定，社会办的非营利性质的养老机构不具备向银行申请抵押贷款的资格。在不违背上位法的情况下，寻求变通的做法，以解民营机构燃眉之急就显得很有必要。笔者建议可由政府部门出面，以政府的名义向银行等金融机构贷款，再转借给本区域内符合一定条件的民营养老机构，还款时也同样以政府的名义进行。考虑到养老机构的公益性质，金融机构还应在贷款利率、还款期限等方面进行适当优惠。当然，该设想只能作为一种过渡性措施，最终还需要立法机关在法律层面进行完善，允许养老机构以自身设施为担保向银行申请贷款，政府部门适度进行利息补贴，切实解决大多数民营机构的资金周转压力。困扰民营机构的另一个突出问题是老年服务纠纷。在特征上，服务纠纷成因多样，利益关系复杂，多方主体交织，责任划分有时很难做到公平公正，加上部分老年人及其家属胡搅蛮缠，甚至借机要挟养老院，导致养老机构很容易陷入被动，极大影响机构的日常运营。因此，主管部门应积极协调指导民营机构构建更为完善的争端解决机制，平等保护争议双方，综合运用法律等多种手段促成纠纷的有效解决。

3. 完善税收优惠政策

（1）合理界定税收优惠对象，加强税收对民间资本的激励作用

对养老服务机构的税收优惠，除保留原有的对非营利机构的优惠之外，还要将优惠范围扩大到营利性养老机构。对养老机构所提供的老年育养、婚介、殡葬等服务免征营业税和企业所得税，尤其对营利性养老机构也要给予相应的优惠。公办养老机构所占用耕地免征耕地占用税，民办养老机构占用耕地也要给予税额减免的优惠。养老机构支付给职工的工资可以在税前加计扣除，所购买的设备可以采取加速折旧的方式。将养老服务业添加到现有的现代服务业“营改增”范围中，对与老年需求相关的养老服务业营业税改征增值税，以此避免重复征税，减轻养老服务业的纳税负担。同时，增值税税收优惠同样适用于养老服务业，对基本的生活照料服务、康复护理服务以及精神慰藉服务等免征增值税。

鼓励多元主体参与养老服务业发展，拓宽养老机构的融资渠道。进一步完善企业、个人对福利机构的捐赠优惠，落实所得税纳税额的扣除，鼓励社会主体对养老服务机构的捐赠。鼓励企业单位投资养老服务业，如金融机构对养老服务机构提供低息贷款的利息收入免征营业税；对保险公司开发的老年人商业保险准许保费收入在企业所得税前扣除；对企业以股权、债权的形式投资养老服务业的收入给予税收优惠。目前，我国大部分养老服务机构规模不大，属于小微企业。因此，在养老服务机构的税收优惠上可以参照我国目前对小微企业免征增值税和营业税优惠政策以及适用 20% 的低税率的所得税优惠政策。对于个体、企业生产老年专用商品的，营业税给予减免优惠，所得税给予研发费用 50% 的加计扣除。

（2）增加对老年人及其家庭的税收优惠

税收优惠可以增加老年人的实际收入，从而提高老年人的消费能力，充分释放养老服务业的潜在需求。老年人作为养老服务业发展的主要消费主体，在养老服务业的发展中具有不可替代的作用，但目前针对老年人的税收优惠相对较少，现有的优惠政策对增加老年人收入和提高老年人消费能力的作用不大。

完善对老年人及其家庭的税收优惠政策，首先应保留对老年人减征个人所得税的优惠，且对其购买的特定消费品给以免征消费税优惠。对老年人达到法定退休年龄，退休之后再工作的所得免征个人所得税，且对接收老年人就业的企业，按照接收老年人的人数给以一定比例的所得税扣除。通过税收优惠支持和推行以房养老模式，对老年人以房屋抵押给银行获得的现金，免征个人所得税，以此增加老年人可支配收入。其次，对赡养老人的人员，按照赡养人数、老年人生活开支、身体情况等不同，给予一定比例的个人所得税扣除，从而减轻其税负，将更多的资金用来满足老人需求。如借鉴美国，将赡养老年人作为个人所得税的计征考虑因素，个人赡养一位老人，可享受一定数额的个人所得税扣除额。

（三）增效城镇养老保险基金投资运营的保障机制

1. 加强运营管理组织体系建设

“城乡居民养老保险”基金运营管理的组织体系是指包括政府各部门等对养老金运营进行指导和监控的宏观管理体系以及具体负责养老金投资运营事宜的微观执行体系。从宏观看，如今我国养老金运营管理分散、混乱，职责不清，造成养老金运营效率低下。我国应重新整顿管理格局，集中分散的力量，建立一个政府主推的、高度统一的养老金管理机构，负责对包括城乡居民养老金在内的全部养老金进行管理。这一点可以借鉴新加坡在中央公积金方面的尝试，该机构也可以扩大管理领域，将全部社会保险基金纳入管理范畴，统筹实施，以增加资金运营效率。从微观看，鉴于养老金运营的目标是实现基金的保值增值，那么明确投资运营的责任主体是一个必要条件。运营主体的公私性质不同，给了我国三种选择。

（1）由政府设立的专门机构负责养老金的投资

这种方式目前看来有可行性，即将地方积累的养老金筹集起来，交由全国社会保障基金理事会，与全国社会保障基金一起进行投资运行。这种选择不违背我国现有的规定，并且我国广东省已有过类似的实践。但是，政府负责投资运营常会受到诸多限制，导致收益率较低。

（2）由私人基金运营公司负责养老金的投资

通过国际经验，与政府设置的机构相比，私人的养老金运营公司受到市场竞争的外部压力，会选择更为广泛的投资工具和产品组合，尽力提高养老金投资收益率。但是，目前我国私人养老金运营机构似乎还不能做到完全的私有化，而且市场竞争并不充分，法律体系不健全，况且一步过渡到私人机构进行养老金投资有些过于激进，可行性较低。

（3）养老金运营部分私有化

根据我国的现有情况，一方面要提升养老金投资效率，另一方面又要保持全国社会保障基金理事会的存在，所以折中的方式是较好的选择，即将“城乡居民养老保险”基金等养老金交由全国社保基金理事会集中管理，但是将部分基金通过竞标等方式交由私人机构进行投资。全国社会保障基金理事会则对这部分基金转变为监督者的身份，并且根据投资效果，筛选出更为出色的私人养老金投资机构进行后续合作。

2. 减少养老金投资限制

目前，我国“城乡居民养老保险”基金大多处于银行存款状态或者购买政府国债，投资方式单一，而其他种类的养老金也都基本投资于比较稳妥的资本市场项目。将城乡居民养老金和其他养老金合并管理是一个大趋势，但是我国的投资政策限制比较严格，导致操作空间被挤压，无法展开手脚。因此，适当减少我国养老金投资限制，开辟养老金投资渠道，实现收益的提升是十分必要的制度手段。根据国际经验，允许养老金投入实体经济是比较可行的，也可选择更为丰富的投资工具。

（1）实体经济

可以选择投入到公路、能源、环保等公共产品和公共事业，但是要匹配一定的政策支持来保障养老金的投资收益。现在国家比较推崇的方式是PPP模式，即公私合营的模式。也可以选择投资国有企业，不仅可以保持国企的国有性质，更为企业提供了大量的优质资金流，同时通过这样的举措也可以间接处理部分体制改革造成的历史债务问题。问题依旧在于要通过一定的监管手段，在总体上保障养老金收益率。

（2）更多投资工具

目前，我国养老金的投资工具主要是银行存款、债券、基金产品，并且常用做法是超过50%的比例存入银行和购买国债。但是这两种金融工具过于平稳，养老金保值增值效果不明显。除国债外，还有地方政府债、企业债等各类债券，可以通过优化投资组合来设计各类债券投资比例来增加养老金投资收益。现在国内市场还新兴了资产证券化、融资租赁、P2P等多种投资工具，我国也可以通过一定的前期调研、风险评估程序，来选择较为可靠又具有较高收益的产品。

（四）强化养老服务监督管理的保障机制

1. 明确政府的责任和义务

纵观各国社会养老保险的发展，政府都承担着至关重要的责任。包括我国在内，均是倾向于建立政府主导型的社会保障制度。所谓政府主导型，就是政策的制定、制度的设计、财政的支持以及立法监管方面都需要政府担负首要责任，并且随着社会经济的发展、人们需求的变化，要对社会保障制度进行相关的调整，使其更适应经济社会的发展。我国政府是城乡居民养老保险发展的坚强后盾，起到管制和监督的作用。

政府对养老保险业务的监管主要包括对养老保险基金监管和提供经办服务过程中的监管。任何一种社会养老保险制度的健康发展都离不开完善的基金监督体系，尤其是基金要走实行市场化运营的道路时，在高收益的同时也存在高风险，必须要有严格的监管措施，否则一旦养老基金投资出现问题，那么广大城乡居民用以养老的基本保障就会被破坏，所以严格的基金监督机制必不可少。政府可根据现有社保基金投资法律法规，出台养老保险基金运营的监管条例，制定具有操作性的实施细则，组织开展涉及基金安全问题的专项检查，通过定期的财务审查及时查处基金投资运营过程中的违规行为，做好养老保险欺诈案件的查处工作。全面推进养老保险基金的社会监督工作，实现养老保险基金监管软件四级

(部省市县四级行政机构）联网。在立法中明确行政经办机构不作为时的法律责任，为城乡居民社会养老保险权的行政诉讼提供法律依据和保障，确保经办机构在提供行政服务的过程中尽职尽责，以保障城乡居民基本社会养老保险权的进一步落实。也要让社会监督的作用落到实处，认真听取社会人员尤其是参保人员的心声，促进城乡居民社会养老保险工作的顺利进行。

2. 完善资金投资运营监管

对社会保险基金进行投资运营是实现其保值增值的措施，安全性则是其首要原则，为了保证基金的安全性，对基金的投资进行监管必不可少，对基金进行有效监管可以预防基金投资过程中可能存在的风险，及时分析基金运行状态与预期标准的偏差，以便政府对制定社会保险基金管理政策及时做出调整，还能从源头上有效遏制关于基金的违法犯罪行为。完善基金投资的监管工作，首先可以建立投资风险评级委员会，其成员可由行业精英组成，由他们对投资做出投资风险评级报告，为投资机构制定投资计划提供依据，投资机构可为基金投资设立投资风险准备金，准备金的资金来源可从基金的投资收益中提取。其次，要针对基金投资建立集行政、内部、社会、司法为一体的监督模式。行政监督即劳动保障主管部门对基金的日常运行情况进行的监管，政府财政部门对基金的财会制度的制定及执行进行监管，审计部门则要定期对基金收支情况进行审计；内部监督就是要在经办机构内部建立内部监督制度，机构内部设立稽查制度，上下级设立互相监督制度，建立职权分离、相互制约的体制；社会监督就是针对基金的监管而专门成立的监督管理委员会，对社会公众负责，广泛听取群众的反馈意见，对养老保险基金运作进行监管；司法监督是最后一道屏障，也是最严厉的保障，需要国家的强制力保证实施，要让损害基金安全的违纪人受到法律的制裁。

3. 加大对经办机构的监管

随着城乡居民养老保险体系的不断完善，也要随之进一步完善监督的法规和办法，养老保险的经办机构牵涉诸多部门，任何一个部门对养老保险的可持续发展都至关重要。所以，政府要明确对各级社会劳动保障部门、银行、审计部门、财政部门等经办机构增强监管力度，政府作为行政力量，有政策制定的权利，要完善行政监督，也要有法可依，最有效的做法还是要制定出相关法律，用法律的手段来履行行政监督的责任。

为了更好地实现监管，保证基金安全，可以建立钱权分离的监管机制，参加城乡居民基本养老保险的参保人直接通过商业银行进行缴费，个人缴纳和财政补助直接汇入参保人的银行账户，政府部门通过政府购买服务来推进城乡养老保险的发展，政府把经办服务承包给保险公司，承揽该项业务的保险公司向参加城乡居民基本养老保险的城乡居民提供服务，为其办理各种手续，各级保险公司还要将收集的相关数据汇总给各级社会保障部门

(如果政府没有向保险公司购买此项服务，那么就是社会保障部门向城乡参保人提供此项服务)，社保部门经过核对处理相关数据，如发放养老金居民的身份证、发放金额、补贴标准等，报送给财政部门，由财政部门转给银行，银行通过养老保险专户发放养老金给参保人。政府监管机构每季度对保障部门、保险公司、财政部门、银行进行一次审计，基于养老保险基金投资收益的重要性，政府对基金投资情况可以随时抽查和审计监督，以保证社会保险基金的投资安全。这样就平衡了各经办部门的权利，起到相互监督的作用。同时，城乡居民养老保险制度的运行应当公开化、透明化，将社会监督（舆论监督、网上监督、群众监督）也纳入监督主体中，信息及时向公众公开，使得公众对养老保险的制度运行流程有所了解，使城乡居民在监督的同时也可增加对制度的信任感。

4. 建立健全信息披露机制，发展社会监督

养老保险的信息披露机制是要求养老保险基金管理机构定期将报告养老保险基金征缴、支付、结余情况和投资运作情况以及与养老保险基金管理经营有关的重大信息予以公开的一种法律制度。我国养老保险基金监管中因基金所有权与经营权分离的运作方式产生委托—代理关系，在养老保险基金征缴环节参保企业和社保经办机构之间，在基金营运环节社保经办机构和金融投资机构之间，在基金投资环节金融投资机构与投资对象之间，都存在信息不对称问题。养老保险基金由收到支的过程中所产生的筹资风险、管理风险、和给付风险，尤其是在养老保险基金投资到国内外金融市场以后，基金投资面临的市场风险与非市场风险；基金管理部门之间的利益之争和管理部门利用职务侵吞、挪用、挤占、甚至贪污等风险，与广大养老保险缴费者息息相关的养老保险基金就处于一个高风险环境。信息披露是规范社会保险基金管理机构行为、加强社会保险基金管理的最有效手段。养老保险基金管理机构应将基金财务状况和经营成果的信息公布于众，使大多数利益相关者都能及时获得关于养老保险基金管理信息，监管机构则着重审查信息披露的真实性。这样可将养老保险基金置于专门监管机构和社会公众双重监督之下，从而有效防止其违规操作。

信息披露制度关键在于通过立法完善信息披露内容和规则；建立定期报告制，加大信息披露力度，使基金相关利益体随时了解基金的运作情况，将基金管理置于社会公众和监督机构的双重监督之下，规范基金管理人的行为，防止投资管理人违法、违规操作。基金管理信息公开不但有利于养老保险基金各项日常管理工作的水平提高，而且也可为政府制定社会保障政策及时提供准确的基础性数据。具体来说，养老保险基金信息披露机制应包含三层次的内容：第一，每年向社会公布养老保险基金资产、收益、现金流量等财务状况；第二，养老保险基金发生的重大事件，立即报告财政部和社会保障部，经核准后予以公告；第三，每季度向财政部、社会保障部提交基金财务会计报告、投资管理报告。

加快培养中介机构，强化外部监督机制精算、会计、审计师事务所和各种风险评级公司等中介机构的目的是向各机构和公众提供信息服务，使他们能够获得并准确理解有关基

金运营的信息，从而加强对基金的监管。鉴于我国目前市场中介机构很不发达，离独立、客观、公正的标准还有很大的差距，应加快中介机构市场化改革的进程，加强对中介机构管理的立法及监督。

（五）加快推进养老服务人才的保障机制

针对当前养老专业人员的缺乏，民政部联合国家发展改革委等十个部委共同印发了《关于加强推进养老服务业人才培养的意见》，从而加快推进养老服务业人才的培养。其中指出，到2020年要基本建立以职业教育为主体，应用型本科和研究生教育层次相互衔接，学历教育和职业培训并重的养老服务人才培养培训体系。要进一步加强专业化社区服务队伍建设，逐步构建一支以社区工作人员为主导，社区社会工作者为支撑，社区志愿者队伍为补充的数量多、专业性强的社区养老服务人才队伍，加快我国养老服务业发展步伐。

1. 养老服务人员职位设置

社区养老服务人员的职位设置关系到老年人的养老服务需求是否能得到满足，同时有目的性的进行养老服务人才培养。社区老年人的需求种类的增多，服务的专业性要求越来越高，如何对社区养老服务人员进行职位设置，从而满足不同老年人的不同需求，对于我们构建社区居家养老服务的人力资源队伍具有指导和帮助意义。要根据老年人实际需求，首先确定在居家养老服务中设置多少个职位，并且按照要求对职位进行详细的职业技能和素质要求，并对应执行相应的薪酬待遇，明确不同岗位之间的要求及职位晋升条件，保证养老服务人员具有上升空间。同时，职位的设定要同社区养老服务的发展保持与时俱进。例如随着对康复护理、心理咨询及精神慰藉等方面需求的增加，这方面的职位设置就要增多，这样才能保证社区居家养老健康发展。而且还要定期汇总社区老年人的反馈意见，从而完善社区养老服务人力资源的职位设置。

2. 加快推进养老服务相关专业教育体系建设

著名人口学专家、中国人民大学人口研究所邬沧萍教授说过，随着社会经济的发展、人民生活水平的提高，研究老年人需求的专家由原来的无变为现在的有，开办老年学专业、研究目前老年人的需求以及服务供给措施是非常必要和有用的。东北财经大学人力资源学教授赵秋成说，目前巨大的“老年经济”需求已使得“老年学”教育非办不可。我们不仅要从宏观角度分析人口老龄化与社会经济发展之间的关系来研究人口老龄化问题，而且还要着重从研究老年人的健康长寿、与家庭成员之间的代际关系、经济保障、精神文化生活和权益保障等方面研究老年人的问题。大力发展养老服务相关专业教育，支持院校增设养老服务和管理专业扩大养老服务专业人才队伍规模，同时在大中专院校和社区居家养老服务站之间建立培训联系，加强对社区居家养老服务人员的专业知识的培训。

第一，引导和鼓励大中专院校增设老年服务与管理、社会工作、健康护理、康复治疗、老年护理等养老服务相关专业，通过提供优惠的就业政策或发放生活补贴鼓励学生报考这些专业，逐步扩大人才培养规模，强化人才培养，提升养老服务的专业化水平。

第二，加快发展养老服务本科和研究生教育。鼓励高校增设一些关于养老服务相关专业，以适应国家养老服务建设的需要，提升养老服务专业的理论研究水平，为社会养老服务体系的建设提供理论研究支持，同时培养一些类似于 MPA、MBA 等应用型专业人才，可以用所学知识指导日常从事的工作，同时也可以把日常工作作为实践来检验自己所学到的知识成果。

第三，支持养老服务相关专业的教材设置。鼓励相关院校与民政部门、街道办、人力资源和社会保障局等联合编写实用价值高的养老服务相关专业教材。积极开展与养老服务业发达的国家或地区进行交流和合作，学习借鉴先进经验和做法。

第四，目前我国社区居家养老服务人员多是下岗工人，而且以女性为主，难以满足对社区养老服务人才队伍的需求。随着我国高校社会工作专业的不断发展，具有系统专业知识背景的人才越来越多，政府部门可以通过招聘的方式吸收专业对口的高等院校毕业生充实到服务队伍中来。同时，制定优惠政策支持社会工作、康复医学及老年心理学等专业毕业生从事养老服务工作。开设养老服务相关专业的院校要加强就业指导，鼓励养老服务专业的毕业生从事社区养老服务工作。相关部门还要加强与这些高等院校的合作，为这些毕业生提供就业服务和就业政策的扶持和优惠，以便更好地为社区居家养老服务队伍注入新元素。

3. 加强养老服务从业人员继续教育力度

针对目前养老服务人员专业知识缺乏，根据从业人员的岗位需求采取以下几方面对其开展继续教育，这对加快养老服务人才培养，从而适应岗位需求有极大的帮助。

第一，建立和开设养老服务相关专业的大中专院校的联系制度，通过向从事养老服务的社区养老服务人员和社区工作者提供多样化的继续教育，制定具体的培训计划、开设相关专业的培训课程，提升养老服务从业人员的专业服务水平和素质技能。

第二，向开设养老服务专业的毕业生开展职业技能培训，使他们在通过相关专业考试的同时进行职业技能的同步考核，这样可以在毕业生完成学校课程取得毕业证书的同时获得相关职业技能的资格认定，这样将有利于投身于养老服务事业的毕业生进入社区工作后能尽快地适应工作。

（六）支持公益慈善组织发展、鼓励志愿服务的保障机制

1. 促进公益慈善组织发展，提升养老服务能力

我国慈善活动源远流长，慈善事业已成为衡量社会文明进步的一个重要指标。近年来，我国公益慈善事业饱受争议，如慈善公信力差、信息不透明、民间公益组织发展缓慢、慈善活动缺乏组织性等，极大影响了公民参与社会捐赠的积极性。在发展功能上，官办慈善比重过高，民间慈善发展式微。有学者指出，官办慈善体系容易把慈善事业当成一种政府事务，通过自上而下的途径来推进。慈善事业在本质上属于“建立在社会捐献经济基础上的民营社会性救助行为，是一种混合型社会分配方式”，强调对社会的责任和贡献，对遭遇困难的弱势群体进行自愿性质的帮扶和救助。为有效规范慈善活动，推动我国慈善事业的进步，第十二届全国人民代表大会第四次会议于 2016 年通过了《中华人民共和国慈善法》，该法律对慈善组织的成立、慈善捐赠的开展、慈善财产和服务信息的公开以及促进慈善捐赠的优惠措施等进行了比较全面的规定，对改变当前公益慈善的发展困境将起到重要作用。如该法第七十五条和第七十六条分别规定了慈善组织相关收入和捐赠财产用于慈善活动的享受税收优惠，第八十条明确了对开展扶贫济困的慈善活动实行特殊优惠政策，第八十二条和第八十四条则分别从提供融资、结算等金融支持和弘扬慈善文化、培育公民慈善意识两方面进行了规定。除了法律保障，还应强化政府部门的有效引导和配套政策保障，注重发挥公民和社会公益组织的主体作用。改变官办慈善绝对主导的格局，淡化慈善组织的行政化色彩，努力提高民间慈善组织的发展质量和服务效能，使慈善组织能充分投身于我国的养老服务事业，推动社会的和谐进步。

2. 鼓励全民参与，提高志愿服务效能

志愿服务是公民自愿利用自己的资源和技能为社会提供的一种公益性服务，其主体是公民个人，具有自愿性、无偿性与公益性等特征。志愿服务是公民参与社会，履行责任、奉献爱心、实现个人价值的重要形式，对抢险救灾、扶贫济困、稳定社会秩序、促进社区进步、弥补政府失灵等都有重要作用。经过多年的发展，我国志愿服务取得了较大成就，公民参与志愿服务的意识不断增强，但是志愿服务事业整体上还比较落后，志愿服务同时存在失灵的问题。由于多方主体的法律关系、权利义务、责任承担等问题没有形成统一完善的制度，我国的志愿服务具有很大的盲目性、随意性和无序性。

因此，为实现志愿服务的常态化、体系化，充分发挥广大公民参与社会管理、提高养老服务事业发展水平的积极性，建议从以下几方面进行改进。

（1）正确宣传，合理引导，强化教育培训

只有具备强烈的奉献精神和志愿意识才会内化为自觉的个人行动，也才能把奉献社会当成一种快乐和满足。政府部门应加强对公民尤其是高校学生奉献精神和志愿服务的宣传和教育，鼓励年轻人在力所能及的范围内进入养老院、社区和其他公益性机构做义工、提供志愿服务，接受社会锻炼，同时要为志愿者提供必要的业务指导和培训。

（2）完善志愿立法工作，为志愿服务活动提供必要的财政支持

目前，我国还没有专门的志愿服务法律，有关志愿服务的组织开展、法律责任、政策保障等缺乏明确具体的规定。因此，有关部门应加强立法工作，强化志愿服务的法律保障。同时，还应为个人和组织参与提供志愿服务提供必要的资金和技术支持，为志愿服务的顺利开展创造有利条件。

（3）加强组织协调工作，为提供志愿服务搭建合适的平台

志愿服务应避免盲目性，有关部门应加强对志愿者的组织协调，使志愿服务得以有序开展。此外，还必须加强平台建设，为参与志愿活动创造更多的机会。

结语

在社会发展过程中，老年人养老问题的解决对社会经济文化的发展起着举足轻重的作用，在老人不断增加，养老需求日趋增加、需求日益多元化的背景下，养老公共服务的多元供给成为必然，不仅要求养老公共服务供给的内容多元化，同样也要求供给主体、供给方式的多元化。“多元共治”的养老公共服务供给模式既是老人养老需求所要，也是完善我国养老公共服务供给的必由之路。

本书以湖北省 239 个 60 岁及以上的老年人为研究对象对城镇老年人社区养老需求进行实证研究。基于问卷调查数据，运用统计软件 SPSS 的交互分析工具和二元 Logistic 回归分析工具，对城市老年人的经济保障、医疗保健、生活照料、精神慰藉等四类 23 项养老需求进行单因素描述性分析和多因素回归分析，寻找城镇社区老年人养老需求差异性的影响因素，发现老年人对养老服务的需求主要体现在医疗保健需求上。51.7% 的被调查老年人的经济来源依靠离退休金和工资，基本生活需求不成问题。对于日常生活照料服务，低龄老年人需求较少。精神慰藉需求中，很多老年人希望多组织老年人活动，满足子女不在身边的精神需求。

养老需求的多因素回归分析发现：过去从事职业、居住状况、子女数、经济状况和健康程度等因素对城镇老年人的经济保障需求有影响；年龄、居住状况、过去从事职业、健康程度等因素对城镇老年人的医疗保健需求有影响；年龄、健康程度、过去从事职业、经济状况、受教育程度等因素对城镇老年人的生活照料需求有影响；年龄、健康程度、心理孤独程度、性别、子女数、受教育程度、居住状况、过去从事职业等因素对城镇老年人的精神慰藉需求有影响。结合养老供给现状分析湖北省城镇养老取得的成效及存在的问题，通过调查老年人养老需求与城镇养老供给发现，大多数老年人不愿意选择机构养老，社区居家养老比较符合城市老年人养老意愿；老年人身体健康状况良好，但医疗保健需求是最迫切的养老需求；目前开展的各项服务项目与老年人的需求存在很大差距，整体满足比例不足 30%。

本书结合湖北省城镇养老的实际情况给出对策建议，包括：政府主导作用，探索市场化养老路径，发展多元化资金支持；完善社区服务，普及医疗保障；明晰养老服务对象，大力发展照护服务；重视精神养老，让老年人走出“空巢”；对独居老年人提供上门服务，维护老年人合法权益等。本研究的不足之处在于：调查问卷的设计有待改善；由于受调查时间与资料收集方面的限制，样本量有限，对城镇养老服务存在的问题分析不足，所得结论是否适用于湖北省以外的其他地区，还有待商榷。今后，将进一步完善问卷设计，增加问卷的调查数量，丰富城镇养老的调研内容，提出具有参考价值的城镇养老建议。

‖附录‖
城镇老年人生活状况与养老需求调查问卷

走访地区：______________调查日期：______________问卷编号：______________

为全面了解城镇老年人当前的养老生活状况和真正的社区养老需求，更好地为老年人提供养老服务，特开展本次“老年人基本情况及养老需求调查”。本调查不记名，请如实填写。衷心感谢您的支持与合作！

一、老年人基本情况调查

1. 性别：　A. 男　B. 女
2. 年龄（岁）：　A. 60～69　B. 70～79　C. 80～89　D. 90 及以上
3. 受教育程度：　A. 未受教育　B. 初小　C. 高小　D. 初中　E. 高中、中专及技校　F. 大专及以上
4. 婚姻状况：　A. 已婚有配偶　B. 丧偶　C. 离异　D. 未婚
5. 健康状况：　A. 健康　B. 能自理　C. 半自理　D. 不能自理
6. 过去从事的职业（含离休）：　A. 国家机关　B. 国企、事业单位　C. 私营企业　D. 个体户　E. 无工作或务农
7. 子女数（个）：　A. 0　B. 1　C. 2　D. 3 及以上
8. 居住情况：　A. 独居　B. 保姆陪伴　C. 夫妇同住　D. 和子女同住　E. 和配偶、子女同住　F. 祖孙同住　G. 其他(请注明)
9. 现在每月的生活保障（收入）大约有______元。
10. 每月日常生活、医疗保健支出大约有______ 元。

二、老年人生活状况调查

1. 您对目前的养老现状是否满意？
   A. 满意　B. 基本满意　C. 不满意
2. 您是否愿意入住养老机构？
   A. 愿意　B. 无所谓　C. 不愿意　D. 很不愿意
3. 如果您遇到问题和困难，一般谁能提供及时有效的帮助？
   A. 子女　B. 其他亲属　C. 朋友、邻居
   D. 居委会社区工作者　E. 拨打 120/110/12345

4. 您在平时生活中是否会孤独、寂寞？

A. 总是　B. 经常　C. 有时　D. 很少　E. 从不

5. 生活中您投入精力最多的方面是什么？

A. 休闲旅游娱乐、锻炼身体　B. 读书看报　C. 继续工作

D. 参加各类老年组织活动（如退休党支部、老年大学等）

E. 做家务及照顾孙子孙女　F. 其他

6. 您最想参加什么志愿服务？

A. 美化环境　B. 帮困助弱　C. 维护治安　D. 为民服务（如理发）

E. 其他　F. 不想参加

三、老年人养老需求调查

1. 下面养老模式中，您更喜欢哪种？

A. 居家子女养老　B. 社区居家养老　C. 老年公寓　D. 福利院、敬老院

2. 您目前最大的养老需求是什么？

A. 经济保障　B. 医疗保健　C. 生活照料　D. 精神慰藉

E. 其他，请注明__________

3. 日常生活，需求满足程度：（在对应需求的满足度内打√）

日常生活需求满足程度	完全满足	基本满足	不满足
经济保障			
医疗保健			
生活照料			
精神慰藉			

4. 主要经济来源，由高到低排序（至多选三项）：

A. 离/退/养老金　B. 子女赡养/亲戚支助

C. 政府低保/抚恤金/社会救助　D. 商业保险

E. 自己工作挣钱、配偶收入　F. 其他（积蓄/房屋出租/其他投资所得）

5. 通过以下哪种途径进一步提高收入，可以更好地保障您的正常生活（任选三项）。

A. 离退休金、养老保险　B. 子女赡养费

C. 政府救济、社会捐助　D. 商业保险

E. 再就业　F. 个人储蓄、投资理财

6. 您办理了哪种医疗保险？

A. 公费医疗　B. 新型农村合作医疗

C. 城镇职工基本医疗保险　　D. 城镇居民基本医疗保险
E. 商业医疗保险　　F. 大病保险　　G. 没有

7. 您有哪些医疗保健方面的需要？(任选三项)
A. 社区卫生服务中心提供就近医疗服务　　B. 家庭医生、家庭病床
C. 定期体检和健康护理　　D. 陪同看病
E. 健康咨询　　F. 安装救助门铃　　G. 陪同散步、取药

8. 何种途径可以更好地保障您的健康？(任选三项)
A. 参加社会医疗保险　　B. 购买商业保险　　C. 依靠子女照料
D. 政府提高医疗保障待遇　　E. 请家政保姆照料　　F. 定期体检
G. 学习医疗保健知识　　H. 入住疗养院　　I. 其他

9. 在生活照料需求中，您需要的服务项目有哪些？(任选三项)
A. 生活用品代购　　B. 日间看护照料　　C. 饮食起居
D. 打扫卫生　　E. 户外活动

10. 接受的社区服务价格。
(1) 小时工（元/ 小时）：________。
(2) 社区日间照料室日托（元/ 天）：________。
(3) 老年饭桌（元/ 餐）：________。

11. 谁来提供日常照料比较好？(任选三项)
A. 配偶　　B. 子女　　C. 其他亲属
D. 保姆　　E. 邻里朋友　　F. 社会服务

12. 在不影响您的身体健康状况和照顾家庭的前提下，您最喜欢参与什么活动？（只选一项）
A. 自娱自乐（如读书、看报、看电视，种花、养宠物）
B. 自发组织熟悉的朋友、邻居小范围内活动（如聊天、锻炼身体）
C. 参加社区或民间团体组织的休闲娱乐活动（如旅游观光、文体活动）
D. 参加社区或民间团体组织的学习培训活动（如老年大学、健康讲座）
E. 其他，请注明____________________

13. 您的精神需求有哪些？
A. 亲人关怀陪伴　　B. 社会尊重认可　　C. 朋友交流沟通
D. 和谐人际关系　　E. 追求个人价值

14. 您希望社区为老年人提供的文化和娱乐服务有哪些？(多选)
A. 棋牌室　　B. 老年健身设施和场地　　C. 书报阅览室
D. 各类老年兴趣小组（如乐器、绘画学习班等）和文艺表演活动
E. 法律咨询、婚介服务　　F. 其他________

15. 您对目前的养老服务有什么看法？（多选）

A. 设施简陋　　B. 活动场所有限　　C. 服务项目少

D. 服务不专业　　E. 缺乏资金　　F. 规章制度不健全

16. 养老服务人员应具备哪些基本技能？（任选三项）

A. 家政服务　　B. 日常理财　　C. 医疗保健

D. 心理护理（聊天解闷、心理开导）　　E. 法律咨询

17. 对社区的养老服务工作，您还有什么建议？

____。

再次感谢您对我们工作的支持！

参考文献

［1］HELEN W, ELIZABETH D. The future of on-line retailing in the UK: learning from experience [J]. Marketing Intelligence & Planning, 2004, 22 (1): 10-23 (14).

［2］WACKER R R, ROBERTO K A. Community resources for older adults programs and service in an era of change [M]. Los Angeles: SAGE Publications, 2008: 8-11.

［3］CAMPBELL J L, DHALIWAL D S, SCHWARTZ W C, Jr. Financing constraints and the cost of capital: evidence from the funding of corporate pension plans [J]. The review of financial studies, 2012, 25 (3): 868-912.

［4］郭风英. 城市社区居家养老服务多元供给机制探析：以宁波市江东区社区服务为例［J］. 中国城市经济，2010，(11)：47-48.

［5］阚梓真. 深圳社区养老服务多元供给困境及改进策略研究［D］. 深圳：深圳大学，2017.

［6］李少丹. “合作共进”还是“责任规避”：多主体养老服务供给有效性研究［D］. 上海：华东理工大学，2017.

［7］雷晓康，齐萌，常沁芮，等. 欠发达地区小城镇机构养老供需现状及其影响因素研究：以安康市为例［J］. 西安财经学院学报，2016，29（4）：87-92.

［8］陈静. 新型城镇化背景下农村养老服务供给模式研究［J］. 农村经济，2016，（6）：101-106.

［9］郭珂. “公建民营”养老机构在发展方面的问题研究：以成都市温江区择一城为例［D］. 成都：西南财经大学，2016.

［10］韩飞，周中之. 小城镇养老服务业“供需侧”矛盾的对策研究：以义乌市为例［J］. 市场经济与价格，2016，(6)：62-64.

［11］尹亚. 多元共治模式下农村留守老人养老公共服务供给研究：基于重庆311名留守老人的调查［D］. 重庆：重庆大学，2016.

［12］吕俊超. 公私合作视角下中国城镇养老服务体系优化研究：基于成都市养老服务现状调研的分析［D］. 成都：西南财经大学，2016.

［13］王卓. 医养结合养老服务多元供给主体协同机制研究：基于IDEA战略模型［D］. 济南：山东财经大学，2016.

［14］董莉. 福利多元视角下的医养结合养老服务保障政策研究：以苏州为例［D］. 苏州：苏州大学，2016.

［15］郝双娉. 人口老龄化背景下我国城镇多元养老模式研究［D］. 昆明：云南财经大

学，2016.

[16] 刘楠，胡惠琴．城镇既有社区“医养结合”养老模式初探：以河北邯郸为例［J］．城市住宅，2016，23（4）：51－57.

[17] 曹彦阳．城市社区居家养老服多元供给研究：以包头市为例［D］．济南：山东大学，2016.

[18] 王玉婷．福利多元主义视角下城市空巢老人社会养老服务研究：以哈尔滨为例［D］．哈尔滨：黑龙江省社会科学院，2016.

[19] 肖渊．城镇化背景下农村养老模式研究［J］．企业导报，2016，(2)：86－87，90.

[20] 刘文俊，孙晓伟，张亮．构建全民健康覆盖视角下“医养结合”养老服务模式的必要性［J］．中国卫生经济，2016，35（1）：35－37.

[21] 臧少敏．“医养结合”养老服务的开展现状及模式分析：以北京市为例［J］．老龄科学研究，2015，3（12）：42－47.

[22] 邢国政．基于公平理论视角下城镇企业职工养老保险制度评价［J］．人力资源管理，2015，(11)：171－172.

[23] 李珍，赵青．我国城镇养老保险制度挤进了居民消费吗？基于城镇的时间序列和面板数据分析［J］．公共管理学报，2015，12（4）：102－110.

[24] 皇甫小雷．新型城镇化对农村养老服务业发展的双重效应及其对策：以河南省为例［J］．中国统计，2015，(10)：44－46.

[25] 戴稳胜．农村城镇化进程中解决农村养老问题研究［J］．管理世界，2015，(9)：174－175.

[26] 李虹．人口老龄化背景下我国农村养老保障问题研究［J］．经济视角，2015，(9)：51－54.

[27] 耿爱生．养老模式的变革取向：“医养结合”及其实现［J］．贵州社会科学，2015，(9)：101－107.

[28] 曲璐璐．人口老龄化背景下的城镇社区养老模式研究［J］．中国市场，2015，(30)：279－280.

[29] 邹纯青．新型城镇化之农村医养结合养老模式探析［J］．管理观察，2015，(21)：184－185.

[30] 石宇，蒋如愿．区域视角下小城镇养老规划研究：以建德市三都镇为例［J］．规划师，2015（s1）：118－122.

[31] 沈婉婉，鲍勇．上海市养老机构“医养结合”优化模式及对策研究［J］．中华全科医学，2015，13（06）：863－865.

[32] 宋应诺．基于医疗信息技术构建区域协同医养一体化居家养老服务平台的探索［D］．广州：南方医科大学，2015.

[33] 于华伟. 福利多元主义视角下随迁老人异地养老问题研究：基于武汉市随迁老人的调查分析［D］. 武汉：华中科技大学，2015.
[34] 李硕. 城市“医养结合”养老模式研究［D］. 郑州：郑州大学，2015.
[35] 王静. 我国政府购买养老服务问题研究［D］. 沈阳：辽宁大学，2015.
[36] 覃丹. 城市老年人养老需求及养老模式选择研究：以湖南省 C 市为例［D］. 武汉：华中师范大学，2015.
[37] 罗益文. 整体性治理下中国农村公共服务供给研究［D］. 上海：华东政法大学，2015.
[38] 陈丽. “公办民营”机构养老服务模式研究：以北京市月坛街道敬老院为例［D］. 北京：首都经济贸易大学，2015.
[39] 蒋鸿. 基于数据融合的智慧养老医疗健康系统的研究与实现［D］. 南京：南京邮电大学，2015.
[40] 曾益，任超然，刘倩. 破解养老金支付危机：“单独二孩”政策有效吗？以城镇职工基本养老保险为例［J］. 财经研究，2015，41（1）：21－34.
[41] 李超. 智慧城市背景下社区养老服务智能化研究［D］. 上海：上海工程技术大学，2015.
[42] 阳义南. 城镇养老保险金水平影响退休职工再就业决策的实证研究：以广东省为例［J］. 江西财经大学学报，2014，（4）：79－87.
[43] 伏威. 政府与公益性社会组织合作供给城市养老服务研究［D］. 长春：吉林大学，2014.
[44] 王涵. 社区养老服务多元供给主体的角色定位研究：基于多中心治理的视野［D］. 北京：首都经济贸易大学，2014.
[45] 顾永红. 农村老年人养老模式选择意愿的影响因素分析［J］. 华中师范大学学报（人文社会科学版），2014，53（3）：9－15.
[46] 佘瑞芳. 我国医养结合养老模式的现状、问题及其对策研究［D］. 南昌：南昌大学，2014.
[47] 常彬. 中部小城镇社区多元化养老服务体系构建研究：以河南省南乐县为例［D］. 桂林：广西师范大学，2014.
[48] 李月. 我国城镇化进程中农村养老模式研究［D］. 太原：山西财经大学，2014.
[49] 张云. 构建城镇化多元融资模式［J］. 中国金融，2014，（2）：12－14.
[50] 邹红，喻开志，李奥蕾. 养老保险和医疗保险对城镇家庭消费的影响研究［J］. 统计研究，2013，30（11）：60－67.
[51] 李懿. 小城镇独生子女家庭养老供需状况及对策研究［D］. 成都：四川省社会科学院，2013.

[52] 田川. 我国城镇居家养老模式研究 [D]. 西安: 长安大学, 2013.
[53] 郑少卿. 建立健全中国城镇养老服务体系问题研究 [D]. 天津: 天津师范大学, 2013.
[54] 陶冉. 城市社区养老需求及服务供给研究: 以济南市为例 [D]. 济南: 山东财经大学, 2013.
[55] 雷继明. 家庭、社区与国家: 农村多元养老机制的构建 [D]. 武汉: 华中师范大学, 2013.
[56] 刘轩. 我国养老保险基金投资风险控制机制研究 [D]. 成都: 西南财经大学, 2013.
[57] 王竹琳. 城市社区养老服务多元供给主体的角色和功能研究: 以上海市X区社区老年助餐服务为例 [D]. 上海: 华东理工大学, 2013.
[58] 夏磊. 多元化养老模式选择研究 [D]. 杭州: 浙江财经学院, 2012.
[59] 顾永红, 刘鑫宏. 养老保险政策框定与收入偏好研究: 基于职工提前退休的视角 [J]. 人口与经济, 2012, (3): 84-90.
[60] 王欣刚. 信息化养老服务系统平台的规划与设计 [D]. 南京: 南京邮电大学, 2012.
[61] 郑旭颖. 人口老龄化背景下我国居家养老模式中的社区服务完善研究 [D]. 长春: 东北师范大学, 2011.
[62] 孙仲. 人口老龄化背景下我国城市社区居家养老模式研究 [D]. 北京: 北京交通大学, 2011.
[63] 顾永红, 刘鑫宏. 制度衔接: 新型农村养老保险与城镇基本养老保险 [J]. 农村经济, 2011, (5): 94-97.
[64] 董文博. 人口老龄化背景下我国城镇居家养老的社会支持问题研究 [D]. 长春: 吉林大学, 2011.
[65] 王超. 老龄化背景下我国农村养老模式的研究 [D]. 重庆: 西南大学, 2011.
[66] 陈欣, 黄露. 互助式家庭养老: 城镇养老的有效模式 [J]. 社会福利, 2010, (6): 34-35.
[67] 吴冰. 政策主体视角下我国城镇居家养老服务模式选择研究 [D]. 长春: 吉林大学, 2010.
[68] 朱劲松. 试论人口老龄化背景下的我国农村自我养老模式选择 [J]. 农村经济, 2009, (8): 79-81.
[69] 刘金华. 基于老年生活质量的中国养老模式选择研究 [D]. 成都: 西南财经大学, 2009.
[70] 曲展. 我国城镇化进程中农村养老保险问题研究 [D]. 长春: 吉林大学, 2008.

[71] 龚静怡. 居家养老—社区养老服务：符合中国国情的城镇养老模式 [J]. 河海大学学报（哲学社会科学版），2004，6（4）：72-74.

[72] 周湘莲. 我国多元养老主体责任体系的构建 [J]. 衡阳师范学院学报，2016，37（4）：57-61.

[73] 陈立，许阳飞. 基于资源整合的城市社区养老服务多元主体供给研究 [J]. 攀枝花学院学报，2015，32（6）：39-42.

[74] 袁妙彧. 社区居家养老服务困境与多元共治发展路径：基于武汉七个城市社区的调查 [J]. 江汉大学学报（社会科学版），2015，32（4）：29-33，123.

[75] 丁煜，杨雅真. 福利多元主义视角的社区居家养老问题研究：以 XM 市 XG 街道为例 [J]. 公共管理与政策评论，2015，4（1）：43-53.

[76] 史薇，谢宇. 城市老年人对居家养老服务提供主体的选择及影响因素：基于福利多元主义视角的研究 [J]. 西北人口，2015，36（01）：48-54.

[77] 汪大海，张建伟. 福利多元主义视角下社会组织参与养老服务问题：“鹤童模式”的经验与瓶颈 [J]. 华东经济管理，2013，27（2）：118-122.

[78] 董春晓. 福利多元视角下的中国居家养老服务 [J]. 中共中央党校学报，2011，15（4）：81-83.

[79] 郑庆杰. 互补与赋权：中国多元养老模式的再探讨 [J]. 内蒙古农业大学学报（社会科学版），2011，13（3）：244-245.